京焼　伝統と革新

中ノ堂一信

淡交社

図1　野々村仁清　色絵鱗波文茶碗（北村美術館蔵・重要文化財）

図2　尾形乾山　槍梅香合（北村美術館蔵）

図3　古清水 色絵桜波亀甲透し重箱（今村裕司撮影）

図4　古清水 色絵舟形香炉(今村裕司撮影)

図5　初代清水六兵衛　瀬戸釉瓢形水指

図6　奥田頴川　赤絵五角鉢

図7　青木木米　南蛮手急須

図8　永樂保全　日の出鶴文茶碗(右)　安南焼松竹梅茶碗(中)
十七代永樂善五郎　掛切芦に翡翠茶碗(左)　(今村裕司撮影)

京焼　伝統と革新

目次

第一部　足跡と歴史

第二部　人と作品

第一章

第二章

第三章

第一部 ❖ 足跡と歴史

京のやきもの史

京焼以前

京都は平安、鎌倉、室町時代を通じて最大の人口を抱えた都であった。平安時代は文字通り政治、経済の中心地であり、鎌倉時代に入って武家政権が誕生してのちも、京都は依然として各地の荘園を支配する朝廷、貴族の拠点であった。

そのため、平安時代に尾張《おわり》国、長門《ながと》国より瓷器《しき》（緑釉《りょくゆう》陶器）が貢納品として運ばれてきて以来、国内の陶器は領主への年貢ルートを通じて京都に集まってきた。例えば、信楽《しがらき》焼は中世においては朝廷の役所である内蔵寮《うちくらりょう》の領地「近江《おうみ》国信楽郷」より「随時に備進」される年貢物として京都へ運び込まれている（『元弘三年内蔵寮領等目録』）。また、備前《びぜん》国より京都に運ばれた備前焼に課せられた税金（役銭）は「殿下《でんか》渡領《わたりりょう》」、つまり関白家の地位にある貴族の家に備わった固有の収入財源となっていた（『一条家文書』）。さらに、美濃《みの》国でのやきものの集結地であった革手《かわて》郷は内蔵寮の長官の地位にあった山科《やましな》家の領有する荘園であった（『山科家礼記』）。そのため、京都では中世においては、特殊な朝廷儀礼・神社儀礼に用いる特定の規格品（様器《ようき》）や、岩倉幡枝《いわくらはたえだ》、深草《ふかくさ》、嵯《さ》峨《が》などの村々でごく日常的な庶民生活品の土器を制作する以上にはやきもの生産の必要性はなかったのである。

また、室町時代を迎えると京都を中心とした商品流通網も整備され、新たにこの流通網を通じて数多くの国産陶器が問丸《といまる》（問屋）によって京都に運び込まれるようになってきた。備前焼を例にとると文安《ぶんあん》二年（一四四五）の一年間に瀬戸内海を海上輸送され、兵庫湊《ひょうごみなと》に設けられた関所を通過した備前焼壺の数は千三百個ほどに及び（『兵庫北関入船納帳』）、他のルートも考えると年間に二千個以上の備前焼の壺が毎年のように京都にもたらされていたと考えられる。それ故に、あえて京都にやきもの窯《かま》を築く必要性は、この点においてもなかったといえる。

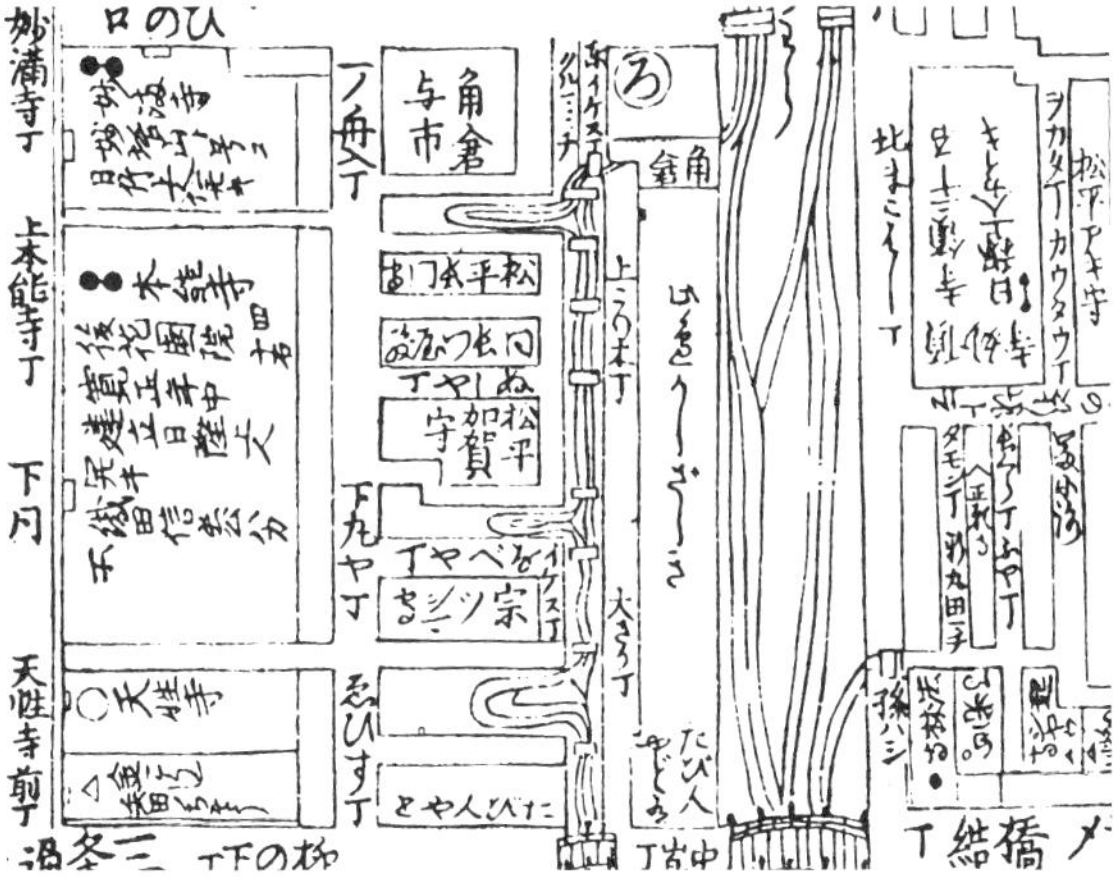

図1　江戸時代の高瀬川（『京大絵図』寛保元年刊）

こうした商品流通網の発展の中で、安土桃山時代から江戸時代初期にかけて京都のやきもの流通には革命的変化が起こる。前代以来の備前焼、信楽焼などの焼き締め陶器のみならず、慶長《けいちょう》十五年（一六一〇）頃からは鴨川の河川改修、新運河の高瀬川の開通によって、京都の町は淀川から鴨川、高瀬川の水運を通し、大坂とも直接に結ばれるようになる。そして、この水運の発達とともに高瀬川の終着である一之舟入（木屋町二条）から三之舟入（木屋町三条）に近い三条通の寺町から柳馬場《やなぎのばんば》通の界隈に新たに「せと物や町」が成立する。この「せと物や町」には近年の考古学の発掘調査によって、当時のやきもの界の先端を行く美濃《みの》、瀬戸《せと》地方の志野《しの》焼・織部《おりべ》焼などの茶陶・料理器や、九州の唐津《からつ》焼、筑前高取《ちくぜんたかとり》焼などの茶陶・向付など、日本各地の最新流行のやきもの＝茶陶が大量に京都に運ばれてきたことが明らかになっている。

陶器窯の誕生――内窯の時代

京都において陶器窯が誕生するのは安土桃山時代のことである。その背景となり、原動力となったのは新興の豊かな経済力を持った商工業者（町衆）たちに親しまれた茶の湯であった。茶の湯者の間では茶道具を豊富に所持することを茶数寄《ちゃすき》と呼んでいるが、この茶数寄への志向が、三条通の「せと物や町」の形成と繁栄をもたらし、同時にそれまで本格的な陶器生産のなかった京都に突如としてやきものを制作する工房を生み出した。慶長《けいちょう》十年（一六〇五）六月十五日に津田宗凡《つだそうぼん》の茶会に招かれた博多の豪商神谷宗湛《かみやそうたん》は茶室に「京ヤキ」の肩衝茶入が置かれていたことを書いている（『宗湛日記』）。

そのため、初期には京都のやきものは茶器が主体であり、日常的な生活必需品をほとんど生産していないという特色を示している。加えてやきものを焼成する窯も当時は小規模な内窯《うちがま》（屋内の窯）によるやきもの生産だったと考えられる。しかも、興味深いことには誕生まもない時期の京焼には、在来の国産陶器の伝統的な系譜とは異なる、新規の海外陶技が流入している。千利休《せんのりきゅう》好みの樂茶碗を制作した長次郎《ちょうじろう》焼と市内の押小路《おしこうじ》柳馬場に窯があった押小路焼である。これらの窯を担い、京都における陶器生産の先駆者となったのは渡来唐人《とうじん》の系譜を引いた陶工たちであった。樂家に残る記録によると長次郎（?～一五八九）の祖は「あめや」と称する人物であるが、この「あめや」は「中華の人」であったと『本阿弥光悦行状記《ほんあみこうえつぎょうじょうき》』は記している。そして、長次郎焼の作品の中にはこれを裏付ける中国明時代の華南地方の釉法である華南三彩《かなんさんさい》（従来の交趾《コーチ》焼）と共通する三彩瓜文鉢（東京国立博物館蔵）が残され、また、長次郎と工房を同じくしていたと思われる田中宗慶《たなかそうけい》の作になる文禄《ぶんろく》四年（一五九五）銘の三彩獅子香炉（梅澤記念館蔵）が伝わっている。しかし、樂家では初代長次郎と千利休との出会いの中で三彩系色釉は次第に黒樂・赤樂茶碗の影に隠れた存在となる。だが、家祖「あめや」にゆかりある色釉法が途絶えた訳ではない。三代道入《どうにゅう》（一五九九〜一六五六）の手になる二彩鶴首花入などの樂家歴代の装飾的な緑釉、黄釉の使用はそのことを物語る。

押小路焼も同じく華南三彩系の軟質施色釉陶器の技法を継承していた陶窯であり、尾形乾山《おがたけんざん》によると、この工房主の「焼物師一文字屋助左衛門と云者」も「唐人相伝之方をもって、内窯にて之を焼く」（『陶工必用《とうこうひつよう》』）と伝えている。この押小路焼の実体については、以前は文献によって推測するのみであったが、発掘による考古学的な進展があり、押小路焼の窯場に近い場所（二条柳馬場）から織部焼に近似した鉛釉系統の緑釉を刷毛で塗った軟質陶器や、緑釉の付着した窯道具が発見され、尾形乾山が「緑色、黄、紫之色絵を付たる（やきもの）」だと指摘する押小路焼との類似性が注目されている。

ところで江戸時代、寛文《かんぶん》五年（一六六五）の『京雀《きょうすずめ》』によると柳馬場通の二条通と押小路通には「たうじの町」存在が記載されており、その名は「唐人共此町に住みけりとや」と古くから唐人たちがここに居住していたからだと説明されている。押小路焼はこうした唐人町とゆかりを持った焼物師たちが焼造したものと考えられ、樂家の祖先たちと相前後して、他にも中国南部地方の軟質陶器の陶技を身に付けた人々が京都に渡来していたことを知ることができる。

登り窯時代の開幕

これらの樂焼や押小路焼の窯場では、先行する他地方の大規模な登《のぼ》り窯《がま》とは違い、いかにも都市の市街地の中で焼成されるやきものらしい小規模な内窯（屋内の窯）で焼造されたやきものが制作されていた。しかしやがて、瓦を制作していた粟田口《あわたぐち》地域、八坂《やさか》地域、五条坂《ごじょうざか》地域などの瓦窯地帯を母体にして、京都でも江戸時代初期に本格的な登り窯によるやきものが制作されることになる。それをもたらした最大の要因は江戸時代に入り一層の流行をみせていた茶の湯であった。江戸初期には町衆茶人の間で茶道具を心およぶほどに嗜《たしな》み持つ茶数寄への関心が一段と強まり、この茶人たちの茶道具への志向が京都に硬質なやきものをもたらした。

それ以前、京都の茶人たちは希望する好みの形状や色合いの茶道具を図と文字で説明した「切り型」などを用いて瀬戸、美濃、信楽、唐津、高取などの各地の窯場で作らせていたと思われる。だが、遠い地方の窯に「切り型」のみで注文していたのでは実際のところ茶人の嗜好も好みもなかなか通じない。また届いたやきものが気に入らなければ再度の交渉に何ヶ月も期間がかかる。それならばいっそのこと、京都に登り窯を築き、陶工も呼び寄せ茶陶を作らせよう。他地方の産地から陶工を招請したのは、おおよそこのような考えに基づいてのことであったろうと推測される。それゆえに初期の京焼には、当時の茶人の多様な嗜好が直接に反映された。古記録にみられるように粟田口焼、八坂焼、清水《きよみず》焼などでは格式を持つ中国産の唐物《からもの》茶入・唐物茶碗や、朝鮮半島産の高麗物《こうらいもの》茶碗などの写し物が主体になっているのは当時の茶人たちの好みと符合している。

寛永《かんえい》十五年（一六三八）の『毛吹草《けふきぐさ》』には山城《やましろ》国の名産として「粟田口《あわたぐち》　土物」が紹介されており、粟田口（三条通蹴上《けあげ》界隈）の近隣、黒谷《くろだに》では、「黒谷　茶入合土　漢ノ土ニ似ト云」と唐物写しの茶入を制作するにふさわしい陶土が産出することを記している。そして、寛永時代の京都文化サロンを代表する僧侶であり、後水尾天皇より篤く帰依されていた鹿苑寺《ろくおんじ》（金閣）住職の鳳林承章《ほうりんじょうしょう》の日記『隔蓂記《かくめいき》』には寛永十七年以降、粟田口焼をはじめ八坂焼、清水焼など、それぞれの地域の領内の宮門跡《みやもんぜき》、有力寺院などの保護を得て創窯した東山山麓のやきものの記事が登場する。また、慶安《けいあん》から寛文期（一六四八〜七三）に入ると妙法院《みょうほういん》宮門跡のお膝元で誕生し、のちには現在の五条坂の窯業地に発達する音羽《おとわ》焼や、仁和寺《にんなじ》宮門跡の保護を得た御室《おむろ》焼、修学院離宮《しゅうがくいんりきゅう》内にあった修学院焼、洛北の深泥池《みぞろがいけ》の御菩薩池《みぞろがいけ》焼などのやきもの記事も散見し、東山、北山など山麓地域を中心に、京の陶器窯が続々と誕生していたことが知られる。

中でも京の陶器窯の主窯を成していたのは十七世紀前半の寛永年間に現在の愛知県瀬戸より陶工を招き東山山麓のふもと三条粟田口に登り窯を築いた青蓮院宮《しょうれんいんのみや》粟田御所の領域の粟田口焼（江戸後期には窯場の拡大に伴いより広い地域名称の粟田焼と呼ばれている）であった。粟田口焼の特色は茶器の中でも伝統的に格式を誇った茶入を制作した窯場であり、これを専門とする作兵衛、理兵衛などの陶工の名前が知られる。無論、粟田口焼ではこの他に茶碗作りも行われ、鹿苑寺の鳳林のもとに「高麗呉器似之茶碗」を贈り、「見事之茶碗」と称せられた太左衛門という陶工もいる。また、作風では「飴薬之唐物似物丸壺茶入」「似唐物瓢箪茶入」「高麗茶碗似物イラ坊之手」「イラハウ粟田口焼」などの唐物（中国陶磁）写し、高麗物（朝鮮陶磁）写しが多いのが特色となっている。この傾向は、当時の茶の湯数寄者の愛好と同傾向を示しており、彼らが身近にやきもの窯場を持って、直接に陶工たちに好みの茶の湯道具を制作させて、これを所持したいという志向によって粟田口窯が開かれた経過を作風の上からも明瞭に反映している。

こうした茶陶を主力としていたことは、他の八坂焼、清水焼、音羽焼などでも同様であり、特に侘びた味わいが賞玩された高麗茶碗の写しは各窯でも盛んに制作されていたらしい。先の鳳林のもとにも音羽焼の「五器手之御茶碗」が贈られており、延宝《えんぽう》五年（一六七七）の『出来斎京土産《できさいきょうみやげ》』には八坂焼の高麗手茶碗にちなんだ「八坂やきの茶碗の底のから台寺　から麗手とはけうけべちたん」という記事が記されている。一方こうした唐物茶陶、高麗物茶陶の写しの他、色釉陶器についても押小路焼、長次郎焼以来の内窯技法の余流が窯場に継承されており、寛永二十一年に八坂焼の陶工清兵衛は華南三彩系の「紫色、青色交薬之藤実之香合」を仕立てている（『隔蓂記』）。他には鉄釉による釉下絵付《ゆうかえつけ》の鉄釉（銹絵《さびえ》）の作風も制作されていたようで音羽焼には「貞享《じょうきょう》暦《れき》」（一六八四〜八八）のデザインされた掛け花生がみられる。また、京焼諸窯でのやきものについて記述した元禄《げんろく》七年（一六九四）の『古今和漢諸道具見知鈔《ここんわかんしょどうぐけんちしょう》』では清水焼をさして、「宋胡録《すんころく》、日本にて清水焼の風に似たる物也」と記しており、初期の清水焼においても鉄釉の絵付陶器が焼造されていたことが明らかになる。

いま、これらを総合すると京焼は唐物写し、高麗物写しを主体にするものの、軟質色釉陶器から鉄絵の系統の本焼陶器まで見受けられ、創窯以後は急速に作風の多様化がはかられていたことが推測される。そして、京の医師黒川道祐《くろかわどうゆう》が編纂した京都の総合的案内書『雍州府志《ようしゅうふし》』（貞享三年刊、一六八六）には「清水坊　音羽山下　粟田　御泥池　其外に窯爐処々に在り　人の嗜好に随って諸品物を造る」と書かれており、多数の購買者を想定して限定された品種を大量に作る「量」より、「人の嗜好に随って」多品種を少量に作る一品的なやきものを作る「質」への志向を目指した、当時の京焼の生産形態を明らかにしている。こうした京焼の誕生・成長期の特性の中で京焼の陶工たちは、どのような注文にも応じる陶技と知識を身に付けていったのである。

色絵の誕生

粟田口焼、八坂焼、音羽焼、清水焼などの諸窯において唐物・高麗物写し、釉下彩陶器、軟陶色釉陶器などを主体としたやきものを生産していた京焼に、絵画的な色絵《いろえ》陶器という世界をもたらしたのは野々村仁清《ののむらにんせい》であった（口絵・図1）。尾形乾山とならび京焼史上の最大のスター陶工と称せられる仁清が主宰する御室焼が、史料上に最初にその姿を現すのは正保《しょうほ》四年（一六四七）のことである。仁清は本格的な作陶修行を粟田口焼の技法の出発となった瀬戸で行っており、その後、仁和寺門前に窯場を構えた御室焼では茶器を圧倒的に多く制作しており、その器種は茶入、茶碗、水指、建水、花生、香合、香炉、棗《なつめ》、茶壺など茶席道具全般に及んでいる。仁清は天才的な轆轤《ろくろ》の名手といわれ、「仁清は瀬戸に永く居候て、茶入焼稽古いたし候よし」（乾山筆『陶磁製方』）と瀬戸での修業時代から手がけていた茶入、中でも唐物写し茶入の出来映えは本家の中国茶入をもしのぐものとして名高い。また器形のバリエーションも飛躍的に高め、多彩な形状の茶入、耳の付いた水指、横笛や水鳥を形象した香合、兎を配した香炉なども制作している。そして、仁清より伝授された技法を弟子尾形乾山が記述した『陶工必用』には京焼のチャンピオン野々村仁清の名にふさわしく、やきものの釉薬法も幅広い知識を身に付けていたことを示しており、唐呉須《ごす》（染付）、呉器《ごき》手、伊羅保《いらぼ》手、刷毛目《はけめ》など中国陶磁、朝鮮陶磁の釉法や、信楽、唐津、上野《あがの》、黄瀬戸、織部、白掛釉（焼成温度により白青呈色、弱い白玉子色呈色となる）など国内各窯の手法をマスターしていたことが記されている。

その中で、仁清の名前を京焼史上で不動のものとしているのは、上絵付の色絵の完成である。仁清の色絵については、記録上に御室焼が登場する直後の慶安二年（一六四九）には「いろゑ」を手がけており、加賀藩の重臣本多政長《ほんだまさなが》に送った茶匠金森宗和《かなもりそうわ》の手紙には、「御室焼物今日いろゑ出来申」（『本多房州宛書状』）とこのことを明らかにしている。そして『隔蓂記』にも「錦手赤絵茶碗」「錦手茶碗」などの華麗な色彩を予想させる色絵茶碗が散見し、また仁清の最大の庇護者であり作品の斡旋者であった金森宗和の茶会にも「月ニ梅の絵」茶碗をはじめとする色絵陶器が用いられている（『宗和茶湯書』）。優雅な公家茶風を大成し俗に「姫宗和」と称された金森宗和は仁清の庇護者として宮廷、公家世界に宗和好みの仁清作品を提供し、仁清の活躍の基礎を築いた。乾山も「仁清は金森宗和老の悃意にて、宗和老このみの品々焼出だし候。宗和流の茶人は別して仁清焼を賞玩いたし候」（『陶磁製方』）と書き残している。しかし宗和は明暦《めいれき》二年（一六五六）に病没し、両者の関係は長くは続かなかった。宗和との死別により陶工として独り立ちした仁清陶器の作風と絵付意匠は、実はこの時期を区切りとして一層の進化の度を加える。仁清が技術上達祈願の満願に際して制作したと伝える「奉寄進　播磨入道仁清作　明暦三年卯月」の年銘を持つ色絵輪宝羯磨《りんぽうかつま》文香炉（藤田美術館蔵）を見ると仁清独特の白掛釉のもとで色絵技法はほぼ完成の域に達しており、これに続く万治《まんじ》・寛文年間（一六五八〜七三）頃は仁清の御室窯が最盛期を迎えた時期である。王朝趣味の意匠や土佐派《とさは》、狩野派《かのうは》、宗達派《そうたつは》の絵を基調とした絵画的意匠の色絵絵付が洗練さを増して加賀前田家、丸亀京極家など各地の大名たちの賞玩を受けた色絵茶壺、色絵茶碗などの代表作が残されている。仁清の色絵意匠には、蒔絵、西陣織など他の京の工芸分野に出来するものや、『雍州府志』の中で「始め狩野探幽《かのうたんゆう》ならびに永真《えいしん》等に其の土の上に画かしむ」とあるように専門絵師の参加が予想されるが、こうした多彩なジャンルを取り入れる工房形態を可能にしたのも京都ならではの文化的サロンを持った歴史的風土によるところが大きいといえるだろう。

ところで、この仁清御室焼での色絵誕生に至る過程については、仁清の色絵とほぼ同時期に登場する有田《ありた》焼の柿右衛門様式の色絵との関連をも考察する必要があると考えているが、未だに謎の部分が多い。その中で注目したいのは、先述した初期京焼色釉陶器との関連である。すでにみたように、京都では内窯の中で鉛釉系統の釉薬を使用して器面を色で塗り込める色絵技法が早くから伝来していた。それを焼造していた代表が押小路焼であった。そして、時代を経て、押小路焼の釉法は八坂焼にも広がっていったことを先述した。ところが興味深い事実は、その押小路焼自身が延宝年間（一六七三〜八一）前後には内窯焼成とともに、他方で内窯からの脱却をはかり、登り窯によるやきものの制作を開始していたのである。この押小路焼の動向を伝えるのは、延宝六年（一六七八）、土佐藩主に同行して土佐国より江戸へ下向する途中に京都を訪れた陶工森田久右衛門《もりたきゅうえもん》が記述した『森田久右衛門日記』である。そこには、「おしかうしやき見物仕……下地ここにて仕り　焼申所は清水へ頼やき申と申也」という押小路焼陶工の言葉が書き留められている。ここで重要な事柄は、押小路焼が東山地域の清水焼の登り窯で借り窯焼成して（京焼では陶工が登り窯の一部を借りて焼造する制度が存在した）、素地を高火度焼成にする創意工夫を加え、その器地に伝統の軟質色釉法をおくやきものの生産に移行していることである。この押小路焼の新たな展開は、技法的にみれば本焼の後に色絵が施されていることを物語っており、仁清による色絵陶器誕生の過程を巡る謎は、後で指摘する仁清の黒色、赤色などの色調を除けば、京焼色釉の内部的な陶芸技法史の発展の道筋の中であと付けることができる可能性を示唆するものである。

さらに加えれば、この両やきものの間には色釉、絵具の素材の類似性も指摘できるようである。これを裏付けるのは、尾形乾山の『陶工必用』である。それによると乾山は鳴滝《なるたき》泉谷《いずみだに》に陶器窯を開いた際、押小路焼系の軟陶質陶器の陶技と師匠仁清系の本焼陶器の陶技の双方を伝授されたことを明らかにしており、その双方の釉法が詳しく記述されている。乾山が内窯でのやきものを制作焼造するため、窯場に雇った細工人孫兵衛は「右押小路焼の親類にて　則弟子に候」と押小路焼ゆかりの陶工であった。この孫兵衛によって乾山に教示された押小路焼相伝の内窯絵具の種類とその素材は、

黒絵具　鉄の金ハタ（鉄粉）　南京呉須薬（唐呉須）
緑絵具　白粉　日岡　緑青
紺絵具　白粉　日岡　唐紺青
黄絵具　白粉　日岡　唐白目
紫絵具　白粉　日岡　南京呉須薬
赤絵具　山黄土

によって構成されていた。一方、乾山が仁清から伝授した上絵の絵具の種類と素材は、

赤絵具　白粉　極白びいどろ　ほう砂（硼砂）　金珠
萌黄絵具　白粉　萌黄びいとろ　岩緑青

紺絵具　白粉　極白びいとろ　唐紺青
黄絵具　白粉　白ひいとろ　金珠　丹
紫絵具　白粉　ひいとろ　金珠　丹　南京絵薬（呉須）
白絵具　極大白ひいどろ一味
金絵具　金のけし泥（艶消し金泥）　ほう砂
黒絵具　金ハタ（鉄粉）　南薬（唐呉須）

によって構成されていた。少し解説を加えると、このうち押小路焼系、仁清系双方にみえる「白粉」は中国から輸入されていた酸化鉛系統の白い土粉（酸化鉛）である。そして押小路焼系の「日岡《ひのおか》」は京都東山に産する珪石で鉛の溶解剤として用いている。また仁清系の「びいどろ（ひいとろ）」はガラスのことである。当時としては貴重な「びいどろ」は珪石などを原料とする特殊なソーダーガラスであり、これも「ほう砂」と同様に溶解剤として用いたものであろう。これに発色剤としての緑青、紺青、丹、呉須などの酸化金属を加え使用されていたことが分かる。仁清は、こうした上絵付の絵具の他に高火度本焼釉下絵付の「黒絵薬」「青絵薬」「薄柿色絵薬」として、当時の京焼諸窯でも散見する鉄粉（黒色）、南京呉須（青色）、赤土（薄柿色）を使用していたという。

仁清の上絵の中で独特な絵具素材には「白色絵具」「金泥」がある。加えて仁清独自の工夫がみられるのは黒絵具である。仁清の黒色は俗に「仁清黒」と呼ばれる独特の黒漆に似た艶のある色調であるが、「黒絵具」の鉄粉と呉須は仁清の創案である。ただしあくまで基本形のみが記載されていることに注意したい。乾山は仁清から伝えられた黒絵具について「黒の上に緑か紺かのつやのある絵のくにて上をとめ不申し候ては黒は落、その上つやもなくなり候」と朱書き追記しており、実はこの鉄と呉須のみでは艶消しの黒色にしかならない（十四代酒井田柿右衛門も同様の事柄を著書『余白の美・酒井田柿右衛門』［二〇〇四年］の中で述べている）ので、現存する仁清作品にみられる仁清黒にするためにはこれに紺絵具や紫絵具を重ねかけるという仁清独特の手法が創案されて用いられている。また乾山が「仁清伝の通に仕り」「再三水ひ致し」と注記している、よく水簸《すいひ》し沈殿の段階に対応して濃淡の色調が出る赤系統の赤色、黄色、紫色の絵具として用いられているのが「金珠《かねだま》」である。乾山は「上々辨柄《べんがら》丹土《につち》ノ事」だと書いているが、よほど特殊なものであったらしく、詳細は不明だが仁清・乾山の代で供給が途絶えており、そのため以後の京焼色絵陶器では色合いも悪い普通の弁柄《べんがら》で代用せざるを得ない事態になっている。

こうした両者の色絵具の比較を試みた結果、押小路焼相伝が「日岡」「山土」など地元に産する素材であり、これに対して仁清流の絵具は貴重でおそらくは高価な素材という差異を有するものの、基本的には京焼色絵が鉛釉をベースにした上絵具の中で発展をとげていたこと、しかし仁清は初期以来の押小路焼の色絵の系譜に、おそらくはこの時期に中国から長崎などに伝えられてきた新絵具の釉法を知り、これに独自の工夫と手法を創案して色絵陶器を制作している可能性を指摘しておきたい。

色絵陶器の展開と町売の時代

仁清御室焼の出現によって東山山麓の諸窯を中心に行われていた京焼生産は洛西地域にも拡大し、同時に元禄年間の貝原益軒《かいばらえきけん》が「物のみやびらかなる事を京風という」（『諺草《ことわざぐさ》』）と賞賛した、雅な京風意匠を確立することになった京焼であるが、仁清の登場は他の京焼生産地にも多大の影響を与えることになる。

中でも仁清の色絵様式は、京焼色絵の源流となったことで注目される。初期京焼の主窯を成した粟田口焼では、「寛文ノ頃ヨリ色画製起レリ　則チ錦窯焼画ナリ」（『粟田陶器沿革』）と仁清の登場を受け色絵の手法が始まったと伝え、洛北深泥池で焼造されていた御菩薩池《みぞろがいけ》焼でも、すでに仁清が生存中にその影響を受けたと思われる色絵陶器が制作され始めており『隔蓂記』には寛文三年（一六六三）に色絵で縁取りされた天目茶碗が登場する。そして、この御菩薩池焼については延宝六年（一六七八）に京都を訪れた土佐国の陶工森田久右衛門が先記の日記の中で「みそ路池焼見物に参……みそ路池と申在所へ参尋申候へは　拾ヶ年以前に東加茂《ひがしかも》へ参三ヶ年ほとやき申候　今は京中立売《なかたちうり》西からす丸申所に居申候」と記しているが、これより色絵の技術を取得した御菩薩池焼はほどなく窯場を東加茂に移し、さらに三ヶ年ほど同地で活動したのち、居地を上京の烏丸《からすま》中立売に構えてやきものを「町売《まちうり》」していたことが知られる。そして森田久右衛門はこの烏丸中立売に赴き御菩薩池焼を購入しているのである。

実はこの一六七〇年代後半から八〇年代にかけては、八坂焼においてもその製品が京土産物として売られ始めていた時期であり、これより京焼が色絵の伝統を獲得した時代は、同時にこれまでの茶の湯数寄者を基盤に、朝廷、公家、門跡寺院などの庇護を得て御用達、御用焼物師的性格を持って成立してきた京焼が、それらの手から離れ、不特定多数の需要者を対象とするやきもの商売、すなわち「町売」が本格的に開幕する時代でもあった。

乾山焼

元禄十二年（一六九九）に仁清嫡男清右衛門より仁清相伝の陶法書を伝授され、かねてよりの念願であった洛西の鳴滝泉谷に陶窯を開いた尾形乾山（名深省《しんせい》、幼名権平、陶名乾山、一六六三〜一七四三）の乾山焼は、京焼が「町売」という新しい動向を見せ始めた中で開花したやきものであった〔口絵・図2〕。

後水尾天皇の中宮東福門院《とうふくもんいん》の御用商人である高級呉服商・雁金屋《かりがねや》尾形家の三男として生まれた乾山は、父宗《そう》謙《けん》の死後、その遺産をもとに元禄二年、二十六歳で仁和寺のかたわらに習静堂《しゅうせいどう》を構えここで生活を送り、仁清御室窯に出入りして仁清より作陶の手ほどきを学び作陶に進んだ人物であった。一説には、仁清への入門以前から乾山は樂家に養子に迎えられ、元禄四年に五代吉左衛門を襲名した宗入《そうにゅう》（一六六四〜一七一六）が父の弟にあたる雁金屋三右衛門の子であり、乾山とは従兄弟の関係にあったことで樂家とも昵懇の間柄であり、宗入の養父四代一入《いちにゅう》（一六四〇〜九六）より茶碗作りを学んでいたという。だが、樂茶碗（特に黒茶碗）は初代長次郎以来、千家の茶の湯の最も重要な職方である樂吉左衛門家代々の相伝するやきものであり、樂家の差し障りとなるのを憚り仁清の工房へ入門したと伝えられている。

乾山はその後、元禄七年に二条家の別荘（山屋敷）のあった鳴滝泉谷の地を二条綱平《つなひら》より譲り受け、そして元禄十二年に窯を築き「乾山」と銘うったやきものを制作することになる。この鳴滝の窯には「愚拙最初、洛西の北隅の乾山に陶器を製造……仁清と押小路焼両方より相授かり候薬方の外、種々の工夫を以てその方の相勝れず所を省き、又新たに方を組み合わせ乾山一流の方を相いたて候」と記すように仁清の嫡男清右衛門が参加し、仁清相伝の陶技を駆使するとともに、内窯釉法を伝える押小路焼の孫兵衛も参加しており、両者は巧みな才能で成形、焼成など実際の工程を担当している（乾山筆『陶工必用』）。乾山は、血のつながる本阿弥光悦の鷹ヶ峰での芸術三昧の生活を理想としていたといわれ、これを反映して鳴滝時代にも芸術豊かな作品を多く生み出している。鳴滝の乾山窯跡（現法蔵寺《ほうぞうじ》）から同形陶片が出土している、数物だが洒落た趣の銹絵百合形向付を始め、「元禄年製」の書銘がある斬新な意匠の色絵石垣皿、藤原定家の和歌や古典王朝文学に主題をとった趣味性豊かな定家十二ヵ月和歌皿、色絵型物香合、漢画的主題の山水絵皿など、この他、亀甲模様や流水模様、琳派絵画の秋草、梅模様などの意匠化を徹底した独自の絵付のやきものが次々と創案されていった。また鳴滝時代の後半からは「道具等の形、模様等を私、其上同名光琳《こうりん》に相談候て、最初の絵は皆々光琳自筆に画申候」と乾山自身が書いている（『陶磁製方』）、兄尾形光琳の絵付になる兄弟合作の絵付角皿がこれに加わり乾山焼の作域は独自さと広がりを一層強めていった。

しかし、鳴滝での作陶が盛んになるにつけ、次第に問題点として浮上してきたのは京都市中との距離の隔たりであった。そこで乾山は、ついに正徳《しょうとく》二年（一七一二）、「鳴滝は京都より道法相隔たり不勝手の由」という理由書を役所に提出し、鳴滝を離れ「二条通寺町西へ入ル町北側」の二条丁字屋町に移っている（『京都御役所向《おやくしょむき》大概覚書《たいがいおぼえがき》』）。そして、乾山のこの市中への移住の目論見《もくろみ》は結果として大成功をもたらし、乾山焼は翌正徳三年の『和漢三才図会《わかんさんさいずえ》』にも紹介されるほどに京都の人々の間で評判となった。かつての京の豪商、雁金屋の息子が市中で「焼物商売」を始め、しかも当代随一の絵師の兄光琳との兄弟合作の詩画一体の作風などという新趣向のやきものや、新興の元禄町人たちに相応《ふさわ》しい機知、機転に富んだ工夫のこらされたやきものが制作されたからである。乾山のやきものの主体が伝統的な茶器ではなく、この時期から本格的に普及する料理屋や商人町屋での「晴れ」の行事の料理に登場する親しみのある料理の器であったこともそれを助長するものだったに違いない。

そのため、乾山焼には、新興町人層の台頭に伴い、多様化する京焼への嗜好に応じた多岐にわたる陶技、絵付意匠が駆使され、型物により作品を量産化する努力が試みられていた。自筆『陶工必用』によると、乾山の陶技は仁清より相伝の「本窯焼土」、「本焼掛け薬」、「茶入れ薬」「本焼用薬」、「錦手（上絵付）薬」などを継承しているが、同時に初期の色釉京焼の押小路焼の内窯・軟質陶器の「内窯焼器物の上の掛け薬」すなわち華南三彩系の釉法、成形、焼造も導入され、また仁清より「楽焼薬の覚」を相伝し樂吉左衛門家の樂焼技法にも精通していたことが分かる。これに乾山が独自に自ら工夫、改良、創案した技法、釉法が『陶工必用』には随所に付加されており、桃山時代以来の京窯が持ったほとんどの陶技が網羅されている。また、「焼物の上に彩色絵を付け候。絵具方は、南京焼、阿蘭陀焼、肥前ならびに九州、南海、その外諸外国の陶器の本焼の上に絵を焼き付け候。自作、他作を論ぜず、焼き付け申し候」（『陶工必用』）とある。自らの乾山窯のやきものの器のみならず、他窯のやきものの器であっても、さらに南京焼（中国陶磁器）、オランダ（新来のオランダ・デルフト陶器）、肥前有田や九州、南海の陶磁器、その他諸外国の陶器であっても乾山は絵付を施したと書いている。こうした多岐、多様な絵付陶技はおそらくは仁清にもみられない乾山焼の特色であり、それまでの京のやきものすべての釉法、焼造法を自家の製法に取り入れていたのである。ここで乾山の使用した絵付絵具を『陶工必用』によって押小路焼や仁清相伝のものと比較可能な形式で紹介すると、仁清の嫡男清右衛門より伝授の仁清の絵具との比較では、

赤絵具　仁清伝の通に仕る候　今以て作を定むこれ無き候
緑絵具と紺絵具　仁清伝の方よろし候
黄絵具　白粉　白ひいどろ　唐白目　仁清伝の方は悪しく候
紫絵具　仁清より伝方も、また押小路内窯の方、いずれも紫色よろしからず。白粉　紫色のひいどろ
金　　金のけし泥　ほうしゃ
銀　　銀箔を消したる銀泥
黒絵具　仁清方の通　緑青か、紺か紫かにてその黒の上に塗り候

と書いており、仁清と比較して赤絵の発色の難しさを嘆く（逆に乾山自身のこの言葉によって仁清の赤絵具が図抜け

ていたことを実感する）反面、仁清の黄絵具や仁清・押小路焼の紫絵具の発色には物足りなさを感じていたようであるが、その他はおおむね仁清の釉法、絵具に従っている。一方、内窯での絵付絵具では、

黒絵具　鉄のかなはだ（鉄粉）　南京呉須薬（唐呉須）
緑絵具　白粉　日岡　緑青
紺絵具　白粉　日岡　唐群青
黄絵具　白粉　日岡　唐白目
紫絵具　白粉　日岡　呉須のうち赤く見え候を
赤絵具　山黄土　緑礬

とあり、内窯での絵具は押小路焼で乾山以前にすでに使用されていた絵具を基本的には肯定、使用していたことが分かる。しかし、注目するのは従来の押小路焼では使用されていない新たな絵具も乾山は書き留めていることである。それが「白絵具」であった。「白絵具　白びいとろ　白粉　白土　豊後の赤岩かその他いづれにても」とあり、これらを石臼で挽いて、府糊、膠も濃く混ぜて乾燥させ、器面全体にも、絵柄にも使用したとある。乾山焼の特色の一つは軟質陶器の素地の白化粧掛けにあるが、これは乾山が「陶画」に象徴される絵付を主眼としていたためであった。さらに白絵具に仁清が用いていた金珠（上々辨柄丹土）を混ぜて極精純の「桃色」を作る、白絵具に紺青を混ぜ「うすあさき色」を、白絵具に緑青を混ぜて「うすもへぎ色」を作るなど乾山一流の工夫をこらしている（『陶工必用』）。この点では轆轤による成形に最大の本領を発揮していた仁清と、斬新な絵付やデザイン感覚に秀でた乾山には美意識の発揮に差がある。おそらくは生来の陶工である仁清と、デ

イレッタントから作陶に入った乾山の陶芸の違いであろう。

乾山はこうした作陶の施釉、成形、焼成工程を二代清右衛門、孫兵衛など専門の陶工にゆだね、また登り窯による本焼の焼造は粟田口焼、音羽焼などの陶家に依頼して（『京都御役所向大概覚書』）、自己はひたすら器形のデザイン、意匠の考案、絵付の色彩効果などに情熱を傾けたのである。こうした、商売としてのやきもの制作を正面から標榜して新風を吹き込んだ乾山焼が世間にもてはやされたことは確かで、正徳五年（一七一五）に大坂の竹本座《たけもとざ》で初演された近松門左衛門《ちかまつもんざえもん》の浄瑠璃『生玉心中《いくたましんじゅう》』では「この長作が肝煎りで中国のお屋敷へ、親仁の店から錦手乾山、音羽焼の皿の鉢の茶碗の十五・六両が物売ってくれ、晦日にはお銀が渡る」と、乾山焼が大坂の陶器問屋に仕入れられており西日本の大名、商人の間でもその名が知れわたっていたことを示している。

古清水の世界

桃山時代の町衆から元禄時代の町人へと、京都の町の主人公が交代する中で開花した乾山焼には、初期以来の京焼の継承者としての側面と、次代の京焼の出発点としての側面が複雑に内包されていた。陶技釉法においても諸手法の集約者であり、そこに斬新な新機軸を加えて新しい意匠表現の世界を開拓した創造者であったことにもそれはうかがえる。

その結果、典雅な仁清とはまた異なる文雅で洒落た、もう一つの「京風」が京焼の伝統に付け加わることになる。だが、こうした京焼における新しい時代への対応は、視点を広げれば一人乾山焼のみが行っていたのではなかったことが注目されねばならない。

今日「古清水《こきよみず》」の範疇で語られる緑、紺色の色釉を用いた色絵陶器や、それらに赤、金彩などの色釉で絵付された色絵陶器なども京焼諸窯での新しい時代への対応の中で生み出されたものである。当時の京焼諸窯でのやきものについて記述した元禄七年（一六九四）の『古今和漢諸道具見知鈔』によると、御室焼（二代目）、清水焼、黒谷焼、押小路焼などのやきものは似通ったものを生産していたようで、ことに色絵陶器では器種も作風も他と区別ができないほどであったという。その原因は仁清、乾山の作風が突出して個性的でまた陶印、書銘などもあり、作品が明確に区分されるのに対し、これらの窯のやきものは一部の例外はあるものの、多くは無印、無銘であるからである。そのため、これらの諸窯のやきものは個々の判別を行うより、やきもの群として把握せざるを得ない現状にある。だが、そこにもやはり京都のやきものとしての特色は発揮されている。筆者が古格の古清水と推定しているのは、①緑、紺色などの色で構成され押小路焼・交趾《コーチ》焼のように色釉を塗りつぶす手法を示す京焼群、②仁清陶器に近い色絵感覚・色絵意匠の色絵陶器群だが色絵の絵付が盛り上がった手法を示しているもので、箱書に京焼色絵の代名詞となっていた「仁清」と書かれたものも数多く存在する。などであるが、これとても一つの目安にしかすぎないほど現状では判断がしにくい。

古清水という名称は、後に記述するように十八世紀末期から十九世紀初頭の江戸時代後期に、京焼でも有田焼のような磁器が開発され、清水五条坂周辺の陶工たちがその中心を担ったため磁器製品が清水焼の名で呼ばれるようになった結果、こうした磁器（清水焼磁器）が誕生する以前の、また江戸後期で磁器と異なる色絵陶器を総称して名付けられたものと考えられ、幕末期の安政《あんせい》二年（一八五五）の田内梅軒《たうちばいけん》『陶器考』にある「色絵彩色ものは古清水と云来たる」という記述や、同じく幕末期の陶工永樂保全《えいらくほぜん》「古清水写茶碗」・和全《わぜん》による「古清水写切子形向付」などの箱書がこの名称を比較的早く使用しており、普及してきたものである。

古清水の特色の一つは茶碗、茶入、水指、香合、香炉、花生など、これまでにやきものとして作られてきた器種の他に、重箱（口絵・図3）、各種銚子《ちょうし》、文庫、硯箱、三宝《さんぽう》、隅切膳《すみきりぜん》、八寸《はっすん》など本来は木工、漆器で作られてきたものまでやきもので作っていることである。しかも古清水には、雅楽の笙《しょう》、舞楽の鳥兜《とりかぶと》、『栄華物語』『徒然草』などの古典文学の和綴冊子本など、いかにも優雅な器形が巧みに取り入れられている〔口絵・図4〕。一方、文様には先行する西陣織、友禅染、京蒔絵《まきえ》、京七宝《しっぽう》などをデザイン源とした片身替り、亀甲文、七宝文などの有職《ゆうそく》文様、秋草、菊、桜、蔦などの自然の草花文様、流水に紅葉の龍田川《たつたがわ》意匠の古典文様などがあり、また松竹梅、蓬莱山、鶴亀などの吉祥慶寿の文様も多く描かれている。その意味で名も知られない京焼陶工たちによって作られた古清水にも、京都の文化伝統を背景とした雅でしかも機知に富み、「量」より「質」を志向するやきものの特色がみられるのである。

京焼「三所」の形成

江戸時代元禄期を転機として、都市住民の間では消費生活の著しい向上がみられる。その中で京焼色絵陶器が量産される時期を迎えると、京焼生産地にも初期京焼の時代とは異なった動きがみられるようになる。中でも東山山麓の諸窯では生産地の地域的集中化の傾向がみられ、その中で仁清・乾山の時代あとを受けて発展をとげるのが、粟田口・清水・五条坂の京焼「三所」である。

この東山の諸窯の十七世紀後半の様子は、延宝六年（一六七八）の『森田久右衛門日記』で知ることができる。京都に来た久右衛門は清水焼の窯元を最初に訪問「清水焼見物仕ル釜所迄も見物仕る　則焼手清兵衛と申候」と窯元清右衛門と出会っている（八月二十一日）。次いで久右衛門は近接する音羽焼の窯場を訪問し、「おとわやきも見物仕る　釜所見申候へは　釜へやき物詰居申候　かま之つめように下より上へかさね上　其上に托付鉢なと詰申候」と音羽焼の窯詰にも立ち会っている。そして二十五日に、粟田口の窯場も訪問しており、「あわた口焼見物仕　釜所迄見物仕る　釜之様子火たき申所は火口前にあなあり　ちやわん壱つ買参申候　しからきやきはせ出申様ハあわた口やき手申様ハ　くろ谷土すいひ仕すな入申候へハ如此はせ出申由」と窯の構造や信楽風の茶碗を制作する際に地元の黒谷土に砂を混ぜて作るという独特の陶法などの説明を受けている。

このうち音羽焼については現在の五条坂に窯場があり、貞享《じょうきょう》元年（一六八四）の『菟藝泥赴《つぎねふ》』の中に五条坂若宮八幡の「門前より南へゆく町（中略）その橋を音羽橋といふ（中略）其辺に今焼の器物さまざまいとなめり音羽やきとて京師もてはやす」と記述している。この地域は方広寺《ほうこうじ》大仏の寺内町に位置し、江戸時代には方広寺を管轄した妙法院宮門跡がその地を支配していた。ただ生産規模の面からみると、音羽焼の時期には窯場としては小規模で『京都御役所向大概覚書』には、のちに五条坂の陶家の間で由緒を誇った音羽・井筒屋系統の二軒の窯元陶家が挙げられているにすぎない。また、清水寺の領内にある清水窯についても清兵衛の名がみえるだけである。この清兵衛は、先の『森田久右衛門日記』の「焼手清兵衛」と同一人と推定され、は天明《てんめい》六年（一七八六）の『拾遺《しゅうい》都名所図会』にも「清水三年坂」に一基の登り窯が煙をあげている様子が描かれ、海老屋清兵衛と称した清兵衛家により小規模な生産が維持されていたと推測できる。

しかし、十八世紀を迎えると五条坂窯と清水窯の間には地域的な近接する窯場として連合の動きが起こっている。販売の拡大を目指しやきもののブランドとしての統一化を行ったのである。『京都御役所向大概覚書』には、「清水焼」の総称のもとで両地域がやきもの名を一体化していく様子が示されている。

清水焼
一、慈芳院門前町　清水焼音羽焼　井筒屋甚兵衛
一、大仏鐘鋳町南組　音羽焼　音羽屋惣左右衛門
一、清水寺門前三丁目　清水焼　茶碗屋清兵衛
右三軒本窯所持致　焼物商売仕候

では、清水窯のみならず、なぜ五条坂の窯元陶家が清水焼の名称での一体化を進めたのだろうか。それは「音羽焼」という名前の持つブランド力と「清水焼」の名前の持つブランド力の差であった。参詣者の絶えない清水寺を想起させる「清水焼」の名前の持つ全国的なブランド力は、粟田窯との競合、さらには全国の有力窯業地との競合、その中で発展を目指す五条坂の窯元陶家にとって極めて魅力あるものだった。

粟田口窯の隆盛

これに対し、当時最大の京焼産地は三条粟田口地域であった。すでに寛永十五年（一六三八）の『毛吹草』に「粟田口　土物」とあり、陶器生産を開始していた粟田口窯では、『京都御役所向大概覚書』によれば、十八世紀初頭には粟田口今道町・東町・分木町・三条通東小物座町という広い地域で登り窯を所有する十三軒の窯元陶家と、七軒の素焼窯のみを所持する陶家が活動していたことが確認でき、陶家数によっても粟田口が清水・五条坂をはるかにしのぐ京焼最大の生産地であったことが知られる。

このうち窯元陶家は、粟田口今道町の御茶碗師九左衛門・茶碗屋喜右衛門・鍵屋徳右衛門。粟田口東町の茶碗屋藤九郎・茶碗屋九兵衛・菱屋太郎兵衛・菱屋三郎左衛門、粟田口分木町の茶碗屋安兵衛・茶碗屋伊兵衛、三条通東小物座町の茶碗屋藤右衛門・茶碗屋弥兵衛・茶碗屋伝兵衛・茶碗屋次兵衛である。その中で、ただ一人「御茶碗師」として記載されている粟田口今道町の九左衛門は、寛永元年頃に瀬戸より移って粟田口の開窯に関係し、「将軍家御用焼物師」となった三文字屋九左衛門家の継承者である。この三文字屋九左衛門家は庄左衛門・助右衛門兄弟に分立して陶系は継承されたが、十八世紀初頭においても由緒を誇る窯元陶家として将軍家御用焼物師の地位を保持していたことが知られる。しかし、延享《えんきょう》年間（一七四四〜四八）頃から他の窯元陶家との競合関係を強め、次第に経営的にも行き詰まり、宝暦《ほうれき》五年（一七五五）に御用焼物師の地位を辞している。

この三文字屋に代わって宝暦六年に将軍家御用焼物師の地位についたのが、鍵屋徳右衛門を家祖とする鍵屋三代喜兵衛（錦光山《きんこうざん》）と錺屋《かざりや》吉兵衛（岩倉山《いわくらやま》）であった。このうち錦光山喜兵衛家は宝暦十二年の『京町鑑《かがみ》』に「三条通今道町（中略）此辺粟田口焼とて陶器の名物有　南側に錦光山といふ御陶器師居宅有」とあり、十八世紀後半には粟田口窯を代表する陶家に成長をとげていたことが明らかになる。一方、岩倉山吉兵衛家も寛政《かんせい》十一年（一七九九）の粟田口窯元陶家八軒連署の『定』にその名が記されている名門の陶家であった。岩倉山家については洛北の御菩薩池焼の系統が粟田口窯に移り、岩倉吉兵衛はこの後裔であったとも伝えている。この他、帯《たい》山《ざん》与兵衛家は延宝年間（一六七三～八一）に家祖高橋藤九郎が粟田口東町に住して茶碗屋と号し代々与兵衛を名乗っている。江戸時代においては錦光山喜兵衛・岩倉山吉兵衛とならぶ格式を誇り禁裏《きんり》御用職の地位にあり、明治二十七年（一八九四）に粟田口での製陶を廃するまで九代を数える窯元陶家であった。さらに雲林院宝山《うんりんいんほうざん》家は、江戸時代には諸侯方館入御用の窯元陶家であり、十八世紀初頭の九代安兵衛の代より宝山を陶号とし、十一代宝山文造のもとでは江戸後期の陶工として知られる青木木米《あおきもくべい》・仁阿弥道八《にんあみどうはち》らも陶技を学んだと伝えられている。

ところで、こうした粟田口陶家の作風については、その推移など詳細はあまり明らかではなく、粟田口窯では初期京焼以来の唐物・高麗物写しや、仁清登場以後に色絵陶器が制作されていたかに推測されているのみであった。その中で記録として一つの手がかりを与えてくれるのが明治初年に粟田口陶家によって作成された『粟田陶器沿革』の記事である。そこでこれをもとに作風の推移をみたい。

① 粟田口焼の全体的な特徴として素地の特色が挙げられる。その特色は「粟田口焼ハ白色少シ黄手帯フル環瑤《かんにょう》（貫入《かんにゅう》）アリ　又鼠色アリ」

② 寛文の頃（一六六一～七三）より「色画製が起これり、すなわち錦窯焼き后（後）画なり」

③宝永《ほうえい》の頃（一七〇四～一一）より「白色、緑色、藍色、柿色、墨色の画あり。また焼き締めの器あり、薬なし」
④明和《めいわ》年中（一七六四～七二）より「堆朱、沈金、唐草などの金銀彩色、また和蘭陀《オランダ》写しの法が行われる」
⑤天保《てんぽう》年間（一八三〇～四四）より「人物画を初めて製する」
⑥文久《ぶんきゅう》年間（一八六一～六四）「神戸の外人商社を通じ、製品を輸出」

これによっても江戸中後期の粟田口窯では、次第に新技法・意匠を付加し、多彩な作風を展開していったことが知られるのである。

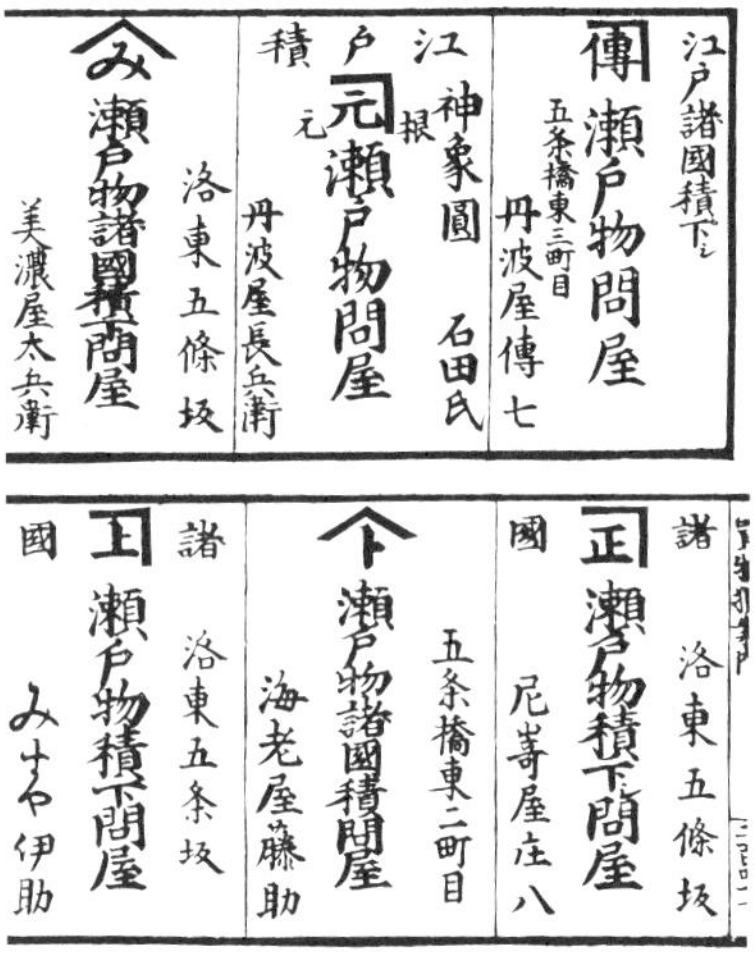

図2 『商人買物独案内』（天保二年版）に記載される五条坂の焼物問屋

清水・五条坂窯の成長・初代清水六兵衛

粟田口窯の京焼「三所」の中での優位は、十八世紀後半に入っても維持されていた。むしろこの時期に至ると粟田口東町のように町内の家屋敷三十六軒のうち二十九軒が陶業者により占められるという、ほぼ完全な同業者町が形成されるまでに発展をとげている（『明和七年御境内東町割印沽巻改帳』）。そして、粟田口で陶業者の仲間組織「焼屋中」が結成されたのも十八世紀後半であり、粟田口焼は産業製品としての性格を強めていたことが知られる。

これに対し、清水焼のブランド名で連合した清水・五条坂でも、天明二年（一七八二）には京焼を扱う問屋組織「五条焼物仲間」が五条坂地域に結成され、豊かな財力を持つ問屋資本が五条坂の窯元陶家と手を結ぶという新事態が起こり、その結果この頃より清水・五条坂でも新しい成長の動きが開始されている。陶家の家伝でも和気亀亭が寛政十年（一七九八）に新たに窯元となり、清水六兵衛家でも初代が明和八年（一七七一）に五条坂で作陶を始めたと伝え、窯元陶家の数も十八世紀後半には次第に増加していった様子がうかがえる。

　このうち現在も八代六兵衛が五条坂で作陶を行い京都のやきもの界を代表する陶家である清水六兵衛家の初代（海老屋六兵衛、一七三八〜九九）は寛延《かんえん》年間（一七四八〜五一）に摂津国島上郡から作陶を志し京都に出て海老屋清兵衛のもとでの修業を行い、明和八年に清兵衛より「きよ水」の印を与えられ清兵衛と同じ海老屋を屋号として五条坂に独立した。初代は当初は茶碗、水指など茶道具を手がけ、五条坂でも次第に頭角を現す陶工となり、ついには地元を領した妙法院宮門跡（真仁法親王）のお庭焼を務め「六目」の陶印を拝領している。初代六兵衛の作風はいかにも五条坂の陶家らしく当時の五条坂窯の作域を示す「荒物」という土味を生かした瀬戸釉・銹絵・焼き締め・御本《ごほん》・伊羅保などで色絵陶器と比較するとやや地味で堅実な作風をみせているが、ヘラ捌きなどには妙手の片鱗が現れている。晩年には京都、大坂を中心とする煎茶の流行と歩調を合わせ煎茶道具、特に急須、涼炉などの制作に進み、本場中国の煎茶器に劣らないものを焼成して名声を高め文人墨客の注目を集めている（口絵・図5）。

図3　五条坂の陶工（『都名所図会』より）

　十九世紀に入ると清水・五条坂窯は急速な成長をとげており、やがて伝統の粟田口窯をおびやかすまでに発展する。こうした新しい京焼生産地の傾向は窯元・陶家数に最も明瞭にうかがえ、粟田口窯では寛政十一年の二十二軒をピークに、安政年間（一八五四～六〇）には十四軒と下降線をたどるのに反し、五条坂窯では十八世紀初頭に二軒であった窯元陶家が嘉永《かえい》五年（一八五二）には十四軒に急増している（嘉永五年「当時窯持由緒記」）。そして生産高もこれに比例し清水五条坂窯が粟田口窯を抜き、文政《ぶんせい》五年（一八二二）には問屋「五条坂焼物仲間」が扱った粟田口製品が六千五百両であるのに対し、清水五条坂製品は七千五百両にも及んでいる（『沢屋吉兵衛家文書』）。こうした粟田口窯の下降・停滞現象と、対照的な清水五条坂窯の上昇という後期の京焼の中でも注目すべき傾向をもたらした最大の原因は、十九世紀に入っての清水・五条坂窯における磁器生産の開始に求められる。

京焼磁器の開発・奥田頴川

京焼における磁器開発は、寛永年間（一六二四～四四）に有田焼磁器が流入して以来の陶家の悲願であった。その中で本格的な磁器焼成を行い、京焼に新風を吹き込んだ先駆者が奥田頴川《おくだえいせん》（一七五三～一八一一）である。奥田頴川が作陶を志したのは三十歳前後であり、やきものの基礎を清水焼の窯元海老屋清兵衛に学び、初代清水六兵衛とは兄弟弟子にあたるという（田内梅軒『陶器考』）。

奥田頴川は本名を頴川庸徳《えがわつねのり》といい、号の頴川はこの本来の姓によっている。頴川氏はかつて、明末の乱を避け日本へ帰化した中国人の子孫と伝えられている。通称を茂右衛門といい、叔父の営んでいた五条坂大黒町の質屋丸屋に養子に入り、それより作陶に進んだ。頴川は富裕な町人あがりのディレッタント陶工らしく、作陶を生業とせず、自ら立てた目標である新製の磁器開発に一途に陶技を傾けていった。そして、頴川の作品の中で底に「天明年製」（一七八一～八九）と鉄絵で年銘のある呉須赤絵写しの筆皿が残されており、その磁器筆が未だ溶解の悪い草創期の特色をみせているところから、ほぼこの時期から頴川は磁器の焼成を行っていたと推定されている。

　頴川はその後も一貫して磁器制作に打ち込んでおり、中国明時代末期の古赤絵《こあかえ》、呉須赤絵、染付、交趾などを本歌《ほんか》とした作品が制作されている。中でも呉須赤絵の絵付の冴えは本歌の中国産のもの以上と賞讃されている〔口絵・図6〕。また作品の種類には、皿、鉢、向付、火入、香合、水指、花生、杓立《しゃくたて》、蓋置《ふたおき》などの茶の湯道具を作る一方で筆洗《ひっせん》、巾筒《きんづつ》、仙盞瓶《せんさんびん》などがみられ煎茶に代表される当時新趣の文人趣味を身に付けていた。そして絵も嗜み、晩年の文化《ぶんか》七年（一八一〇）に蓬莱山を描いた日本画〔図4〕には「文化庚午初春　於平安翠窯房南軒」の自賛があり陶房を平安翠窯房南軒と名づけて作陶活動する幅広い教養人としての頴川の姿を彷彿《ほうふつ》とさせている。そして、田能村竹田《たのむらちくでん》の『竹田荘師友画録』には、「或いは言う　昔頴川氏なる者あり　建仁寺に居り陶を善くす」と、頴川が大黒町に近い建仁寺《けんにんじ》山内に寄寓していたことを明らかにしている。当時の建仁寺大統院《だいとういん》の梅隠和尚は頴川の子と伝え、作品も建仁寺および塔頭に伝来したものが多く、建仁寺本坊の交趾写し兕觥《じこう》形香炉、塔頭大統院の色絵十二支鏡文皿、塔頭大中院の染付花鳥文芋頭《いもがしら》水指・呉須赤絵写し麒麟鳳凰《きりんほうおう》文火入などが頴川施入の伝承を持っており、いずれも遺作中の基準作となっている。

図4　奥田頴川筆　蓬莱山図

　このように頴川は、一方において質商を営む富裕な商人としての財力を持つ人物であり、同時にこの時期の京洛の知識人・有力商人の間に台頭してきた文人趣味をも持ち合わせた人物であったことが明らかになるが、頴川はその財力と新風の文人趣味に基づいて、それまでの専門陶家が成しえなかった磁器焼造と純中国的な意匠を手がけていったのである。

ところで、頴川の磁器の技法については長らくその伝流が不明のままであったが、陶磁史家満岡忠成《みつおかただなり》は瀬戸系の技法ではなかったかと推測している。その理由として、①頴川が瀬戸に赴いており、瀬戸深川神社神官の二宮守恒《にのみやもりつね》の手記にも瀬戸来訪の事実、また瀬戸の磁祖加藤民吉《たみきち》の兄吉右衛門が頴川について学んだことが記されていること、②陶芸家河村靖山《かわむらせいざん》により、呉須赤絵写し四方隅切膳《よほうすみきりぜん》が瀬戸系陶技に基づくものであることが指摘されていること、③頴川の磁器の素地が瀬戸の蛙目土《がいろめ》と考えられること、を挙げている（「奥田頴川、青木木米」『世界陶磁全集6』）。

このように、京焼における磁器開発の先駆は奥田頴川によって担われた。こうした町人あがりのディレッタント陶工によって新規の陶技、やきものの開拓が試みられた例は尾形乾山の場合でもみられた現象であるが、本来の窯元陶家が余計な費用や手間のかかるこうしたテスト的研究分野では遅れをとっていた例と類似したパターンといってよいだろう。そして頴川の研究・開発に導かれ、清水五条坂において磁器の本格的な量産が開始された点でも、乾山と頴川の近世京焼史のうえで占める先駆者としての位置は極めて近似しているといえるのである。

清水・五条坂の新風

明治五年に書かれた「五条坂清水陶磁起源」（『陶磁器説』）によると、「今を距る事七十年前　高橋道八《たかはしどうはち》　和気《わけ》亀亭《きてい》　水越与総兵衛《みずこしよそ(三)べえ》等磁製を創む」とあり、清水五条坂窯では文化年間（一八〇四〜一八）に磁器製品の生産が開始された。これによると、磁器製品の開発にあたったのは二代高橋道八（仁阿弥道八）・二代和気亀亭（亀屋平《かめやへい》吉《きち》、一八二二年没）・初代水越与三兵衛（伊勢屋調和軒、一八四五年没）らの人々であり、五条坂地域の窯元陶家が連合してその任にあたっていたことが分かる。

この五条坂での磁器製品の開発が奥田頴川の活動を継承していたことはいうまでもないが、注目されるのはこれらの窯元陶家の用いた技法が九州有田焼系の磁法であったことである。三代和気亀亭家の記録によると、和気家では播磨国《はりまのくに》の亀坪《かめつぼ》（壺）石を用いて当初は白磁・青磁・染付などを製造しているが、その後、別家の亀屋六兵衛（宮田亀寿）を直接に九州へ派遣して天草石・日向産の柞灰《いすばい》・唐呉須の購入にあたらせたという。こうした天草石、亀壺石の使用は清水の窯元陶家丸屋佐兵衛家においてもみられ（『本多佐兵衛家文書』）、また青磁で名声を博した欽古堂亀祐《きんこどうきすけ》も京焼では肥前天草の「白キ砥《と》イシ」を磁器原料として用いていたと記しており（『陶器指南』）、清水五条坂陶家の制作する磁器が有田焼系のものであったことを明らかにしている。

そして磁器の制作、その費用の捻出にあたっては、五条坂の問屋資本「五条焼物仲間」も介在していたことは当然に考えられるところである。おそらくは頴川によって京焼磁器は誕生したものの、その厚手な特徴、呉須の発色などが文人墨客・識者の間で賞玩されても、問屋を通じて販売される一般の磁器製品としては不向きなため、有田焼・新製瀬戸磁器など他産地の製品と競合する日常製品を量産化するに際しては、良質な有田焼系の磁法に基づく製品の開発に踏み切ったに違いない。このように、奥田頴川による京焼磁器の創始を契機として、京焼にも磁器製品の量産化という新風が吹き込まれることになった。

幕末の京焼作家たち

清水五条坂窯での磁器製品の本格的な生産開始によって、京焼には色絵陶器・磁器の二主流が形成され、その生産地も色絵陶器を主体とした粟田口窯と、新興磁器も生産する清水五条坂窯とそれぞれが担うことになった。そして文政年間（一八一八〜三〇）に入ると、清水五条坂では磁器生産により得た経済力を背景として、粟田口陶家の独占の観のあった高級色絵陶器の分野にも進出する動きをみせ始めている。文政六年（一八二三）、粟田口陶家が使用していた岡崎土を五条坂陶家側が一括して買占めた事態から起こった粟田口・五条坂両陶家の抗争、さらに翌七年に粟田口陶家より京町奉行所に訴えられた五条坂陶家での「粟田焼似寄り」色絵陶器の製造禁止の事件は、こうした江戸後期の京焼界の新しい動向の中で起こった競合的抗争として注目される。しかし、こうした粟田口陶家の伝統を保持しようとする動きも、結局は町奉行所の決裁により自窯製品に「粟田」銘印を焼き付け、五条坂製品と区別するにとどまり、ついには文政七年十二月に五条坂窯での高級色絵陶器の生産を粟田口窯も認めざるをえない形で結末をとげている（『粟田五条坂出入一件』、個人蔵）。

仁清・乾山・頴川に続いて後期京焼の黄金時代を担った陶工たちが活躍するのは、まさしくこうした伝統と新興の京焼が渾然一体となっていた時代であった。中でも、頴川の門下からは青木木米、欽古堂亀祐《きんこどうきすけ》、仁阿弥道八ら頴川の新風を継承した名工が誕生するが、木米の周辺には轆轤師として名声を博した岡田久太《おかだきゅうた》、仁清写しで一家を成した真葛長造《まくずちょうぞう》、仁阿弥道八のもとでは弟尾形周平《おがたしゅうへい》、五条坂陶家の清風与平《せいふうよへい》らが活動し、さらには茶陶の世界で永樂保全、その子和全が活躍するなど個性豊かな名工たちが輩出している。

青木木米

文人趣味の作陶を体現した青木木米《あおきもくべい》（一七六七〜一八三三）は、祇園の茶屋「木屋《きや》」に生まれ、幼名を八十八《やそはち》、後に佐平、佐兵衛と名乗り、古器の賞鑑から入って作陶へ進んだ陶工であり、九々鱗《くくりん》の号の他、晩年耳を聾し「聾米《ろうべい》」と号している。木米は頼山陽《らいさんよう》も「翁は古を嗜《たしなむ》の士にして、陶工に非ざるなり」（木米翻刻『陶説』序文）と称賛するほどの才能豊かな人物であった。この木米が頴川の門に入ったのも、大坂の文人木村蒹葭堂《きむらけんかどう》のもと

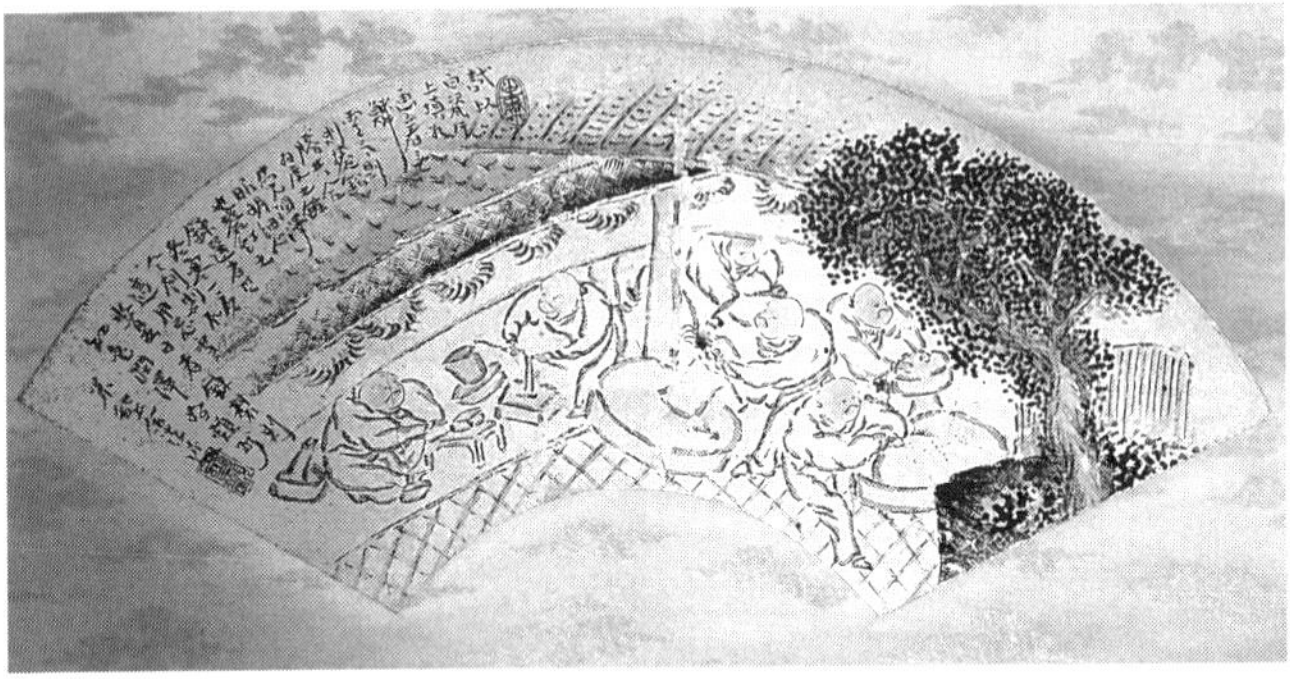

図5　青木木米筆　扇面　焼物窯場図

で初めて閲覧した『陶説』で学んだ作陶の理想を、頴川の斬新な磁器作風の中に求めたからに他ならず、いかにも知識人陶工らしい作陶への動機をみせている。木米が作陶に入ったのは三十歳の頃、寛政八年（一七九六）前後といい、粟田口の小物座町（現三条通蹴上）に開窯し、粟田口では一文字屋の名義を譲り受けたといわれている。そして数年にして陶工としての名も現れ、享和《きょうわ》二年（一八〇二）の『煎茶早指南《せんちゃはやしなん》』には「左兵衛からものうつし　上品にてあたえも又貴し」「左兵衛は唐物をうつすに好を得たるものなり」と唐物（中国産）を本歌とした急須《きゅうす》が図入りで紹介されるほどになっており、文化二年（一八〇五）に粟田御所の御用焼物師となる。

　木米の交友には山陽、竹田をはじめ、中島棕隠《なかじまそういん》（一七七九～一八五五）、小《こ》石元瑞《いしげんずい》（一七八四～一八四九）など当代一流の文人墨客が多いが、そのため木米の作品には時流に応じた煎茶器が多くみられる。ことに急須では交趾写し、南蛮写し、中国宜興《ぎこう》窯の朱泥《しゅでい》・紫泥《しでい》・白泥《はくでい》写し、そして青磁にも才能を発揮しており、師頴川ゆずりの交趾写しでは渋く深みのある色調が知られている。宜興窯写しは本歌の技法を『陶説』によって知った木米が倣《なら》ったといわれ、また南蛮写しは素地の味わいに木米が興味をひかれて制作したものであり、ともに遺品中で最も数は多い。木米の急須は俗に売茶翁《ばいさおう》好みと称される、手と注口が直角に付けられた約束にかなった作品が多く、その冴えた作風は早くから京焼第一の評価がある（口絵・図7）。また、煎茶碗にもすぐれ、交趾・染付・赤絵・白磁・金襴手などの作品がみられるが、盧同《ろどう》七碗をはじめとする染付や、茶詩を独得の細字で記した赤絵には木米の絵付彩画に通じる巧技が発揮されている。そして交趾・焼き締め・青磁・白磁などにみられる土型による型物成形も木米の陶技の大きな特色となっているが、型物成形や涼炉にみられる彫刻的加飾は当時の粟田陶家の間でも高く評価されていたようで『粟田陶器沿革』でも木米が型物・彫物・彩画絵付に秀でていたと記されている。

欽古堂亀祐

木米の型物成形・彫刻的加飾に影響を与えたのが、同じく頴川門下の欽《きん》古《こ》堂《どう》亀《き》祐《すけ》（一七六五～一八三七）である。亀祐は土岐亀助を本姓とし、丹波屋亀助ともいった。家業は洛南深草で伏見人形の土偶師であったが、頴川に学んで青磁・交趾・染付・色絵などを手がけている。中でも型物成形には秀でており亀祐は当時の京焼の中でも「陶器造るへき形物なと彫ては世に並ふへきもの更になし」（『陶器樂草』）であったという。亀祐が頴川の門に入ったのは二十代の後半と推定され、木米の先輩にあたっており、木米も型物成形については亀祐を先達とみなしていたと思われる。亀祐の作品としては寛政十二年（一八〇〇）在銘の青磁象形大香炉の他、伏見人形の原型・置物・香炉・水滴・急須・向付・鉢・水指などがみられる。亀祐の作風で有名なのは精巧な透彫りのある唐草文香炉であり、俗に本願寺香炉とも呼ばれている。西本願寺の依頼によって亀祐が制作した独自の作品群であり、押型文による青磁浮文様の作品ともども亀祐の名声を高めている。文政十三年（一八三〇）に技法書『陶器指南』を著わしている。

真葛長造

木米周辺の名工で忘れてならないのは、木米の轆轤師を務めた岡田久太（?～一八三二）であり、久太とともにに木米を助けて作陶を行った真葛長造《まくずちょうぞう》（一七九七〜一八六八）である。このうち長造は本名を蝶三郎、延寿軒と号し、宮川長閑斎を家祖とした楽焼の陶家九代長兵衛の子であったが、晩年の木米に師事し祇園真葛原《まくずがはら》に陶業を営んで以後は、真葛を姓とし真葛長造と称し、また知恩院華頂宮門跡より香山号を拝領した。長造の息子で横浜に真葛焼を開いた宮川香山《みやがわこうざん》は「木米は書も出来るし画も出来るが、惜しいことに轆轤が出来ないから轆轤は久太といって三条に名人があったこの人がやり、細工万端は父の長造がやった」（岡落葉「宮川香山翁を訪ふ」雑誌『美術新報』明治四十四年）と三者の関係を語っている。長造は木米に倣い染付磁器なども手がけたが、木米の死後は仁清写や洗練された銹絵、色絵の茶道具を最も得意とした陶器を制作し、これによって一家を成している。ちなみに木米の作風のうちには得意の煎茶道具類の他に粟田焼系の色絵陶器に属する作品群があるが、おそらく真葛長造が主に継承したのは、こうした分野だったのであろう。

仁阿弥道八とその門下

同じく頴川の門下で木米、亀祐と並ぶ逸材であった仁阿弥道八《にんあみどうはち》（一七八三〜一八五五）は本姓を高橋道八（号松風亭）いう。父の初代高橋道八は粟田口三条白川畔で陶業を営んでいた陶工で煎茶器の製造、販売で知られていた。道八も幼年から父に従い作陶修行していたが、それだけに飽き足らず奥田頴川のもとで磁器の製法を学んだという。父の没後は二代高橋道八を継承し、文化二年（一八〇五）の木米の任命に続き、同三年、粟田御所の御用焼物師となった。だが、同八年には陶房を粟田口から、新興の気風にあふれた五条坂に移して作陶を行っている。そして同九年には染付磁器の試作に成功し、五条坂の窯元陶家の和気亀亭、水越与三兵衛とともに京焼磁器の量産体制を確立した。そのため窯元陶家としての道八家は染付、白磁の製品によって知られていたという（三代道八「家伝記取調書」）。

図6　仁阿弥道八筆　千種有功和歌賛　紀州春景図

しかし、仁阿弥の作品については、家業のやきものよりも、京焼伝統の色絵・唐物・高麗物写し・楽焼など陶器類で評価されており、仁阿弥自身も個人としては京風の雅陶をより好んでいたようであり、ことに本阿弥光悦、尾形乾山らの作風に倣った作風、例えば桜と楓《かえで》を器面に配した雲錦手《うんきんで》、琳派調の菊絵の描かれた色絵菊文、その他、色絵桜文・色絵大根文・色絵紫陽花《あじさい》文などには乾山の作陶との共通性が強くみられ、雪笹《ゆきざさ》文手鉢に至っては乾山作の本歌も伝世している。また、楽焼でも光悦の作風、中でも「紙屋」写しは幾多の光悦写し中でも随一の定評がある。この他、黒楽でも不二山・立鶴など白で模様意匠をあしらった秀作を生んでいる。そして、仁阿弥の名声はこうした洗練された雅陶によって一層高められ、文政九年（一八二六。一説に文政八年）に仁和寺宮門跡から法橋《ほっきょう》に叙せられ、「仁」の字を、また醍醐《だいご》三宝院宮門跡から「阿弥」の称号を贈られたと伝えられている。

　ところで、仁阿弥の作陶技術のもう一つの特色は、陶土の持つ可塑性を生かした彫塑的技術に秀でていたことである。ことに捏《ひねり》ものの作品にはその特色がよく表れており、寿老人《じゅろうじん》・布袋《ほてい》などの置物や、猫・狸・犬・雁・亀などをかたどった手焙《てあぶり》・香合・根付《ねつけ》などに群を抜く陶才がうかがえ、京焼においても仁阿弥の独壇場の感がある。こうした軟陶質の捏ものは写実・写意を巧みにした京焼陶法の一つの伝統の特技ではあるが、仁阿弥の陶塑にはよりリアルさが加味されており、明らかに文化・文政期以降の好尚が反映されているところに注意する必要があろう。

以上に見てきた仁阿弥の作風は、単に個人道八の作陶にとどまらず、清水五条坂の清水焼に一つの様式をもたらした。そして門下にも五条坂陶家の次代を担った俊英が輩出する。中でも初代清風与平《せいふうよへい》（一八〇一～六一）は、文政年間（一八一八～三〇）に加賀金沢より五条坂に出て仁阿弥のもとで陶技を学び、弘化元年（一八四四）に開業し、弘化四年、備前邑久《おく》の領主伊木忠澄《いぎただすみ》（三猿斎《さんえんさい》）に招かれ虫明《むしあげ》焼に茶道具を指導制作、安政四年（一八五七）には東本願寺門主より金襴手諸器を依頼されるなど清水焼陶家として一家を成している。この清風家では初代が仁阿弥直伝の染付、呉須赤絵、金襴手、色絵乾山写しなどで名を高めた他、二代・三代と陶業を継承しているが、ことに三代清風与平（一八五一～一九一四）は明治二十六年（一八九三）に陶磁器界での最初の帝室技芸員に選出され、横浜に移った真葛長造の四男初代宮川香山《みやがわこうざん》（一八四二～一九一六）と並ぶ明治陶芸界の名工であった。

尾形周平

仁阿弥道八の実弟であった尾形周平《おがたしゅうへい》（一七八八～一八三九）も、色絵・染付・赤絵などに妙技をふるった幕末期の陶工として知られている。この周平は初代道八の三男で熊吉といい、父の没後は兄仁阿弥のもとで製陶を助けていたと伝え、三十歳をすぎて「京清水　あこや町」に新しい住宅を構えて独立した。その後、尾形乾山の「光悦ヨリ空中ヨリ乾山伝来の陶器製法」を借読する機会を得てより乾山に憬れ、ついに高橋姓を改め尾形姓を名乗るに至ったという。

その作風は色絵・交趾・染付・赤絵・青磁・金襴手・三島手などと広く、急須・煎茶碗・茶壺・涼炉・炉台などの煎茶器を多く残しているが、ことに十錦《じっきん》手と呼ばれる色絵の華麗さは、木米の百老手の密描にも比しうる江戸末期的な濃厚な細密彩色美をみせている。周平は兄仁阿弥とは異なり、生涯にわたって自家窯を所持することはなく、文政元年（一八一八）に摂津桜井窯へ赴き、急須・ボーフラ（煎茶用の素焼の湯沸）・陶硯などを制作したのをはじめ、江戸隅田川焼、南紀男山焼・姫路東山焼・淡路珉平《みんぺい》焼など各地に招かれて青磁・染付・色絵・金襴手などに端正精巧な個性ある作品を残している。そして天保三年から五年にかけての淡路珉平窯での指導を最後に各地での出張を終え、以後は五十二歳の生涯を終えるまで、清水あこや町の自宅において作陶を行っていたと伝えられている。

永樂保全

頴川門下の青木木米、仁阿弥道八と並び同時代の京焼の名工の一人と称される陶工が永樂保全《えいらくほぜん》（一七九五〜一八五四）である。保全は村田珠光《むらたしゅこう》以来、茶の湯で用いられてきた土風炉師《どぶろし》、西村善五郎家の十代善五郎（了《りょう》全《ぜん》）の養子として西村家に入り、文化十四年（一八一七）に了全より家督を相続して十一代善五郎を襲名した。永樂の名前は文政十年（一八二七）、紀州徳川家の偕楽園《かいらくえん》御庭焼《おにわやき》に出仕し「永樂」の印を拝領してより、これを陶号としたことに由来する。ちなみに善五郎家が永樂を本姓とするようになったのは、保全の長男十二代善五郎（和全《わぜん》、一八二三〜九六）が当主の時代にあたる明治維新以後のことである。そして現代では十五代吉左衛門を当主とする樂家ともども、茶道千家十職の家柄として十七代永樂善五郎が永樂家を継承し、千家の茶の湯の最も重要な茶道具を担う茶陶家としての作陶を行っている（口絵・図8）。

永樂保全の作陶は、代々縁のあった千家や三井家などに秘蔵されていた茶陶の名品の写しものを制作することから出発し、紀州偕楽園御庭焼への出仕を経て、本格的なやきもの作りの世界へと進んでいる。染付、交趾、金襴手の作風は保全が比較的早くから手がけたものであり天保年間（一八三〇〜四四）の前半、保全が善五郎家の当主であったころには完成の域に達している。金襴手は交趾・色絵と並ぶ保全生涯の代表的作風といえるが、中国明代嘉靖《かせい》年間の本歌が金箔を焼き付けた金襴手であるのに対し、金泥を用いて描くところに特色があり、ためにけばけばしさを沈静した艶消し調の作品となっている。

天保十四年（一八四三）、それまでの「善五郎」名儀を長男和全に譲って「善一郎」と署名して作陶を続けるが、保全の作品に独自の作風が強く打ち出されるのはこの時期である。また色絵陶器に本格的に取り組むのもこの時期である。しかし、弘化四年（一八四七）、親友の漆師佐野長寛の次男宗三郎を養子として迎えた頃より、和全との間に不和が生じ、さらには陶技開発のため費やした金銭が多額の借財となって善五郎家の経済を圧迫したことも重なり、ついに京都を離れ江戸へ赴いている（嘉永二年）。ついで江戸より大津に帰り湖南窯を開き（同四年）、また摂津高槻《たかつき》窯に招かれて作陶（同五年）など晩年は各地の窯場で仮偶生活を過ごした。この時期の代表としては祥瑞写し・呉須赤絵・御本・伊羅保写しの作品などを残している。

永樂和全

保全の長男和全《わぜん》（一八二三〜九六）も、こうした父保全の真価を継承した名工であった。和全の生涯は明治維新を挟んでおり、保全にも増して波瀾に富んだものであった。前半生は、保全離京の中で善五郎家を維持することに費やされ、後半生は幕府の崩壊、維新政府の誕生を転換期とした急速な社会情勢の変化の中で善五郎家の命運のみならず、危機に瀕した京焼の伝統を守り、発展させることに努力を傾けた一生であったといえる。

その作風は写しものにおいて父保全以上に本歌に迫るものがあり、ことに赤絵・金襴手・祥瑞写しでは第一級の技の冴えを発揮している。嘉永五年（一八五二）に仁清御室窯跡に御室窯を開窯して以来、織紋手《おりもん》（更紗《さらさ》文、蓋物などの器面に布をあてがって上絵付を施した独自の絵付技法）や、慶応《けいおう》二年（一八六六）に加賀大聖寺《だいしょうじ》藩の招きにより山代《やましろ》九谷本窯へ赴き発表した赤絵金彩・金襴手の作品には和全ならではの華麗な意匠が発揮されている。そして明治四年（一八七一）長男得全に家督を譲って以後、三河岡崎へ作陶に出かけているが、瀬戸蛙目《がいろめ》土の胎土を用いたコーヒー碗・砂糖壺・スープ皿などを制作するなど、新時代への対応もみせている。晩年は東山菊谷の地で乾山・仁清・光悦写しなどを制作しているが、京焼における近代的感覚に基づく最初の仁清写しを完成させ、京焼の復興に尽すなど、その活躍にはめざましいものがある。

以上のように、江戸後期・幕末期の名工たちは新しい社会的・文化的動向の中で独立の気概を学び、新規の技法を開拓し、自らの陶工としての生き方に反映させていった。そのため、各地の大名家や窯業地では、こうした名工たちを招聘し陶技改善、開窯する気運がみられた。青木木米が文化三年（一八〇六）に金沢卯辰山、翌四年に春日山窯に招かれたのをはじめとして、欽古堂亀祐は摂津三田窯・丹波王地山焼・紀州瑞芝焼へ、仁阿弥道八は近江石山寺御庭焼・紀州偕楽園御庭焼・和泉貝塚願泉寺御庭焼・讃岐高松藩讃窯《さんよう》へ、尾形周平は摂津桜井窯・播州姫路東山焼・淡路珉平窯へ、初代清風与平は備前邑久虫明焼へ、また永樂保全も紀州偕楽園御庭焼・摂津高槻窯・近江円満院御庭焼へとそれぞれ赴き作陶を行っている。

そしてこうした傾向は明治維新を挟んでの永樂和全の加賀大聖寺藩の山代九谷焼での作陶指導、明治初年の三代高橋道八による肥前有田での京焼彩画法の指導、同年初代宮川香山の岡山邑久の虫明焼での作陶、ついで明治三年横浜に移住し真葛焼と称しての作陶へと継承され、それとともに京焼の技法は各地へ伝播され、京焼は日本陶磁界の指導的立場に立つことになる。

京焼の美と特性

江戸後期の陶工永樂保全の作陶は千家茶道の職方として、文人煎茶の頴川門下の青木木米、仁阿弥道八とは別の道を歩んだ名工であったにもかかわらず、そこには同時代の京焼陶工として共通した気風がみられることを注目したい。それは、何時の時代でもやきもの作りを行う場合の基調となる、作陶に立ち向かう作り手としての姿勢の共通性である。表現を変えれば彼らに共通して指摘できるのは、京焼が初期から担った「人の嗜好に随って諸品物を造る」という他地方以上に求められた特性を把握して自らの陶工としての立場を自覚的に認識していたことであり、同時に在来の京焼から脱却して新しい作風を付け加えるという意識をも同時に確固として持っていたことである。それは京のやきもの史に登場してきた初期の楽焼、押小路焼の陶工たちから、色絵陶器を完成した野々村仁清、町売の時代に開花した尾形乾山、京焼磁器を開発した奥田頴川などにも一貫してきた地下水脈のような気風といってよいだろう。

京焼が他地方のやきものに比較して先進性を持ち、個性的な作風を展開しえた要因の一つには、このような自らの基盤となるやきものに対する複眼的な視点を陶工たちが常に持っていたことが挙げられる。それは、因襲に拘泥しない良い意味での作り手としての創作精神といってもよい。こうした現状に甘んじえないリノベーション、創作変革の精神が絶えることなく健全に生かされてきたところに、京焼陶工の進取の気風も育まれてきたのであり、それをやきものに具体的に表現したところに、都市的な洗練された京焼の美もまた維持されてきたのである。

そして、この京焼陶工気質というものは、以上で述べてきた江戸時代に限られるものではない。その伝統は「質」を志向する京焼の特性とともに、近代を通じて、さらには今日の新しいやきものの美の創造者たちにも脈々とした地下水脈となって継承されているのである。

＊初出は「京のやきもの史」(『尾形乾山開窯三〇〇年・京焼の系譜――乾山と京のやきもの展図録』ＮＨＫ・ＮＨＫプロモーション、一九九九年に所収)。本書の掲載にあたり加筆をした。

明治の窯業

明治維新期の混乱

日本における近代窯業の展開は、本来からいえば国内における消費生活の多様化の中で、江戸時代後期以来の伝統を継承し、その成熟の上に達成されるはずであった。しかし、明治維新を転機とした政治、経済、社会制度の急激な変化は、国内市場に依存してきた京焼にも、旧来の道を歩むことを許さなかった。江戸時代後期には二千を超える大小の窯場があった日本のやきもの生産地も、明治維新後の激動の波にさらされ、新しい時代の動向に対応できないものは衰退、廃窯を余儀なくされた。中でも江戸時代に幕府、大名家、特権商人などの保護、需要に依存することの多かったやきもの生産地は幕藩体制の崩壊による混乱をまともにかぶっている。

こうした、やきもの窯として最も典型的な例は茶陶窯であった。茶陶窯では明治維新を境に茶の湯が衰微の道をたどるとともに衰退の様相をみせている。明治維新直後の時期、茶道具の需用が激変したことは「当時茶人が皆無となり、道具を買わんとする相手を得ず。……道具屋の店先に茶器などは影をひそめていた」（高橋箒庵《たかはしそうあん》『近世道具移動史』）という当時を回顧した証言によっても知ることができる。江戸時代に大名家の個人的な庇護のもとに専ら茶陶を制作していた御庭焼《おにわやき》と呼ばれる小規模な窯場への影響は決定的なものがあり、盛岡の御庭焼（南部《なんぶ》藩）、江戸三楽園焼（紀州藩）、江戸大崎御庭焼（松江藩）、名古屋の御深井《おふけ》焼（尾張《おわり》藩）、滋賀の三井御浜焼（三井寺門跡）、徳島の御庭焼（阿波《あわ》藩）、讃岐《さぬき》の高松讃窯（高松藩）など江戸時代に優品を制作した窯場も支持基盤を失い廃窯を余儀なくされている。

　高級陶磁器の生産地であった京都の窯場もその例外ではなかった。日本で最も高級陶磁器の生産を誇っていた京都のやきものは、江戸時代の野々村仁清《ののむらにんせい》、尾形乾山《おがたけんざん》、古清水《こきよみず》以来、色絵陶器の制作で知られていたが、江戸後期に入ると磁器生産も開始され、陶器、磁器の分野で全国のやきものをリードした。この磁器生産を担ったのが清水《きよみず》・五条坂《ごじょうざか》地区であり、色絵陶器生産の伝統を誇った粟田口《あわたぐち》地区と京焼二大生産地を形成していた。このうち五条坂では幕末の嘉永《かえい》五年（一八五二）の段階では登り窯十基、登り窯の権利を所有する窯元陶家を十四軒確認することができる。だが、明治維新を境に京焼を巡る環境も変化し、幕末期の窯元のうちで維新後の明治五年（一八七二）まで無事存続したのは、①清水六兵衛《きよみずろくべえ》→清水六兵衛、②高橋道八《たかはしどうはち》→高橋道八、③丸屋卯《まるやう》兵衛《へえ》→丸屋宇兵衛、④和気《わけ》亀亭→和気平吉、⑤亀屋六兵衛→宮田亀寿、⑥井筒家亀次郎→井筒屋亀次郎のわずかに六軒のみであった。こうした窯元の変化、交代劇の中に明治維新による影響をみることができる。

　この他、明治初期には社会不安、物価上昇などの経済的要因、各地での政治的空白などによりやきものの生産、流通機構も混乱し、その影響は日常の生活必需品を制作する窯業地へも波及した。そして明治四年の廃藩置県によって江戸時代以来の日本の窯業体制は崩壊する。

窯株制度からの脱却

　窯業界における封建的生産関係からの脱却、これを最も象徴的に表すのは江戸時代を通じて存続してきた窯株制度の廃止である。この制度は藩や奉行所に運上金《うんじょうきん》を上納して許可を得た陶業者のみが登り窯を所有する権利（株）を持ち、窯を焚くことができるというもので、株を所有しないものは窯を焚くことや、許可なく新たに登り窯を築くことを禁止する制度である。こうした権利を持つ窯元たちは窯仲間《かまなかま》、焼屋中《やきやちゅう》などの組合組織を結んでおり、窯仲間（焼屋中）では各窯元の抱える陶工を一元的に把握し、陶工たちが他所の場所でやきもの制作することを禁止するなど、既存の窯元たちの権利保護とやきものの粗製濫造の防止を行った。

尾張藩の瀬戸では元禄《げんろく》二年（一六八九）に窯仲間の結成が確認されており、元文《げんぶん》二年（一七三七）には惣窯仲間が登り窯の数を十六基と定め、新たに窯を築かないことを申し合わせている（『日本近世窯業史』）。また佐賀藩の有田焼では宝暦《ほうれき》元年（一七五一）、有田皿山の制度改革に伴い正式に藩より窯焼き（窯元）、赤絵屋（絵付師）に対し名代札《なだいふだ》が発行されているが、その数は窯屋が百八十軒、赤絵屋が十一軒であった。そして有田においては登り窯の所有権は「明札《あきふだ》」、すなわち廃業した窯焼きが代官所に返納したものに限って交付されている（『佐賀県史』『有田町史』）。そのため窯株や名代札などを新たに入手するのは難しく、美濃《みの》では天保《てんぽう》年間（一八三〇～四四）、窯株を巡る売買価格が一株につき二百両から三百両もの高額であったという（『美濃焼の歴史』）。

京都でも陶器問屋の仲間組織である五条焼物仲間が成立した天明《てんめい》二年（一七八二）の前後に窯持《かまもち》（窯元）の仲間組織である五条坂焼屋中、清水焼屋中、粟田焼屋中が結成されており、嘉永五年（一八五二）の時点では五条坂で十四軒、清水では三軒、粟田口では十四軒を確認することができる（『当時《とうじ》窯持由緒記《かまもちゆいしょき》』、『本朝陶器攷證《ほんちょうとうきこうしょう》』）。

窯株制度は制定された当初の時期は過当競争を防止する保護策となったが、その後の推移の中では株保有者の窯元陶家を特権化し、一般の陶工たちが職人的地位からの脱却を図ることを阻害するものとなっていた。ために幕末期に入ると、窯株制度を巡って各地のやきもの生産地では、旧来の窯元と新興の陶工たちの間の抗争は激しさを増している。その意味で、明治維新の直後から各窯業地で一斉に起きた窯株制度の撤廃運動は、これまでの前近代的なやきもの生産のあり方そのものを打破する、新興の陶工たちの自立の悲願をかけた一大改革運動であった。京都では他地方に先駆けて明治元年（一八六八）十二月に、京都商法会所より諸株廃止が宣言され、窯株制度も撤廃され、その方針は京都府勧業方《かんぎょうがた》に受け継がれた。その他のやきもの産地では明治四年の廃藩置県によって旧来のあり方に決定的な変化がもたらされ、これにより明治五年には美濃、そして相前後して有田、瀬戸、常滑《とこなめ》などでも窯元株の制度は廃止され、これによってようやく陶工たちは自らの目標を掲げ、封建的な統制、制約を受けることなくやきもの制作に励むことが可能な自由競争の時代が到来したのである。

海外貿易と西洋窯技の導入

陶工たちが封建的特権に基づく窯業関係を脱却して、自由競争も時代に入った時、彼らの眼前の目標として掲げられたのは、国内市場を対象とした伝統的な陶磁器生産ではなく、明治政府の殖産興業《しょくさんこうぎょう》、輸出奨励政策に沿った海外への貿易品の製造であった。

その原因は明治政府が中央集権体制のもと推進を目指した日本産業の近代化と密接に関連している。中でも注目されるのは明治維新期の日本の窯業技術の水準である。この点では、日本では未発達であった重工業の分野はもちろん、繊維産業、ガラス産業などの分野が欧米の機械を全面的に輸入して生産、技術体系を整備しなければならなかったのに対し、陶磁器は基本的には欧米と比較しても高い水準にあり、技術の全面的導入による第一歩からの近代化を要請されることがなかったことである。幕末の慶応《けいおう》三年（一八六七）に幕府、および佐賀藩、薩摩《さつま》藩は初めて海外での万国博覧会参加であるパリ万国博覧会にそれぞれ参加しており、その際に京焼、瀬戸焼、美濃焼、九谷《くたに》焼、有田焼、薩摩焼の陶磁器を出品したが、その精妙な絵付模様、成形技術が現地で好評を博し、特に薩摩藩が出品した精密な彩画のある薩摩焼は現地で「サツマ」と呼ばれ絶賛され、有田焼を売買した佐賀藩でも一万両に達する利益を得ている（『徳川昭武滞欧記録』『佐賀県史』）。むしろ陶磁器は漆工品、蒔絵、金工品などの手工芸品、生糸などとともに数少ない有望な貿易品として期待されていたのである。それゆえに陶磁器の近代化はとりもなおさず海外輸出品として位置付けられた。そのため、明治の陶業者にとって海外輸出品の生産が第一の目標になり、その目標に沿った製陶上の生産性、技術性、実用性、意匠性など様々な条件が新しい課題となった。京都では明治三年（一八七〇）に、現在の工業化学試験場ともいうべき舎密局《せいみきょく》（オランダ語のセイミ＝化学に由来する）を開設、同六年に鴨川西岸の河原町夷川東（現京都市立銅駝《どうだ》美術工芸高等学校付近）に施設を拡充している。明治三年には六代錦光山宗兵衛《きんこうざんそうべえ》（一八二四〜八四）によって明治期の粟田焼の作風を代表する薩摩焼色絵作風を取り入れた京薩摩の彩画法が開発され、翌四年には遷都によって衰退した京都の産業界の振興と輸出向け製品の新規な開発・啓蒙を目的とした第一回京都博覧会が開催されている。

明治の窯業界でいち早く開始されたのは、西洋の釉薬などの窯技の新材料の導入であった。日本で最初の西洋の釉薬、顔料を紹介したのは、明治元年にパリ万国博覧会より帰国した清水卯三郎（瑞穂屋《みずほや》）であった。パリ万博に幕府の「出品蒐集掛《しゅうしゅうがかり》」に任命された江戸の商人清水卯三郎は帰国に際し、その土産の一つとして酸化コバルト、その他の絵付顔料を日本に持ち帰り、帰国後に椿山《ちんざん》派の画工・陶画工の服部杏圃《はっとりきょうほ》にその試用をさせている。清水卯三郎ら万国博覧会に派遣された人々が関心を寄せたのは「真を写す絵付け」と呼んだ西洋風の絵画的描法に適した絵付であったが、これに使用されている西洋の釉薬、顔料は、これまでの日本の顔料（和薬）にはない、明るい原色に近い発色が得られる特色があった。服部杏圃のもとには京都、大阪、名古屋、瀬戸、横浜など各地から洋風絵付を学ぶために伝習希望の陶工たちが集まったが、明治三年に京焼において初めて西洋釉薬、顔料の試用に成功し、同五年に「近来種々工夫を凝らし、専ら外国向けの陶器製造致し候より、追々諸国へも輸出、土地繁栄の一端と相心得よろしき事に候」と京都府より「職業出精の者」として表彰（『京都新聞』十六号。西京新聞社発行）された、明治前期の京焼界を代表する製陶家である幹山伝七《かんざんでんしち》は服部杏圃の洋風絵付を伝習した一人であった。

ゴットフリート・ワグネルの活動

こうした明治初期の西洋窯業の導入、普及に外国人として指導的役割を果したのがドイツの化学者ゴットフリート・ワグネル（一八三一～九二）である。明治元年（一八六八）に長崎に着いたワグネルは明治三年、佐賀藩の招きにより有田に赴いている。ワグネルはドイツのハノーバーに生まれ、工芸学校を卒業後、ゲッチンゲン大学で化学を専攻し博士号を取り、窯業化学にも通じていたが、有田での活動が日本窯業界との最初の接触となった。招請されたワグネルは有田で、日本では最初の石炭燃料での焼成を試みている。その結果は成功とはいいがたいものがあった。しかし、薪木でしか窯の焼成を知らなかった有田の製陶家に効率のよい石炭窯の可能性を教授した意義は大きい。また西洋の釉薬、顔料についても直接ヨーロッパの化学知識により有田の人々に伝授したことも重要であった。ワグネルがこの時、有田にもたらした釉薬、顔料としては染付に用いる唐呉須に代わる酸化コバルトが知られている（『有田窯業史』）。明治四年の廃藩置県により佐賀藩の廃止とともに有田を離れ、東京の大学南校（現・東京大学）でお雇い外国人教員として理科を担当した。

図1　ワグネル顕彰碑（京都市左京区・岡崎公園内）

京都府においても明治十一年にワグネルを舎密局に招き、化学校が開かれ、ワグネルは陶磁器の指導にあたっている。ここでは化学的釉薬の知識を教授し、明治十二年には五条坂に設けられた舎密局の実験工場に高カロリーの石炭を燃料とした石炭窯が築窯された。ワグネルが京都で築窯した石炭窯は円筒式石炭窯で、窯は円筒徳利形の外観を持ち、内部の構造は上下二室に分かれ、上室は素焼の間、下室は本焼の間という二間続きの構造であった（大西政太郎『陶芸の土と窯焼』）。ワグネルは明治十四年、京都の産業工業化を推進していた槇村正直《まきむらまさなお》知事が東京に去り、舎密局が閉鎖される事態になり東京に戻ったが、ワグネルによって明治の京焼界に吹き込まれた新風は大きなものがあった（『ワグネル伝』、京都市編『京都の歴史8』）。

輸出と輸出品の品評

さらに、海外との貿易にあたって、どのような陶磁器の器物や意匠が欧米諸国において好まれるかについても検討が加えられていた。この点では、欧州諸国の動向そのものすらほとんど情報を持たない時代であり、ましてや欧州や米国の陶磁の実情を知った陶磁器業者など、明治初期には皆無であった。そのために輸出向け陶磁器といっても現実にはどのような形状のもの、どのような模様意匠のものを制作すべきか具体的な規範、指示が必要だったのである。ワグネルをはじめとする欧米人はこうした分野でも指導的役割を担った。

その好例として明治六年（一八七三）六月に京都博覧会社より発刊された『博覧会品評録』を紹介することにしたい。この『博覧会品評録』は同年の三月より六月までの三ヶ月間にわたって京都御所内で開催された第二回京都博覧会の出品物の品評（審査感想）を収録したものである。品評方に任命されたのは幕末期のロンドン、パリ万国博覧会での出会い以来、まったく異なるカルチャー性を持った工芸品として日本の陶磁器を評価していたヨーロッパを意識して依頼したフランス人チュリー氏と、自国の生活様式に適応した陶磁器を輸入したいプラグマティズムの新興国アメリカを意識して依頼したトルレムルへー氏である。このうちアメリカ人トルレムルへー氏については現在のところ詳細は不明だが、フランス人チュリー氏については、姓名はレオン・デュリー（一八二一～九一）であり、幕末の文久二年（一八六二）に来日、フランスの長崎領事で大浦天主堂《おおうらてんしゅどう》の建設に参画、明治五年より三年間京都府にお雇い外国人として招かれ語学教員、工芸産業指導にあたっていることが判明した。

品評の目的については「陶器」編の巻頭に、「米国トルレムルへー氏曰く、諸作皆な精工にして金画もまた美なり。但しその形状と模様とに至っては好ましからさるもの多し。もし欧米人の用に供せんとならは、須《すべか》らく初めに西洋所用の形状および所喜の模様を詳《つまびらか》にして製出すべし。否らされはその品いかほど上等たりとも輸出するに足らす。おそらく労して功なきの患あるべし」と記述されていることで明らかなように、欧米への双方にわたる輸出を目的とした時の陶磁器制作、その目的に適した製品の形体・模様意匠を伝授することにあった。では、具体的にどのような品評が行われていたのであろうか。

京都の清水焼、粟田焼については器形の略図を付した品評が収録されている。出品者はいずれも明治初期の京焼（清水、五条坂、粟田）を代表する製陶家ばかりである。これに対する品評を現在の口語体に変換して記したものが〔図2〕である。このような品評である。明治初期の京都の製陶家が輸出品としてどのような陶磁器を試作し、それを品評人の欧州、米国の有識者がそれぞれどのように品評していたかの実際を知ることができる。

そして品評では③、④、⑤、⑥のような実用に適した形体へのアドバイス、また①、②、③、⑥のような欧米人の美意識、嗜好にそくした模様、意匠、色彩の使用へのアドバイスなどがみられる。その中でも、注目したいのは①、③、⑥などの品評に具体的に表明されている、装飾的な日本的風俗、花鳥などへの賞賛である。これは総じて明治陶磁器の欧米での好評、すなわち細密な装飾製品などの華麗な作風の好評を予言するものであ

①花瓶
和気亀亭作(五条坂)
「ヘー氏日く、鶴の絵が隆起しているのがよい。すべて白の羽毛の鳥獣を描く時はこのように制作するように。そうしないと地色との境が分からずよろしくない。」

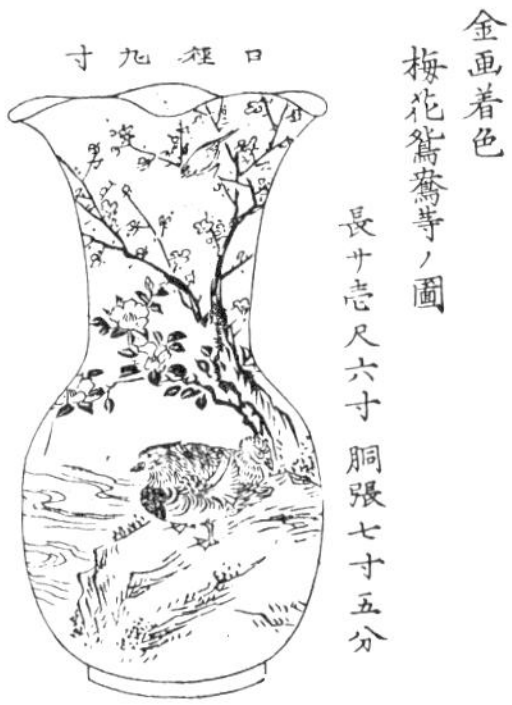

②花瓶 錦光山宗兵衛作(粟田)
「チュリー氏日く、金を多く使いすぎだ。全体に着色の効果があがっていないのが惜しい。」

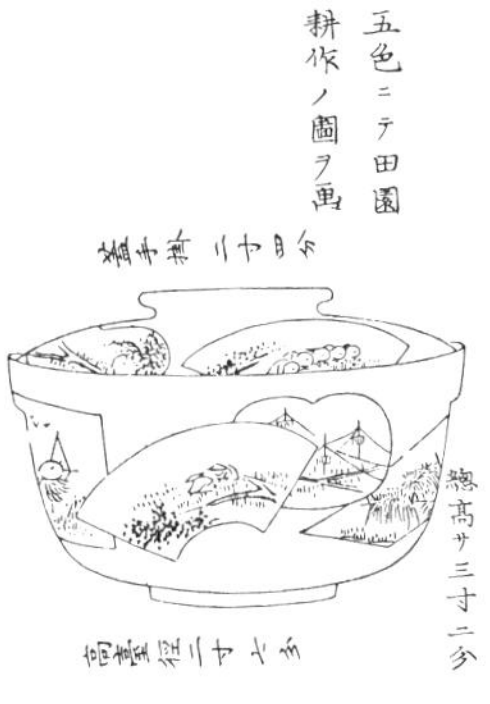

③蓋物 帯山与兵衛作(粟田)
「ヘー氏日く、机の上の飾りによろしい。そして、日本の風俗を描くのは大変によろしい。西欧人がよろこんで購入するものである。」
「チュリー氏日く、これを少し小形にすれば口洗いに使えるだろう。」

④珈琲茶碗
清風与平作(五条坂)
「ヘー氏日く、金色は大変によろしい。会場の中でも一番である。ただし、取っ手の形が問題である。下に垂れて曲がる箇所は、まったくの無用の飾りである。取り除くように。」

⑤珈琲茶碗
帯山与兵衛作(粟田)
「ヘー氏日く、形を真っすぐに制作するように。また取っ手に金を施し、しかも裏側まで金で飾るのは本当に無駄、無用のことだ。取っ手は白地でよい。」

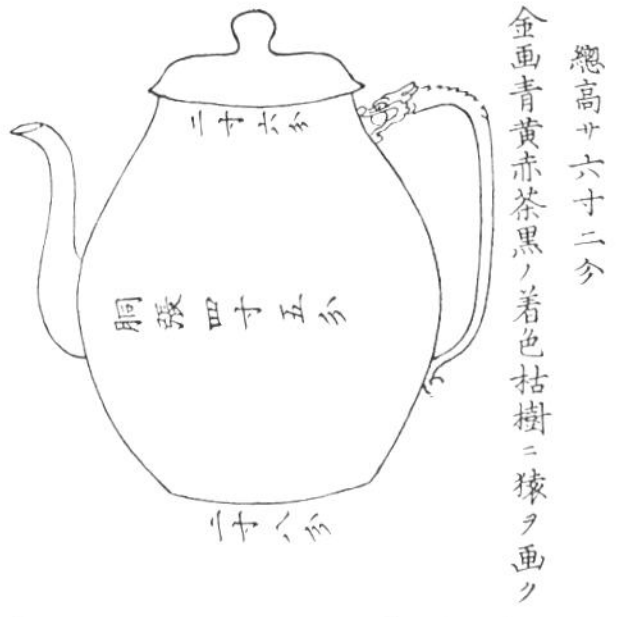

⑥水注 清水六兵衛作(五条坂)
「ヘー氏日く、精緻な作である。しかし西欧では、この形のものをミルク、あるいはコーヒーを注ぐ器として用いる。だからこのような高い形(約20cm)は嫌がる。そして、猿の絵は西欧人が嫌がる図柄だ。輸出品にはけっして描かないように。動物より草花の図柄を描くように。」

図2 『博覧会品評録』にある清水焼、粟田焼の器形の略図と品評の一部

ったといってよい。

万国博覧会への参加

海外貿易に踏み出した明治の窯業の近代化の中で重要な梃子の役割を担ったのが、欧米で開催されていた万国博覧会への一連の参加であった。中でも明治六年（一八七三）にオーストリアで開催されたウィーン万国博覧会は、明治政府の成立後の最初の万国博であり、窯業界への影響も大きなものがあった。政府は参加にあたり、目標として、世界、特に欧米へ日本の存在を知らせる。日本の文化、物産、美術工芸品の紹介。欧米からの技術の直接的な摂取。輸出振興のための基礎固め。などを掲げ大隈重信《おおくましげのぶ》を博覧会事務局総裁、幕末のパリ万国博に佐賀藩士として派遣された佐野常民《さのつねたみ》を副総裁に任命し、欧州の事情に通じたワグネルを事務局顧問に招請し、万博へ出品する出品物の選択、新規品の制作指導などの仕事をゆだねた（『墺国博覧会参同紀要』）。ウィーン万博は五月から十一月までの半年間開催され、七百二十万人の入場者があったが、日本よりの出品物は予想外ともいえる好評を博した。日本よりの出品物の中でも、ことに陶磁器を主体とした工芸品は注目を集め、有田磁器が名誉賞状、瀬戸と薩摩の陶磁器が進歩賞牌、東京の博覧会事務局付属磁器製造所、長崎県の陶工、淡路焼の陶工、京焼の陶工がそれぞれ有功賞牌を受賞した（『海外博覧会本邦参同史料』）。ちなみに京焼の陶工として博覧会に出品して受賞したのは清水・五条坂の高橋道八、真清水蔵六《ましみずぞうろく》、和気平

図3　明治時代の粟田焼

吉（亀亭）、清水六兵衛、清風与平《せいふうよへい》、清水七兵衛《きよみずしちべえ》、永樂善五郎《えいらくぜんごろう》、幹山伝七と、粟田の錦光山宗兵衛、帯山与兵衛、岩倉山吉兵衛《いわくらやまきちべえ》、丹山青《たんざんせい》海《かい》で（『京都府史』別部「博覧会類」）、いずれも明治初期の京焼界を担っていた人々であった。

また、ウィーン万国博覧会を契機として、出品物の質的向上を促すものとして注目されたものに、先の名誉賞状などを贈る審査と授賞の制度がある。日本でこうした審査制度をいち早く実施したのは京都の産業工芸界である。京都では明治八年の第四回京都博覧会にこうした審査人、授賞制度を設けている。授賞の内容は産業界での功労、新製品の開発、技術の優秀に対して有功賞、進歩賞、妙技賞を授与するものであり（『京都博覧会協会史略』）、明治十年に第一回が開催される明治時代最大の産業美術工芸の博覧会である内国勧業博覧会での授賞制度の先駆けを成すものであった。

図4　明治時代の清水焼（幹山伝七）

窯業伝習生と技術革新

ウィーン万国博覧会はその後の近代の窯業技術の発展の分野でも大きな功績を残した。万国博への参加を機会に日本の製陶家が直接ヨーロッパへ派遣され、彼らによって西洋の窯業の実情が視察されるとともに成形技法、釉法などの本格的な導入が行われた。明治政府は西洋技術の伝習生を諸分野より選択して二十四名を派遣したが、陶磁器関係者は三名が選抜された。有田より選ばれた納富介次郎《のうとみかいじろう》、河原忠次郎《かわはらちゅうじろう》と京都より選ばれた丹《たん》山陸郎《ざんろくろう》（丹山青海の息子）である。いずれもワグネルより西洋窯業についてこれまでに有田（納富、河原）、東京（丹山）で教示を受けた経験を持った製陶家であった。納富介次郎はフランスのセーブル陶器製造所において陶画、河原忠次郎はボヘミアのエルボーゲン製造所において石膏型成形、石炭窯の構造、丹山陸郎は長崎、東京で学んだ化学知識を背景にウィーン工芸学校、ボヘミアのカルスパット陶器専門大学に学び窯業化学を習得、西洋釉薬の水金など釉薬サンプルを購入して帰国している（『墺国博覧会参同紀要』『丹山陸郎君伝』）。彼らのヨーロッパ各地での活動は実際の陶磁器制作に従事する人々による伝習であっただけに、当時の窯業界の課題にそくしたものであった。もたらされた洋式の製陶技術や化学的釉薬などの伝来利用は、明治の窯業に画期的な分野を開拓し、その影響は明治時代全般に及んでいる。

試験研究、教育機関の設立

明治前期の窯業界の様々な革新は海外輸出の増加という目標の中で急速に進められ、製陶上の進展、窯業材料の改良などが確実に実施されていった。

ところで、明治の窯業は西洋窯技、釉薬材料などの導入をはかった時期を終えると、明治十四年から十八年（一八八一〜八五）にかけて不況の時代を迎えている。急激な輸出の増大によって、各地の窯業地では製品の粗製濫造が横行しはじめ、生産過剰に陥ったのである。京都でも十四年から十七年にかけて輸出額は四十三パーセントもの低下をみせている（『京都府著名物産調』）。京都では清水焼の製陶家の半数が倒産し、粟田焼でも明治十三年の輸出額三十九万円から明治十七年には二十二万円と四十パーセント近く減少し、「陶業もほとんど廃絶に帰する光景で、同業者中にも多く休業していた」（七代錦光山宗兵衛の談話『名家歴訪録』）という状況に追い込まれている。海外輸出の不況の引き金は世界的な経済不況によるが、京焼の中でも輸出促進派の粟田焼と並び、特に清水焼産地が大きな影響を受けたのは、当地を代表する清水六兵衛家でさえ職人三名、伝習生二名。高橋道八家は職人五名。和気平吉家は職人一名（「明治十八年清水五条坂製陶家出品解説」）と維新以後も大部分の製陶家が幕末期以来の零細な経営規模でもって、旧来からの高級奢侈的陶磁器を生産し、それをそのまま輸出に向けていた。

明治二十年に京都市深草に設立された京都陶器会社は、フランス式の設備を備えた日本での最初の工場製窯業生産を目指した会社組織で従業員百二十名余であった。ここでの目標は不況の反省に立ち、家内工業から工場制へ移行した日常必需品の陶磁器の製造にあったが、皮肉にも会社が導入した最新式の設備は、当時の従業員たちの技術的水準をはるかに超えたものであった。ために技術指導は第一歩から始めなくてはならず、加えて製品の輸出先の市場が確保できず、経営はたちまち不振となり、明治二十四年に機械の運転を停止し、同三十二年に会社組織そのものを解散した（藤岡幸二『京焼百年の歩み』）。京都陶器会社の試みは時流にそったものであったが、人材養成、技術習熟、製品販売のすべての側面で時期尚早の感があった。

他方、こうした「貿易恐慌」を契機として、各地では種々の策を講じる動きが現れてくる。試験研究機関の開設による技術の改良や、教育機関の設立による人材の育成などがそれであり、これらは明治十年代後半から明治二十年代にかけて現実に逐行されていった。明治二十年にはワグネルのもとで西洋窯業を学び、明治六年のウィーン万国博に派遣されフランスのセーブル陶器製造所を視察した納富介次郎が、金沢に工業学校を設け、化学を応用した釉薬実験など九谷焼の近代化に着手している。また、明治二十八年には瀬戸に町立陶器学校が設立され、明治三十年には佐賀県有田でも町立有田徒弟学校が開校した。そして京都でも試験研究、教育機関の設立が行われている。京都では明治二十年前後には三代高橋道八（明治十二年没）、三代清水六兵衛（明治十六年没）、六代錦光山宗兵衛（明治十七年没）、丹山青海（明治二十年没）、幹山伝七（明治二十三年没）などの激動の維新期を経験し、明治初期の京焼を支えた製陶家たちの相次ぐ死去があり、貿易界不況もあいまって低調な雰囲気が漂っていた。ために陶業界としても新しい学識、技術による京焼の改革に迫られていた。折しも明治二十八年、京都で開催された第四回内国勧業博覧会での「独り清風与平其の特殊なる製品を以て第四回の博覧会に京焼の名を保ち得たるに過ぎざり」（中沢岩太「京都市陶磁器試験場二十周年記念講演」）という京焼の全般的な不振は、専門的な試験場の開設の声を一段と高める結果となり、これを契機として京都市陶磁器商工組合が市へ設立を要望し、明治二十九年に京都市立陶磁器試験所が開設されたのである（明治三十五年に京都市陶磁器試験場と改称する。『京都市立陶磁器試験所創設九十周年記念誌』京都市工業試験場編より）。

図5　京都市立陶磁器試験所

試験所には意匠、釉薬、窯技の改良研究のため、三基の石炭窯が備えられたのをはじめ、最新の設備と優秀な人材が集められ、初代所長にはワグネルの指導を受けた藤江永孝《ふじええいこう》が就任した。同試験所では、その後、明治三十二年に京都の製陶家の子弟を対象に伝習生の制度を設け、明治四十四年からは付属伝習所を設け伝習生を募集したが、この制度は大きな効果をあげ、同場は試験研究とともに教育面でも貢献を成している。ちなみに五代高橋道八、新《しん》開六郎《かいろくろう》、河村蜻山《かわむらせいざん》、宇野宗甕《うのそうよう》、河合栄之助《かわいえいのすけ》、八木一艸《やぎいっそう》、河村喜太《かわむらきた》郎《ろう》、伊東翠壺《いとうすいこ》、楠部彌弌《くすべやいち》、宇野三吾《うのさんご》、近藤悠三《こんどうゆうぞう》などの大正、昭和期の京焼の担い手たちは、ここに学び新知識を得た人々であった。のち、五代清水六兵衛はこの試験場の果たした役割について「ながい習慣的な制作のみに耽っていた京焼の業界に、この試験場が開設されその潑剌《はつらつ》とした活躍は、たしかに業界にめざましい反響を喚び起し、種々なる方面に多大の啓示を与えた。科学的な仕事ができるようになった。この指導機関がよろしかった為めに京都の陶磁界は非常に進歩し発達する事を得るに至ったと云うことができようと思う」（「青年時代の思い出」）と述べ、試験場の功績を高く評価しているが、明治三十年代に入って拓かれ、その後に継承されていく京都の陶磁界の新しい道程の出発の一つをここにみることができる。

陶磁器意匠の改革

海外貿易の不振、世代交代を契機とした近代窯業の改革運動は、明治三十年代に入り、最も遅れていた分野である製品の意匠の改良に向けられていった。明治の窯業界は、その前半期において西洋の窯技、材料の研究・普及に力をそそぎ技術面では大きな進歩改良が企てられた。しかし、模様意匠・デザインの面では幕末期の陶磁器の形式、技巧の精緻の風を継承し、専ら装飾性を誇る製品を高級品との認識が製陶家の間で行われていた。そして、この傾向は欧米において人々の好奇心や嗜好に適したため、一層助長され盛行をみせていた。

しかし、海外輸出の不振を契機に、他方では東洋、日本の美術工芸のすぐれた意匠を再発見しようとする動きが現れ、輸出偏重から製品の芸術性を高める方向への移行もみられるようになる。横浜の初代宮川香山《みやがわこうざん》や京都の三代清風与平《せいふうよへい》、初代伊東陶山《いとうとうざん》らが新しい陶磁器界の旗手として台頭してきた作陶家であった。こうした作陶家に共通するのは、横浜に真葛《まくず》焼を起こし欧米で薩摩焼が絶賛されたのを機に細密な色絵陶器や過剰な輸出向け金属花瓶の装飾を陶器に施していた宮川香山が、「その技量に任せ形を製していたが、実用に適さるもの往々これあり、終に輸出の途を狭隘《きょうあい》ならしめ、近来は自己の好むところの和漢古陶磁を模して」（『府県陶器沿革陶工伝誌』）と明治二十年頃から磁器制作への転換を行い、中国・日本陶磁の古典釉法に回帰したように、また、「一意製品の改良に心を注ぎました処から、其後粗製濫売から起りました貿易界の恐慌も免がれ、自家の真価も普《あまね》く世人に知られることになりました」（清風与平の談話『名家歴訪録』）、「当時、粟田焼といへば、あの金ピカの貿易品ばかりで其声価も下り、……そこで粟田焼の古い處を保存し、改良することに決心致しました」（伊東陶山の談話『名家歴訪録』）と述べているように、貿易不振の反省を梃子に伝統技術・意匠の改良に邁進したことであった。そこにはこれまでの輸出の視点をむきだしにした明治の陶磁器とは明らかに異なる主張がみられる。

しかし、こうした芸術性への移行が当時の製陶家の間で一般的であった訳ではない。明治二十七年から二十八年に到っても、「製作の良功は見るべきところがあるが装飾がやたらと多く、作者はその細工、彩色に苦労したつもりであっても評者はなくもがなの感を抱けり、是れ等は凝り過きの失なるへし」というような、また、「茶碗の内面に胡蝶を描きその数幾千を知らず一碗の工作に幾何の日を費すものにや感服といふ可し」（『京都美術協会雑誌』）というような記事が散見し、全体的には旧態依然とした形状・意匠の製品が幅をきかせていたことが知られる。

こうした状況にあった窯業界に模様意匠、デザインの改良を不可欠なものと実感させたのは、明治三十三年にフランスで開催されたパリ万国博覧会での日本の陶磁器の不評であった。

この博覧会は、明治六年のウィーン万国博覧会以後に開催された海外万国博としては政府が最も重視した博覧会であり、政府や工芸関係者は明治十一年のパリ万国博覧会を契機に欧米諸国に広がったジャポニスム（日本の美術、工芸品への関心、好感に支えられた日本ブーム）のもと国内の工芸品をさらに広く紹介するため種々の援助策を設けており、現地博覧会会場でも日本の展示館は立地条件、展示場の規模など優遇されていたが、博覧会が開幕すると、事前の政府の予想に反して日本の工芸品は予想外の不評であった。その原因は日本から出品された同時代の作陶家の陶磁器は加飾、形状すべてにわたり時代の変化に乗り遅れた、時代遅れの意匠、デザインを示していたからである。

　現地パリでは日本の陶磁器は「形に変化なく、観客の倦怠《けんたい》を招く。色彩、意匠は陳腐で、改良の跡がない」と評され、さらには「日本の花瓶はその形を大別する時、壺型、瓢簞型、尺八型、茶碗型。しかして、その色彩は濃厚にして、人の嫌悪を招く。これ日本の陶磁器の欠点の第一なる」（『一九〇〇年巴里万国博覧会、臨時博覧会事務局報告』に引用されている現地フランスの新聞記事）という散々な評価であった。こうした日本の工芸品に対する不評は陶磁器のみならず、漆器の「新規の意匠を考案すべき。意匠陳腐、いぜんとして三十年前の旧様を模倣」や、金属器の「花瓶、置物ばかり、意匠も変化なく、外国人から見るとすべてが同一人の作品かと疑う」（同上）という不評などその他の工芸領域にも及んでいる。

　このパリ万国博覧会には当時、ヨーロッパで流行していた最新の装飾様式、アール・ヌーヴォー様式のものが数多く出品されており、欧米の陶磁器が単なる絵画的な加飾から、近代装飾芸術の基本となる器形そのものに適応した文様、造形を追求する展開をみせており、四半世紀の間に急速に変化をとげていたにもかかわらず、日本の陶磁器は依然として加飾、細工の精緻さを求める道を進んでいたからである。京都よりパリ万国博を視察した中沢岩太《なかざわいわた》は現地において、「パリの博覧会では日本の出品がたくさんあったが、わたしは外国人と同道して出品の前にたつのが嫌であった。……第一に形が同じものばかりで意匠がない。つまり図案の妙味がないからです。ヨーロッパがこの十年ほどで図案意匠などが非常に進歩したのですから、日本のものは遺憾ながら劣っている」（『大日本窯業協会雑誌』明治三十四年、百十一号）。と、その現状を率直に語っている。同様のことは博覧会のため政府から派遣されていた製陶家河原徳立《かわはらのりたつ》の報告にもみられる。「西洋の意匠の変化のすばらしいのに、日本は従来とほとんど変りなく、二十世紀の今日なおこのような古い模様をつけるか解せない。たまたま好い模様とても、法隆寺《ほうりゅうじ》とか正倉院《しょうそういん》の宝物などの模様を応用したものであったので、古人の創めたものを、何百年はもとより千年後の今日の博覧会に出して、競走場裡に立とうとするのはあきれたといった多くの手痛い苦言を聞かされた」（『日本美術協会報告』百五十号）という時代錯誤の評を受け、意匠も陳腐と非難されたのであった。そして、このパリ万国博覧会での衝撃的な出来事に直面し、この体験から明治の陶磁器は本格的な意匠改良に取り組むことになる。

京都四園の結成

この反省に立っての工芸意匠の改革は、明治三十四年（一九〇一）の東京高等工業学校での工業図案科の新設、これと連動した大日本図案協会の発足、わが国初のデザイン関連雑誌『図按』の発刊となり、さらには愛知県瀬戸における瀬戸職工競技会・陶器図と制作の部の新設となって具体的に表れた。一方、京都においてもこれを契機に、本格的な意匠改革運動が始まっている。陶磁意匠研究団体の遊陶園《ゆうとうえん》（明治三十六年結成）、漆工意匠研究団体の京漆園《きょうしつえん》（明治三十九年結成）、染織意匠研究団体の道楽園《どうらくえん》（大正二年結成）の「三園」、および陶磁、漆工、染織の各分野の青年作家団体の時習園《じしゅうえん》（大正九年結成）を加えた「四園」がそれで、これらの団体はいずれも課題であった意匠の研究のために結成された。

この四園には数多くの工芸家と図案家が参加していたが、その中心に位置していたのがパリ万国博を実見し、彼地で出会い友情を結んだ洋画家の浅井忠《あさいちゅう》（一八五六〜一九〇七）と、化学者の中沢岩太（一八五八〜一九四三）の二人である。このうち、中沢岩太は東京理科大学（東大の前身）でドイツ人ワグネル博士の指導を受けた化学者である。中沢は卒業後ドイツに留学し、帰国後は東京帝国大学工科大学教授となり、明治三十年、京都帝国大学理工科大学の開校により教授として京都に移ったが、この間、内国勧業博覧会審査官などを歴任している。明治三十三年には工芸に関する高等教育機関となる京都高等工芸学校の設立準備、およびパリ万国博の視察のためヨーロッパに渡り、そこで、当時パリに留学していた浅井忠と出会ったのであった。中沢は、明治三十五年に京都高等工芸学校の初代校長となると、浅井忠を同校の図案科教授として招聘し、図案・画学・画学実習を浅井にゆだねている。

近代京焼における本格的な研究団体の創草である遊陶園は、中沢岩太、浅井忠、そして京都市陶磁器試験場長の藤江永孝などの肝入りによって結成されたものであるが、会には谷口香嶠《たにぐちこうきょう》、鹿子木猛郎《かのこぎたけお》、武田五一《たけだごいち》、菊池《きくち》素空《そくう》、神坂雪佳《かみさかせっか》、鶴巻鶴一《つるまきつるいち》などの日本画家、洋画家、建築家、図案家と、四代清水六兵衛、同栗太郎（五代六兵衛）、七代錦光山宗兵衛、初代宮永東山、初代伊東陶山、澤田宗山《さわだそうざん》など製陶家の有志が参加していた。遊陶園の目的は陶器意匠の向上にあり、毎月一回陶磁器試験場において製陶家と画家、図案家の交流を促進するために研究会がもたれ、画家、図案家に図案を依頼し、製陶家がそれを陶器に実際に表現し、両者を持ち寄って批評するという研究方法がとられていた。同年の第二回関西美術展には、浅井忠の図案になる大津絵《おおつえ》の中皿を清水六兵衛が制作し出品しており、他方、アール・ヌーヴォー様式の意匠もここにはいち早く登場するなど、極めて進歩的な雰囲気を持っていた。

また、明治四十五年には、漆工家の研究団体である京漆園と合同の展覧会が、東京の農商務省商品陳列館で開催され、図案意匠の新鮮さで大きな反響を呼び起した。遊陶園はその後は単独で、あるいは京漆園と陶漆陳列会、また大正二年（一九一三）に結成された染織の道楽園と三園製作展を開き、大正時代に入っても東京で展覧会を開催するなど京都工芸界における意匠研究の中心的役割を担った。

そして、この意匠改革の中で美術陶磁の世界においては、陶磁器を純粋に芸術的、美的な視点から制作するという気運が高まり、近代的な芸術意識に基づく個人作家の誕生へと至る萠芽が生まれてくるが、それらは次代の京都市陶磁器試験場付属伝習所の卒業生や四園に参加した作陶家など大正・昭和の陶芸を担う俊英たちによって発展させられることになる。

＊初出は「近代窯業の展開」（『講座・日本技術の社会史』第四巻「窯業」、日本評論社、一九八四年に所収）。本書の掲載にあたり、京都に関連する事項と明治二十年代以降の箇所を新たに加筆した。

粟田口焼の開窯――『本朝陶器攷證』の記述を巡って

現在では、京都のやきものといえば、清水五条坂《きよみずごじょうざか》辺りを中心とした清水焼を修学旅行生まで口にするが、京都にはもう一つ大きなやきもの生産地があった。

東山の三条通蹴上《けあげ》から三条通白川橋に至る両側、すなわち粟田《あわた》界隈（江戸時代には三条通に架かる白川橋以東を粟田口《あわたぐち》と呼んだ。江戸後期頃は住居地が拡大しそれよりやや南北に広がった東山、左京にまたがる地区を粟田地区と呼ぶ）である。江戸時代以来、明治・大正・昭和初期にかけて粟田口陶業地は清水五条坂の陶業地とともに京焼を支える両輪であり、近代京都陶芸の分野でも昭和五年（一九三〇）に粟田在住の二代・三代伊東陶山《いとうとうざん》、楠部彌弌《くすべやいち》、所縁の宮永東山《みやながとうざん》、伊東翠壺《いとうすいこ》、道林俊正《みちばやしとしまさ》らの陶芸家が集まり、「三条会」を組織して、清水五条坂の作家団体「五条会」と作品を競うなど重要な役割を果たしてきた。

その中でも、粟田地区が京焼作陶史の上で大切な意義を担っている理由の一つは、この地域が京焼諸窯のうちでも最も古い歴史を持っていると考えられていることである。日本の色絵陶器の完成者である野々村仁清《ののむらにんせい》が修業時代に粟田口焼で作陶を学んでいるように、江戸時代初期の粟田口焼は茶器を中心とした高級陶器の制作地として京焼をリードしていた。

粟田口界隈がやきものの生産地として発展をとげる要因となったのは、この地がもともと京都の数ある寺院伽藍に提供する瓦の焼造をしていた瓦屋地帯だったことが挙げられる。慶長《けいちょう》五年（一六〇〇）、豊臣家と徳川家が天下の覇権を巡って関ヶ原で合戦を繰り広げていた時期、豊臣・徳川両家とも親交のあった京都の僧侶・神道家梵舜《ぼんしゅん》の書いた日記『梵舜日記』には、彼の周辺での「粟田口瓦師」の存在がしばしば書き留められている。粟田陶業地が瓦屋地帯を前身としていた背景には、やきものに必要な陶土や大量に消費する燃料の薪、また山麓からの湧水などの確保が比較的容易であったことが考えられる。また、江戸時代を通じて登り窯から排出する大量の煙と火災の防止からも、人口の多い市街地に隣接する京都では、その生産地は京都所司代《しょしだい》、町奉行所《まちぶぎょうしょ》より制限されていた。この点では、以前から瓦の焼造を行ってきた粟田口地域は本格的なやきもの作りを開始するにはふさわしい地域だったのである。

粟田口地域でやきもの生産が実際に始まったのは、江戸時代の寛永《かんえい》元年（一六二四）の頃だと伝えられている。「今道町《いまみち》に陶工有り、寛永元年に尾張国瀬戸《おわりのくにせと》と云所より、此粟田の里に来たりて居住す、世に粟田焼と云是なり」と幕末期の文献『本朝陶器攷證《ほんちょうとうきこうしょう》』の山城粟田焼物の項目は記している。すでに江戸時代の寛永十五年刊の『毛吹草《けふきぐさ》』には山城国の特産品として「粟田口　土物」（陶器のこと）が紹介されており、鹿苑寺《ろくおんじ》（金閣）の僧侶鳳林承章《ほうりんじょうしょう》の日記『隔蓂記《かくめいき》』にも寛永十七年三月以来、「粟田口焼」の名称は頻繁に登場する。こうしたことから粟田口焼の開窯は、遅くとも寛永年間前半を下らないことは間違いない。

ただこれらの粟田口焼の開窯を巡る記録の中で、最も詳細を記している金森得水《かなもりとくすい》著『本朝陶器攷證』の記述については、書物に付された序文の年代が幕末期の安政《あんせい》四年（一八五七）であるために、記録としての信頼性について疑問視する声も強い。一般にやきものの開窯にまつわる記録については、その裏付けとなる確たる典拠が少ないため、史料的価値に疑問を残すものが少なくないといわれている。『本朝陶器攷證』の粟田口焼開窯についての記述も、その例外ではないとされてきた。しかし私は、この『本朝陶器攷證』に書かれている内容には、それの典拠となった古記録があったことに気が付いたのである。

そのことを発見させてくれたのは、江戸時代後期の文政《ぶんせい》八年（一八二五）に粟田地区の陶家と五条坂地区の陶家との間に起こった粟田の窯場が専売品としていた「粟田焼似寄の品」を五条坂で焼造するようになったことを巡っての両者の抗争事件を調べていた時であった。抗争の発端はこれまでは五条坂では焼造していなかった粟田口焼の類似品（おそらくは多色な色絵絵付陶）を五条坂の窯元や陶家たちが新たに制作したのが原因であった。この両者の抗争の顚末を粟田焼陶家側が記録した「粟田五条坂職方出入一件」（個人蔵）の中に書かれていた一文には、抗争の中で粟田と五条坂の両者が町奉行所において、それぞれの窯場の由緒を主張した記録があり、その際に粟田の陶家たちが自らの窯場の由緒を提示したという次の文書に注目した。

> 夫より御殿様へ御記録御願い申し上げ候て、元禄十一年の御書留。その後、御茶碗師《おちゃわんし》九左衛門《きゅうざえもん》子孫身上不如意の節、内々御役所より御差図下され　江戸表より金子拝借致し候節の御書留。御下げ候。右当所にて粟田焼九左衛門の最初の年号と、五条坂の申し上げ候の承応《じょうおう》年中とは凡そ三十ヶ年程、当所古く仕り候ことに候。右の書付同十八日差出し申し候。

これによると粟田口焼の窯元や陶家では奉行所に陶業地の由緒を明らかにするため「御殿様」（青蓮院宮門跡《しょうれんいんのみやもんぜき》）が所有している「御記録」（古文書記録）の調査を願い出て、その結果①「元禄十一年の御書留」と、②それ以後の「御茶碗師」（将軍家御用達陶家）九左衛門の子孫が経済的に困窮した時に、奉行所よりの指図で作成した「江戸表より金子拝借致し候節の御書留」が発見されて借出されている。そして、これらの青蓮院宮門跡の所有していた古文書記録により粟田側では五条坂側が自らの窯場の開窯期と主張している承応年間（一六五二〜五五）

より約三十年ばかり操業期が古いことが証明されたとして、それを十八日に町奉行所に提出したことが明らかになる。

ところで、この「粟田五条坂職方出入一件」に登場してきた二つの古文書記録の存在が重要なのは、これらが『本朝陶器攷證』で紹介されている粟田口焼の開窯の時期と、および粟田口焼では開窯期以来の最も古い系譜を持つ陶家とされる三文字屋九左衛門を巡っての記述の典拠となっていると考えられるからである。

そうした視点から『本朝陶器攷證』の記述を読むと、そこには「粟田青蓮院様旧記」、「右之趣　旧記留書有」という二つの注記が本文に挿入されていることに改めて気が付くのである。そして従来の研究では見過ごされてきたこの注記の古文書記録こそが、先の①「元禄十一年の御書留」と、②「江戸表より金子拝借致し候節の御書留」だったのである。

『本朝陶器攷證』に収録された粟田口焼の開窯に関する記述は、現在までのところ窯場の誕生を巡る時期、陶工などに具体的に記された唯一の記録として、京焼の歴史を考える場合に避けては通れない史料とされている。しかし、先述のように内容の信頼性においては傍証がなく、やや不安の残る史料でもあった。筆者などが「伝承的記録」という、いわばカッコ付きで記述の内容を取り扱ってきたのもそのためであった。その意味では今回、新たな傍証を得たことになる。今後は粟田口焼の開窯についての記述は、遅くとも元禄《げんろく》十一年（一六九八）の時期には書き留められていた古記録に基づく記述であるという新しい観点から、いま一度再認識する必要がある。また、粟田口焼の開窯期からの窯元である三文字屋九左衛門家に関しても、江戸時代中期の延享《えんきょう》二年（一七四五）頃の状況を窯業史的視点から再確認することができるのである。

では、最後に古文書記録に依拠して作成された粟田口焼の開窯と三文字屋九左衛門に関して記述された『本朝陶器攷證』の当該箇所を抽出して紹介したい。

①「元禄十一年の御書留」

今道町に陶工有り、寛永元年に尾張国瀬戸と云所より、此粟田の里に来りて居住す、世に粟田焼と云是なり。茶人の弄翫《ろうがん》する土器、祖母懐藤四郎彫と云品々の磁器は、皆彼が先祖より造り出し有となん、此里にても茶入、茶盌《ちゃわん》、猪口、鉢、香爐、或いは禽獣虫魚偶人の體を造る、巧にして誠に翫ぶべし。将軍家の御茶盌なども、此家より奉るなり。近頃迄土を建仁寺の東、遊行《ゆぎょう》と云所と、又神明の辺より、東岩倉山よりも取しが、今は其地絶て、元禄十年関東に願しかば、江州《ごうしゅう》野洲《やす》郡《ぐん》南《みなみ》桜村《ざくらむら》と云所にして、山を給はり、今其所を以て陶器の土とす。同里に陶工多し、されどもみな九右（ママ）衛門と云者の嫡流として皆此家より出たり。

②「江戸表より金子拝借致し候節の御書留」

延享二年正月十一日、御境内御茶盌師九右（ママ）衛門儀、近年身上甚以て不勝手に相成、借金等多分有之候に付、家相続なりがたく候故、公儀御用御茶盌株御断り申し上、甥伊右衛門と申者え御用株相譲り、勤させ度旨、江戸表御茶道頭へ奉願候所、京町奉行所え御茶道頭より通達有之候哉。九右（ママ）衛門御呼出し、段々訳合御吟味のうえ、何卒家相続の工面も無之哉と、御尋有之候に付、段々不如意の訳を申上候え者、何卒拝借金相願い候様、内々御差図有之の趣に候故、願書指出し候旨申出る。

（注）『本朝陶器攷證』活字本では粟田焼の御茶碗師九左衛門を「九右衛門」と記載している。

＊初出は『粟田焼』（粟田焼保存研究会編、一九八九年）。

五条坂地区における登り窯の変遷

五条坂の景観の変遷と登り窯の現状

京都の東西を通貫する五条通の最も東の坂道を五条坂《ごじょうざか》と呼んでいる。五条通は鴨川に架かる五条橋を経ると大和大路《やまとおおじ》通から東大路《ひがしおおじ》通まで坂道となっているが、この坂道の界隈の呼称が五条坂である。現在、五条通と大和大路通の交差地点に「こゝよりひがし　五條坂」の石碑が立てられている。今日では五条通は幅五十メートルという京都でも堀川通、御池通などと並ぶ、京都市内の主要な道路となっているが、戦前の五条通は、現在の五条通北側の歩道部分の幅しかなかった。

しかし戦時中、昭和二十年三月の建物疎開による強制立ち退き命令によって、五条通の南側五十メートル幅の家並みは強制破壊され、空地となってしまった。それ以前は大和大路通から東大路通に至る五条坂の両側にはやきものと関連する陶家・やきもの工房や、やきものを商品として扱う問屋・商店が軒を並べた陶磁器に関連する同業者町の様相をみせていたが、そのうち南側一帯は家並みの存在しない荒地となり、そして疎開跡は整備拡張により国道一号線となり、さらに現在では高架道路として山科地区への国道一号線バイパスが建設され、これにより五条坂を起点とした若宮八幡宮《わかみやはちまんぐう》の門前通も国道、同バイパスの通る五十メートルの部分が分断されてしまっている。

加えて、戦後の窯業界を巡る環境の変化で、京都のやきもの生産の中心を担った五条坂も変貌を余儀なくされた。その一つは一九六〇年代に進行したやきものの窯の急速な機械化である。伝統的なやきもの窯である登り窯は大量のやきものを焼成できる利点はあるが、そのための製品の準備、大量の薪を必要とする燃料費、過重な労働、窯の維持管理など、改善を要する弱点も多くあった。五条通の強制疎開以後、地域的にも分断されたやきもの関連の同業者たちの間では、熟練と体力の要求される登り窯への依存度が低下し、簡単で個人単位でもやきものの焼成が可能な電気窯、ガス窯、重油窯などの使用が急速に進んだ。一九六〇年代は京都の窯業界の産業革命と呼ばれるほどに電気窯、ガス窯、重油窯が普及した。

そして、五条坂では道路事情の変化に伴い新しく陶磁業に従事しない新規住民の増加がみられ、それらの人々との煤煙《ばいえん》問題が深刻になっていった。社会的にも公害問題に関心が集まる中、昭和四十三年に大気汚染防止法が、昭和四十六年には京都府公害防止条例が施行され五条坂の登り窯は、鐘鋳町《かねいちょう》の旧音羽川《おとわがわ》沿いに昭和二十七年に作られた京都府陶磁器協同組合が管理する防煙装置を新たに備えた共同窯（組合窯）の一基を除いて操業は中止された。しかしこの共同窯も昭和五十五年十二月二日に煤塵によるボヤ火災事件が起こり、操業を停止し、今では取り壊され平地になり、五条坂の登り窯は現役としての役割を終えている。

現在も旧登り窯として保存されているのは元藤平《ふじひら》窯、小川文斎《おがわぶんさい》窯、浅見五郎助《あさみごろすけ》窯、河井寛次郎《かわいかんじろう》窯の四基であり、そのうち河井窯（大正九年、河井寛次郎により住居とともに築窯）は現在、河井寛次郎記念館内の施設として唯一公開されており、また現存する登り窯で最も大規模な元藤平窯（明治四十二年、京都陶磁器合資会社により築窯）は京都市が近代京都遺産として保存するために用地を平成二十年（二〇〇八）に購入し、学術調査に基づく『元藤平陶芸登り窯の歴史的価値等調査研究報告書』（二〇一五年三月）を作成、公開し今後の保存活用の方向を検討している。

京都におけるやきもの窯（登り窯）の誕生

京都に本格的なやきものを焼成する登り窯が開設されたのは江戸時代初期であった。日本の伝統的なやきもの産地の瀬戸《せと》、美濃《みの》、常滑《とこなめ》、信楽《しがらき》、備前《びぜん》などと比較すると新しいやきもの生産地である。従来の研究によって京都における登り窯の誕生は東山三条蹴上《けあげ》界隈の粟田口《あわたぐち》地域に窯元・陶工が分布していた粟田口焼が始まりと考えられている。その創業の時期は、『青蓮院旧記《しょうれんいんきゅうき》』にある「寛永《かんえい》元年（一六二四）に尾張《おわり》国瀬戸と云所より、此粟田の里に来たりて居住す、世に粟田焼と云是なり……。将軍家の御茶碗なども、此家より奉るなり」、また『青蓮院旧記・別文』にある「寛永元年頃、尾張瀬戸という所より、其の性しれざる焼物師三文字屋九右《ママ》衛門と申す者、粟田の里へ来り居住し、専ら茶器を焼き弘め候」といった記録により、寛永年間初期と推定される。

その後、京都では鴨川の東の東山山麓を中心として登り窯が次々と誕生し、総体としての京焼を構成した。鹿《ろく》苑寺《おんじ》（金閣）住持鳳林承章《ほうりんじょうしょう》の日記『隔蓂記《かくめいき》』には、窯の所在地を冠した江戸初期の京都のやきものが登場し、鳳林がそれぞれに実見、入手した時期が記述されている。

粟田口《あわたぐち》焼　寛永十七年三月十三日

「粟田口焼陶工作兵衛が内海之茶入を鳳林に贈る」　（作風）茶陶、唐物写し

八坂《やさか》焼　寛永十七年四月六日

「茶入作りの（八坂焼陶工）清兵衛が鳳林のもとに初めて同道」（作風）茶陶

清水《きよみず》焼　寛永二十年十月二十二日

「清水焼水建（建水《けんすい》）これを恵まれる也」　（作風）茶陶

御室焼《おむろ》　正保《しょうほう》五年（一六四八）一月九日

「御室焼の茶入を壱け、贈られる」　（作風）茶陶

御菩薩池焼《みぞろがいけ》　承応《じょうおう》三年（一六五四）八月

「ミソロ池の花入」　（作風）茶陶、装飾品

音羽焼《おとわ》　寛文《かんぶん》六年（一六六六）九月十日

「音羽焼の茶碗」　（作風）茶陶

［同］　寛文八年三月十四日　後西院《ごさいいん》の御所にて

「音羽焼の呉器手の茶碗が多数出され、一碗を拝領」　（作風）茶陶、高麗物写し

『隔蓂記』の記述によると、鳳林が接触した京都のやきものは茶碗、茶入、建水、花入などの茶陶であり、十七世紀の京焼と茶の湯文化の密接な関連を暗示している。

ところで、こうした十七世紀の京都のやきもの制作について、興味深い指摘を行っているのは貞享《じょうきょう》三年（一六八六）に医師・黒川道祐《くろかわどうゆう》が著した『雍州府志《ようしゅうふし》』である、この京都の総合案内書の先駆である『雍州府志』の中で道祐は、「磁器（やきもの）……今、洛内外所々これを焼。清水坊、音羽山下、粟田、御泥池、そのほか窰爐処々に在り、人の嗜好に随って諸品物を造る。近世、仁和寺《にんなじ》門前仁清の製造の所、是御室焼と称す」と記述しており、総じて京都のやきものの特色は「人の嗜好に随って諸品物を造る」ことだという指摘を行っている。この言葉のように京焼は消費者と近接した立地を生かした、都市型特色を持った、情報集約的なやきもの制作を行っていたことを明らかにしている。

五条坂における登り窯の歴史的変遷

① 音羽焼の成立期

近代の五条坂の窯業地の母体となったのは『隔蓂記』にも記載されている音羽焼であった。そこで最初に「音羽焼」のやきものの名称の由来と窯場の所在地とについて紹介しておきたい。音羽焼の窯場所在地が登場する初見は貞享元年（一六八四）の北村季吟《きたむらきぎん》の『菟芸泥赴《つぎねふ》』である。洛中洛外の社寺、名勝を説明した京都案内書の『菟芸泥赴』の中で、五条通に面した若宮八幡宮を説明した項目に次のような記述がある。「若宮八幡宮……この宮の門前より南へ行く町あり。渋谷の方へも大仏にも行く道なり。そこの橋を音羽橋といふ。清水の音羽の滝の流れの東なればなり。そのあたりに今焼の器物さまざま営めり、音羽焼とて京師もてはやす」と書かれている。この若宮八幡宮から南行する門前道は、先述のように戦時中の建物の強制疎開によって南北が一部分断されているが、十七世紀後半の『菟芸泥赴』の時代から明治・大正の頃までは、この道を通って五条通から渋谷《しぶたに》街道にも大仏方広寺《ほうこうじ》にも、そして鉄道の開通後は京都駅にも行く幹線道路であったと土地の老陶工から聞いたことがあった。そして、この若宮八幡宮門前道の五条通を南にわずかに行った場所、大仏境内鐘鋳町のところに、清水寺境内の音羽滝から流れる音羽川が交わり音羽橋が架かっていた。この音羽橋辺りにやきものを生産する陶家があり、様々な今焼の器物を販売し、音羽焼として京都の人々にもてはやされていたという。このように音羽焼の名称の由来は音羽川、音羽橋と関連している。

先に紹介した『隔蓂記』に登場する「音羽焼の茶碗」や、「後西院の御所にて音羽焼の呉器手の茶碗多数出され、一碗を拝領」という記述はこの音羽焼を意味している。そして『隔蓂記』から知られる事実は、①音羽焼では「茶碗」すなわち茶陶を制作していたこと、②茶道、華道など文化的活動に優れた後西院（後西天皇、後水尾天皇の第八皇子、在位一六五四〜六三）のもとには音羽焼の高麗物写しの呉器手茶碗が数多く所有され、鳳林はその一碗を拝領していることである。音羽焼の窯場は「大仏境内鐘鋳町」と呼ばれ、方広寺の領内に位置し、江戸時代には妙法院《みょうほういん》宮門跡が代々支配する地域であった。『隔蓂記』に記載されている時期は、慶安《けいあん》三年（一六五〇）から後西院と同じ後水尾天皇の皇子であった堯恕法親王《ぎょうじょほっしんのう》（第六皇子）が妙法院三十五世門跡の地位に就任していた時期と重なる。鳳林が見た、後西院が音羽焼の茶碗を数多く所有していたのは、堯恕法親王と後西院が兄弟であり、堯恕法親王の御用達のやきものが音羽焼であったからだと推定される。

②五条坂の窯場の第一期

音羽焼の草創期、その場所に「音羽屋惣左衛門《おとわやそうざえもん》」という登り窯を所持する窯元（五条坂では「窯持《かまもち》」と呼ばれている）が存在している。そのことを明らかにするのは、江戸時代後期の嘉永《かえい》五年（一八五二）に五条坂地区の登り窯の株を所持した人々たちの組織＝「五条坂焼屋中」を構成する窯元たちが、自家の保有する登り窯の歴史由来を確認するため、受け継いできた窯元株の譲渡・購入証書を持ち寄り作成した「当時窯持由緒記」〔表1〕である。これによると、音羽焼は寛永十八年（一六四一）に音羽焼のやきもの名称を屋号に冠した「音羽屋惣左衛門」という陶家が創業したという。

そして、「当時窯持由緒記」によると、創業期から一七〇〇年代を迎えるまでは、この音羽屋惣左衛門家が一軒のみ窯元として存在し登り窯を操業していたという。それを傍証する記録が延宝《えんぽう》六年（一六七八）に書かれた土佐の尾戸焼の陶工森田久右衛門《もりたきゅうえもん》の日記にある。土佐藩主の江戸参勤に同行し、高知から江戸に旅した森田久右衛門は、その途中の八月二十一日に京都に立ち寄り、音羽焼の窯にも実際に立ち寄っているが、その内容は、「おとわやきも見物仕る、釜所（窯所）見申し候へは、釜へやき物詰め居り申し候。かまの詰めように、下より

⑤大仏境内 芳野町	⑥大仏境内 慈芳院門前町	⑦五条橋通 東西落町	⑧大仏境内 上梅屋町	⑨五条橋通 東西落町
⑤井筒屋惣兵衛築窯(状況・年次不明) ｜ 音羽屋佐兵衛、井筒屋惣助より安永8年(1779)購入	⑥伊勢屋卯兵衛・音羽屋太郎兵衛、天明3年(1783)築窯	⑦亀屋平吉、寛政10年(1798)窯開発		
音羽屋卯八、同佐兵衛より天保8年(1837)購入	伊勢屋亦兵衛、文化3年(1806)音羽屋分購入 ｜ 窯中断 井筒屋亀次郎・音羽屋弥七、天保14年(1843)窯再興		⑧灰屋平八、文化年中(1804～18)には窯元 ｜ 井筒屋多助、灰屋平助より文化14年(1817)購入 ｜ 音羽屋勘兵衛、井筒屋多助より天保10年(1839)購入	⑨伊勢屋与三兵衛、弘化2年(1845)築窯
音羽屋卯八	井筒屋亀次郎・音羽屋弥七	亀屋平吉	音羽屋勘兵衛	伊勢屋与三兵衛

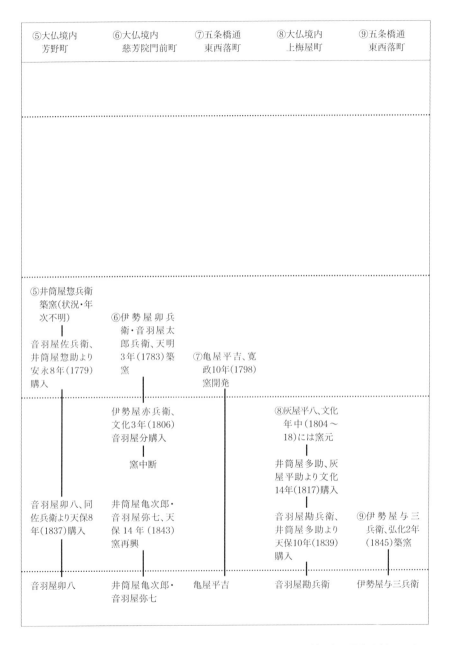

表1 「当時窯持由緒記」掲載五条坂窯元変遷表

	①大仏境内 鐘鋳町	②大仏境内 慈芳院門前町	③五条橋通 東仏師上之町	④大仏境内 芳野町
	①音羽屋惣左衛門、 寛永18年(1641) 開窯、9代継続			
1700		②永田屋善兵衛、 享保9年(1724)、 窯地面購入 井筒屋甚兵衛、永田屋善兵衛より、元文2年(1737)購入 井筒屋徳兵衛、同甚兵衛より、元文5年(1740)購入	③壺屋六兵衛、元文 5年(1740)所持、 築窯状況不明 井筒屋徳兵衛、壺屋六兵衛より、元文5年(1740)購入	④亀屋清助 丹波屋長兵衛、亀屋清助より寛保3年(1743)購入
1750			音羽屋庄三郎、井筒屋徳兵衛より安永7年(1778)購入	伊勢屋武兵衛、丹波屋長兵衛より宝暦年中(1751～64)所持
1800	丸屋佐兵衛、音羽屋惣左衛門より文政2年(1819)購入 町中、丸屋佐兵衛より弘化4年(1847)購入、借主丸屋卯兵衛	若狭屋茂八、井筒屋徳兵衛より文化9年(1812)購入	亀屋市三郎、音羽屋庄三郎より、文化11年(1814)購入 亀屋岩松、同市三郎より文政2年(1819)購入、亀屋六兵衛・同善兵衛借用	丸屋嘉兵衛、伊勢屋武兵衛より文化9年(1812)購入 海老屋六兵衛、丸屋嘉兵衛より嘉永元年(1848)購入
1852	町中所持 借主丸屋卯兵衛	若狭屋茂八	亀屋岩松 借主亀屋六兵衛・ 同善兵衛借用	海老屋六兵衛

上へかさね上げ、その上に托付鉢なと詰め申し候」というものであり、その翌日も、「音羽焼今日やき申と申に付　火たきよう見物仕る　然ども晩に夜の五つ時分（午後八時）に釜の内よく焼け申と申に付　また其時に見物仕る」とあり、音羽焼を焼成する登り窯は一基単独で操業されていた様子を明らかにしている。そして、五条坂地区に音羽屋以外の複数の登り窯が築窯された以後も、文政《ぶんせい》二年（一八一九）に他家の丸屋佐兵衛《まるやさへえ》に登り窯の権利を売却するまで、九代に渡り代々の音羽屋惣左衛門がこの地区の根本窯元として操業生産を継続している。

③五条坂の窯場の第二期

「当時窯持由緒記」によると十八世紀を迎え、一七一〇〜三〇年頃から五条坂には新たな窯元が誕生してくる。この時期に窯元が増加してきた理由は京都の他窯業地域との競合に打ち勝つための新たな窯場を巡る状況の変化が背景にあった。その端的な例証が、元来は近隣ではあるが音羽焼と異なる認識をされてきた清水坂の清水焼、この二つの窯場が、販売の拡大を目指して連合しやきもののブランドとしての統合を行ったことである。京都町奉行所の記録『京都御役所向大概覚書《おやくしょむきたいがいおぼえがき》』によると、これまでは音羽焼と清水焼という二つのやきもの名で呼ばれていた両者が、清水焼の総称のもとで一体化していく様子が示されている。

清水焼

慈芳院門前町《じほういんもんぜんちょう》　清水焼　音羽焼　井筒屋甚兵衛《いづつやじんべえ》

大仏鐘鋳町南組　音羽焼　音羽屋惣左衛門

清水寺門前三丁目　清水焼　茶碗屋清兵衛《ちゃわんやせいべえ》

右三軒本窯所持致　焼物商売仕候

しかも、近隣の音羽焼の窯元と清水焼の窯元が製品のやきものを「清水焼」の名称で一体化する方針が五条坂地域の音羽焼側の窯元にあったことを推測させる記述が安政四年（一八五七）の『本朝陶器攷證《ほんちょうとうきこうしょう》』の中に聞き書きとして書かれている。

清水焼と申は（音羽屋）惣左衛門方根元にて、それより五条粟田口等、追々焼物師加増仕り候義之由、清水幷五条焼物と申も惣名清水焼と唱え申し候

これによると、音羽焼の元祖窯元の音羽屋惣左衛門が清水焼ならびに五条焼物の双方の根本であるとの主張がみられる。だが、この主張は幕府将軍家の御用達として権威を誇る三条の粟田口焼との由緒を巡り競合していた中での主張であった。では、五条坂の窯元がなぜ清水焼との名称の一体化を進めたのか、その理由として考えられるのは「音羽焼」という名前の持つブランド力と「清水焼」の名前の持つブランド力の差であった。清水寺を背景とした「清水焼」の名前の全国的なブランド力は、粟田口焼との京焼の主導権を競合する中で発展を目指した五条坂にとって魅力であり、生産するやきもの商品価値を高める大きな可能性を持っていたのである。これに伴い五条坂でのやきものの名称は「音羽焼」から「清水焼」に変わる。この節目の時期に音羽屋惣左衛門家の他に五条坂地区には新しく永田屋善兵衛《ながたやぜんべえ》、壺屋六兵衛《つぼやろくべえ》、亀屋清助《かめやせいすけ》の三軒の窯元が誕生してきた。これが第二期である。

ところで、この時期に築窯した窯元、さらにはこれ以後に登場する窯元たちの操業時期を「当時窯持由緒記」で追っていくと、新規の窯の所有者が、その後には頻繁に交代していることに気付く。その原因の一つは登り窯の持つ宿命ともいえる窯焚きを繰り返すことによる耐用年数が考えられる。以前、京式の登り窯の築窯職人

であった古老に聞き取りをしたところでは、昭和の京式登り窯の焼成耐用でも窯の耐用回数は三百〜五百回程度が限界ということであった。これを実際の窯使用に当てはめると、五条坂では月に一〜三回の焼成操業が行われており、これを考慮すると登り窯はおおよそ二十〜四十年で耐用期限を迎え、それに伴う保全改修、ないしは築窯が必要となる。窯元はこれに伴う多額の経費を負担しなければ、継続的な活動は維持できず、それが可能だったのは一部の有力な窯元陶家に限定され、多くの窯元陶家は一定の時期を限って保有し、一定の経済的安定資金を得ると、登り窯の権利（窯株）を他家に譲ることになる。おそらく、こうしたやきもの産地の実情が「当時窯持由緒記」に反映されていると考えている。

④五条坂の窯場の第三期

「当時窯持由緒記」によると、それより時代が下がって、一七八〇年〜九〇年代の時期になると、さらに新たな登り窯を造作する窯元が次々と誕生している。この窯元のさらなる増加の要因として考えられるのが、五条橋から五条坂にかけての五条通に京焼を市外、市内に販売流通するやきものの問屋が集中するようになり彼らの同業者町が形成されてきたことがある。天明《てんめい》二年（一七八二）に結成された「五条焼物仲間」である。この五条坂に軒を並べた地場問屋の組織は、京焼を京都の市内で売る問屋と、京焼を京都以外の他国で売る問屋によって構成されていて、当時は三十数軒存在していた。

五条坂焼物仲間の結成に伴い、これまでやきものを生産する地域であった五条坂に問屋資本が加わることになるが、ここで新たに生まれてきた音羽屋佐兵衛《さへえ》、伊勢屋卯兵衛《いせやうへえ》、音羽屋太郎兵衛《たろべえ》、亀屋平吉《かめやへいきち》（和気亀亭）、灰《はい》屋平八《やへいはち》、伊勢屋与三兵衛《よそべえ》（水越与三兵衛《みずこしよそべえ》）などの五軒の窯元は、そういう問屋資本と提携しながら台頭してきた新興陶家であり、京焼の産業的発展と五条坂での登り窯の増加がリンクしていると考えられる。

地場問屋は京焼の生産者である窯元、陶家に強力な権限を持っていた。例えば文化十年（一八一三）の「五条焼物仲間定め法」によると、生産者が地場問屋の構成員以外の商人にやきものを売り捌くことは原則禁止されており、逆に問屋は五条坂、清水、粟田などの窯元や陶家を丸抱えし（これを窯立という）、特注品を制作依頼し、売りさばく権利も有している。

「当時窯持由緒記」の第三期の終わりの頃、仏師上之町に先述の壺屋六兵衛の系譜をひく窯があり、嘉永五年（一八五二）には亀屋平吉の倅の亀屋岩松が登り窯の権利（窯株）を持っており、この窯を亀屋六兵衛、亀屋善兵《ぜんべ》衛《え》が借り受けして操業している。この窯は嘉永七年に美濃屋太兵衛《みのやたへえ》という人物が亀屋岩松より窯の権利を譲渡され所持するが、美濃屋太兵衛は五条橋東三丁目に居住する焼物問屋であった。すなわち、陶家でない問屋が窯の権利を購入して、その窯を他の陶家に貸し出すという制度が五条坂でも起こってきている。いずれにせよ窯元の窯株制度のもと作成された「当時窯持由緒記」とこれに「五条橋東仏師中ノ町。高橋道八家」を補記した『本朝陶器攷證』の記録を合算すると、江戸時代末期の嘉永五年、五条坂には窯元の所有する登り窯が十基、それを経営する窯元（窯株所持者、また窯借主操業）が十四軒あったことが明らかになる。

江戸時代の五条坂の登り窯

次に、「当時窯持由緒記」に登場する九基の登り窯を対象として、これを平面上の地図〔図1〕で表示する。

第一期は、若宮八幡宮前を南に入り、音羽川と交差した南西の場所、ここを①大仏境内鐘鋳町というが、この鐘鋳町が音羽焼のそもそもの発祥の地で「音羽焼元祖」を称した音羽屋惣左衛門の操業地である。

そして、音羽焼から清水焼という名称に統合されていく第二期の時代に、慈芳院《じほういん》というお寺の入り口に面した鐘鋳町の東側の②大仏境内慈芳院門前町、鐘鋳町の西側の③大仏境内芳野町《よしのちょう》、そして音羽川を渡った北側の

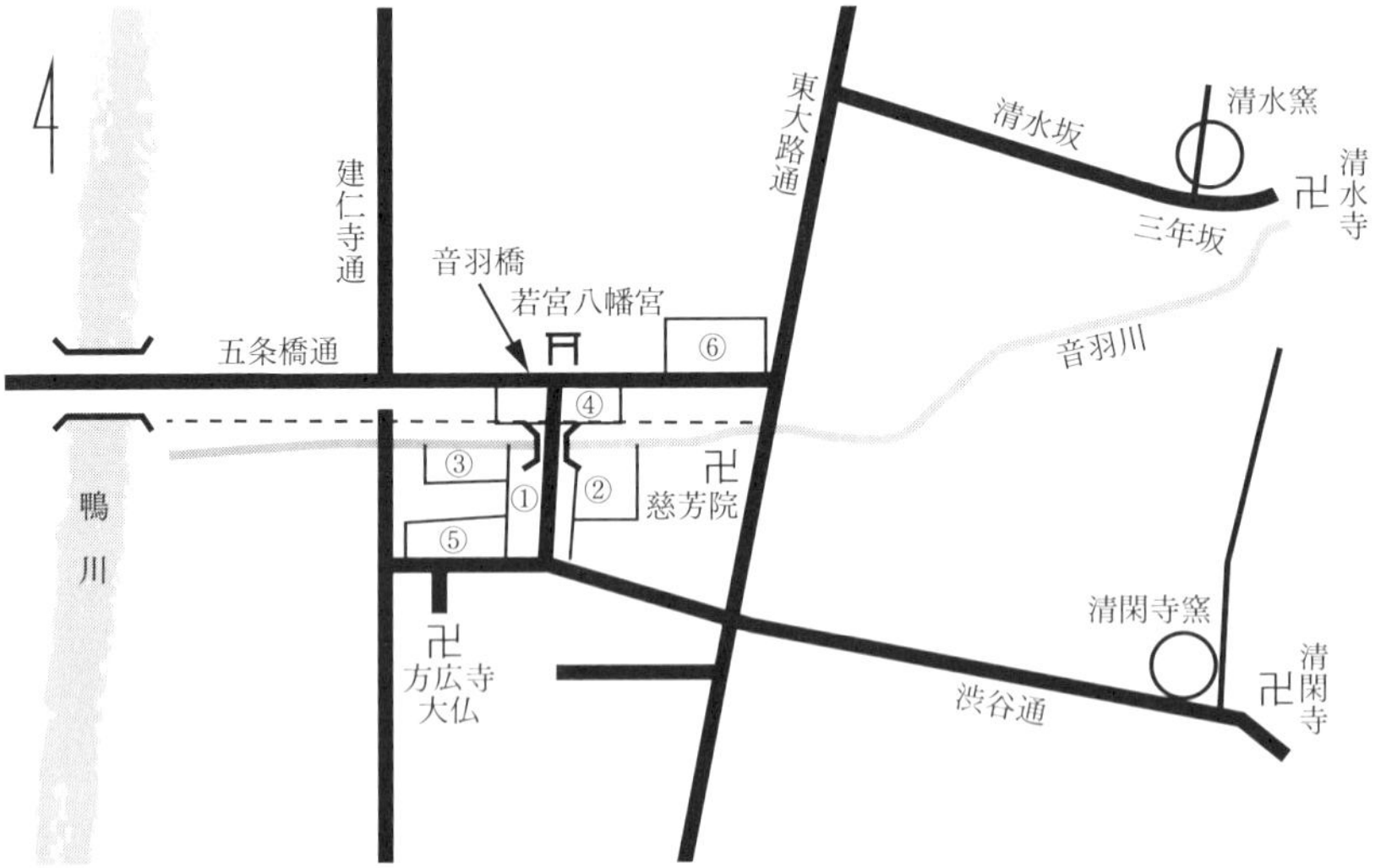

図1　音羽焼の窯場と五条坂窯業地
①大仏境内鐘鋳町　②大仏境内慈芳院門前町　③大仏境内芳野町　④五条橋通東仏師上之町　⑤大仏境内上梅屋町　⑥五条橋通東西落町

④五条橋通東仏師上之町の三ヶ所に、音羽川を挟んで新しく三基の登り窯が誕生している。

そして第三期、五条橋通の両側に焼物問屋が店を構え営業するようになった、その時期にさらに登り窯の所在地は拡大する。従来は音羽川の川筋と一体化して登り窯が存在していたものが、さらに南東側の⑤大仏境内上梅屋町《かみうめやちょう》や、五条橋通の北側など音羽川から離れたところにも窯が築かれるようになる。現在の五条通の北側の地区である、かつての⑥五条橋通東西落町に初めて登り窯を築いたのは亀屋平吉＝寛政十年（一七九八）であり、近隣の伊勢屋与三兵衛＝弘化《こうか》二年（一八四五）の登り窯新築がこれに続く。この東西落町に登り窯を築窯した亀屋平吉（和気亀亭）、伊勢屋与三兵衛はともに新興の窯元であるが、幕末期の清水焼を代表する陶家として窯元の連合組織をリードしていく存在であった。これら江戸後期の新興勢力が初めて五条坂（五条橋通）北側地域に登り窯を新規に造作しており、以後の五条坂での窯場の地域的拡大の足がかりを担ったということになる。

明治時代以降、近代の五条坂の登り窯

明治時代に入ると日本のやきものの生産を巡る組織的状況が変化する。窯業生産の体制面からみて特に重要な変化は、江戸時代以来、全国的に存続してきた各地の窯元による登り窯を巡る窯株制度の廃止であった。この制度は各地の藩や奉行所の許可のもとに限定した窯株の保有者のみが登り窯を操業できるもので、窯株を所有しない一般の陶工たちは自由に窯を焚くことが許されない制度である。やきものの粗製濫造の防止を目的とし、窯元より藩や領主に運上金《うんじょうきん》が上納されるシステムになっていた。京都における「当時窯持由緒記」に記載されている五条坂焼屋中もそうした組織であった。

登り窯の自由な築窯の規制、それゆえ窯株の譲渡には多額の金額等が発生し、幕末期の美濃焼では二百から三百両もの高額が支払われている。そのために江戸幕府体制が崩壊後、各地の窯業地では陶業者から窯元株の撤廃運動の声があがった。京都では明治元年（一八六八）十二月に京都商法会所より諸株廃止が宣言され、翌二年より京都府勧業方《かんぎょうかた》に新方針は受け継がれた。全国的には明治四年、廃藩置県による藩や旧領主の廃止、県体制の新設は陶磁器生産のあり方に決定的な変化をもたらした。これにより明治五年に美濃、そして相前後して有田、瀬戸、常滑などでも窯元株の制度は廃止された。

① 空白の明治時代

その中で五条坂での登り窯を巡る環境も変化する。その最大の変化は先に述べた窯株制度の廃止、すなわち築窯の費用を捻出できる有為な陶業者であれば登り窯の所有者になれる、自由競争時代の到来という状況の変化であった。明治時代に五条坂の登り窯の数が増加する要因は、この規制の緩和にある。しかし、このことは

表2　明治時代初期・中期の清水焼の登り窯数

時　期	地　域	出　典	参考：他の地域	
	清水焼		粟田焼	京都市全体
明治５年(1872)	15基	京都府編『京都陶磁器説』	10基	
明治17年(1884)	26基	京都府編『京都府勧業統計』17年度	10基	35(36)基
明治20年(1887)	26基	京都府編『京都府勧業統計』20年度	10基	36基
明治25年(1892)	21基	京都府編『京都府勧業統計』21年度	16基	42基
明治27年(1894)	21基	京都府編『京都府勧業統計』27年度	16基	41基

※勧業統計には五条坂・清水の両地域が含まれていると考えられる。

反面では五条坂焼屋中のような総合的、統一的な組織により内部運営や会合の記録を残すというような諸事の具体的資料が残りにくい状況を生み出したことも意味した。

そのために、明治時代の五条坂の登り窯の具体的な所在位置、個々の窯元に関する詳細な情報は少なく、京都府が作成した記録なども統計的な数値が主であり、現状では数値から動向推移のデーターを探るという状態にある。また明治に生きた地元の古老、陶工たちからの聞き書きも、登り窯に関しては断片的な記憶や、世間の伝承による記述などまちまちな情報で、包括的で、かつ信頼性の高い記録史料によるものは現在まだ発見に至らない。

そのため、ここでは京都府が作成した統計記録の一部を提示し〔表2〕、今後の新資料の発見を待ちたい。

②大正六年の五条坂の登り窯

管見の内では近代の五条坂における登り窯の具体的所在地と所有者をまとまった形で明らかにしている初期の資料は大正六年（一九一七）の陶芸家濱田《はまだ》庄司《しょうじ》が講義資料として作成した所在地図である〔図2〕。濱田庄司は大正五年、東京高等工業学校の窯業科を卒業後、二年先輩の河井寛次郎に続いて京都市陶磁器試験場の技師に就職した。試験場では技師は同場の教育機関であった付属伝習所で伝習生のために講義も担当することになっていた。この登り窯の所在図は大正六～八年に伝習所特別科の生徒であった松林《まつばやし》靏《つる》之《の》助《すけ》（宇治朝日焼の子弟）が濱田の授業を受け「濱田先生登り窯講義」として記録していたものである（『大正時代の工芸教育――京都市立陶磁器試験場附属伝習所の記録』前﨑信也編、宮帯出版社、二〇一四年）。

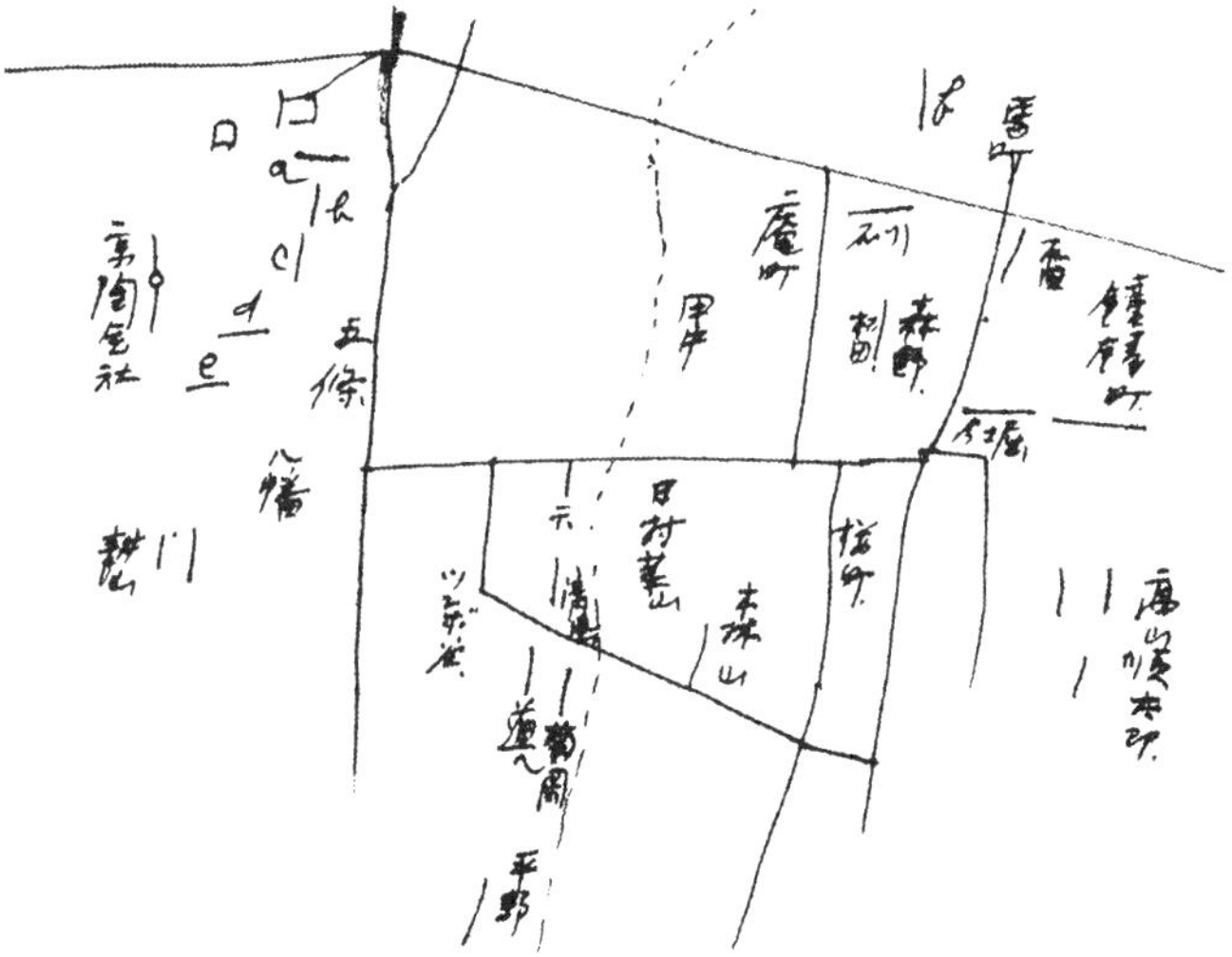

図2　松林靏之助が記録した「濱田先生登り窯講義」に図示された大正５年の五条坂の登り窯所在図

講義ノートの最後にメモ書きのように記述されていた五条坂の登り窯配置図であるが、濱田が実際の五条坂での見聞調査をもとにして作成、伝習生たちに講義している様子がこの配置図には表れている。それは登り窯の表記の仕方にある。この配置図では登り窯を棒状の「―」記号で表していると推定される。この「―」記号が一基の登り窯であることを証明したのは、元藤平陶芸所有の登り窯（現京都市所有）の歴史的調査の成果であった。窯の所有者でいえば藤平陶芸（藤平窯業）が所有する以前の所有者は京都陶磁器合資会社（代表経営者は安田家）であり、濱田庄司の配置図では五条坂の東北側に記載されている「京陶会社」がこれに相当する。明治四十二年に築窯された京都陶磁器合資会社の登り窯は、現在は東側の登り窯一基のみが残されているが、過去には西側にも一基の登り窯が存在していたことが判明している。その二基の配置はほぼ五条通と同じ東西の方角で、一方は東を焚口に、他方は西を焚口に、登り窯の中央で東、西の煙出しが相対するという、かなり変わった構造をしている。この配置図はその特異な配置構造を「―○―」という実態に即した形で表記されている。

登り窯の表記を明らかにしたうえで、当時の五条坂での登り窯の個体数を数えると二十五基となる。その二十五基の中で複数の登り窯を所持していたのが①京都陶磁器合資会社（安田）二基、②耕山製陶所（丸屋高山・耕山愛太郎）二基、③高山製陶所（高山順太郎）三基であり、その他は所有者がそれぞれ一基を所持している。

次に、五条坂における登り窯の変遷を考える視点からこの時期の登り窯の所有者の氏名等を確認しておきたい（カッコ内の名前は昭和九年結成の京都陶磁器協同組合名簿から作成）。この所在図では、五条坂登り窯の発祥の鐘鋳町で旧音羽屋窯を継承するものはもはや存在しない。鐘鋳町では石川家（石川製陶所）、松田家、森野家（森野峰楽）が明記されており、旧慈芳院門前町（現慈芳院庵町）には田中家（田中久七）。芳野町（五条通に面した場所標示は明治十年代以後は五条橋東五丁目に変わる）では江戸時代から同じ場所で登り窯を改修保持してきた五代清水六兵衛家や、帝室技芸員三代清風与平の子息四代清風与平家、二代道八（仁阿弥）以来五条坂で作陶する六代高橋道八家などの名門陶家が音羽川の川沿い北側に登り窯を築いている。さらに音羽川南側には現在は鐘鋳町に移った田村荻山家や菊岡家（菊岡ひさ）、平野家が登り窯を所持し、やや下がった場所に木村越山製陶所の登り窯がある。

さらに江戸後期の窯場の拡大によって登り窯が誕生した地域では、南部地区の上梅屋町に今堀家（今堀松三郎）、高山順太郎の経営する高山製陶所が存在し、他方五条通の北側地域、旧西落町界隈は明治十年代からは五条橋東四〜六丁目の地名標示に変更され東四丁目には耕山製陶所、入江道仙家、浅見五郎助家が登り窯を所持し、東六丁目には三浦竹泉家、小川文斎家、丸山窯が登り窯を連ねている。さらに明治時代になって新規開拓された登り窯地区が登場する。東山通馬町の南側の妙法院門前側町で石田家（石田源次郎）が窯元である。また東大路通を超えた常盤町にも河原家の登り窯があった。最後に五条東大路の北に位置した旧京都市陶磁器試験場に近接する竹村町には、明治四十二年に操業した安田家が経営する京都陶磁器合資会社の登り窯が記述されている。以上を合計すると、大正六年時点での五条坂での登り窯は二十五基、窯元は二十一家であったことが判明する。

③昭和五年の五条坂の登り窯

次に、昭和五年（一九三〇）の地元の陶芸家河合《かわい》磊三《らいぞう》（論文名河井磊三、五条橋東六丁目）が書いた「五条坂に於ける窯の分布」（『都市と芸術』二〇五号）という論文を紹介する。その論文の中に手書きの所在地図（図3）が掲載されており、当時の五条坂の登り窯の配置、所有者が正確に描かれている。本文で河合は最初に五条通に沿って当時の状況の説明を行っている。現在では詳細が不明な登り窯のそれぞれの操業状態なども書かれているので、その河合の説明に随って紹介することにしたい（カッコ内の名前は昭和九年結成の京都陶磁器協同組合名簿から作成）。

五条通に沿って「西から行くと四丁目の道仙《どうせん》（入江道仙）の窯、それから以前は有名だったが今は休んでいるが五郎助（浅見五郎助）、全体になっている丸山の窯、小川文斎の窯などがある。これは五条通といっても図示するように皆北側にあるもので、五条の表通からは何れも少し入ったところにある」と書かれている。五条通の反対側は「これまた表通からは少し南へ入った、背後に音羽川を控えたもので、東の方から順を追えば、六兵衛（五代清水六兵衛）、清風（四代清風与平）、道八（六代高橋道八）の窯が川に沿って築かれ、その対岸には田中（田中邦山）、田村（田村萊山）、菊岡（菊岡ひさ）、北田の諸窯が並んでいる」とある。

東山通の「桜町の南側には東に宮本（宮本鉄太郎）の窯をはじめとして石川（石川製陶所）、河井（河井寛次郎）、越山（木村越山製陶所）等の窯がある」。また薬罐町（渋谷通）「南側には石田（石田源次郎）、今堀（今堀松三郎）、高山（高山製陶所）の諸窯があり、東山線五条を北に入ったところに俗に会社の窯と言っている安田（京都陶磁器合資会社）の窯がある」と記述している。五条坂界隈での登り窯の存在と十九軒の窯元の所有者を紹介している。

大正六年の五条坂の登り窯所在図〔図2〕の所有者と、昭和五年の五条坂の登り窯所在図〔図3〕の所有者とを比較すると、登り窯では〔図2〕に記述されながら〔図3〕では記載がないものは、五条通北側の耕山製陶所、三浦竹泉《みうらちくせん》家の登り窯の二ヶ所である。また、所有者では持ち主が交代して大正六年に記載があり、昭和五年に記載がないものは、音羽川の南対岸にあった平野家が北田家に、東常盤町の河原家が宮本家に、鐘鋳町の松田・森野家が河井家になっている。ちなみに、河井寛次郎が鐘鋳町に現在の住居と登り窯を築いたのは大正九年（一九二〇）であり、ちょうどこの間の推移を反映している。ただ、私も含め通説化している「河井寛次郎が知遇を得ていた山岡千太郎の好意により清水六兵衛家の持ち窯を所有した」とする説については、肯定するなら松田・森野家両方、あるいはどちらかの家から事前に六兵衛家が所有権を得ている事実を明らかにする作業が必要になる。

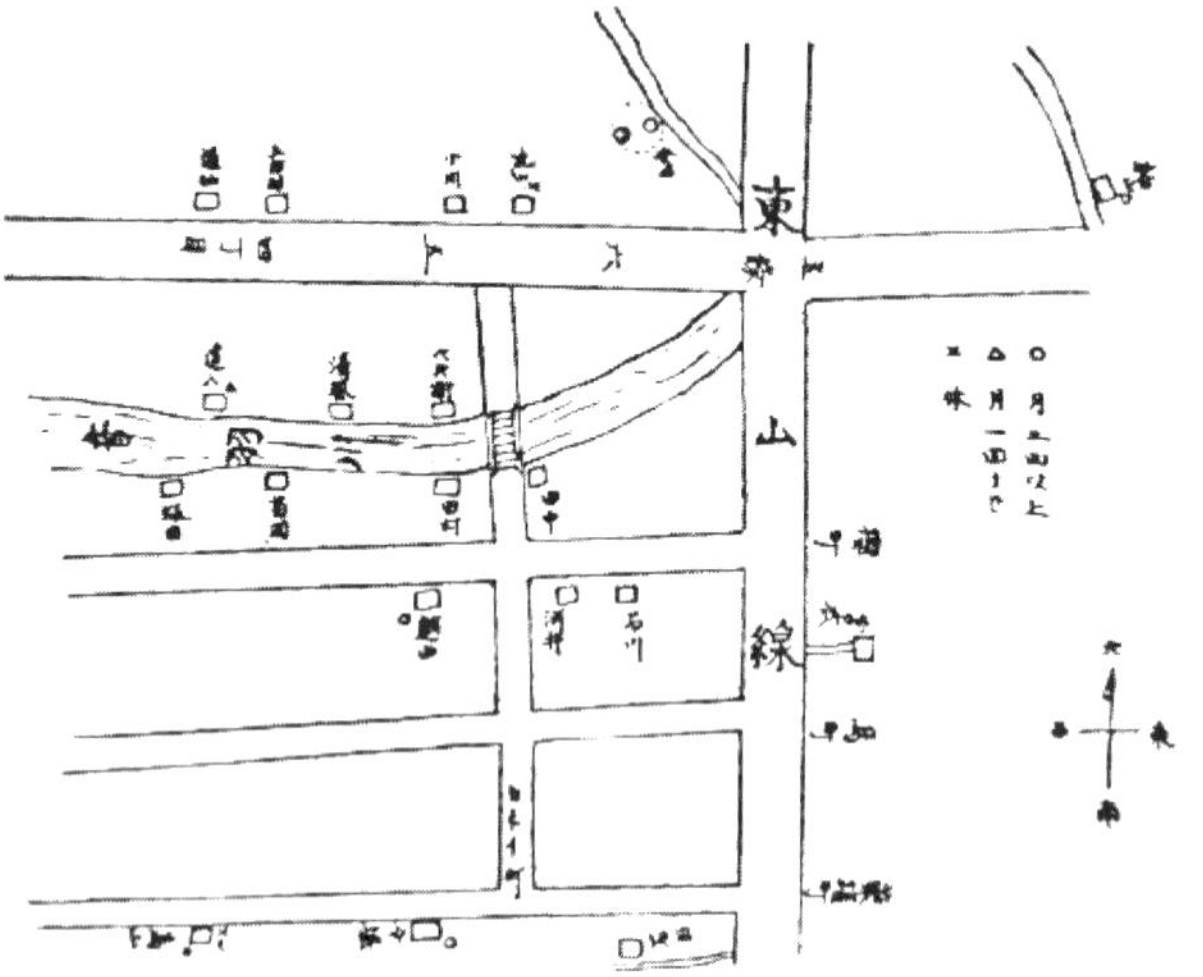

図3　河合磊三の論文にある昭和5年の五条坂の登り窯所在図

また、昭和初期の時期に「いまもっとも盛んに焼いている窯といえば、まず石川、河井、田中、菊岡、越山、宮本などの窯である。月に二回以上三回に及ぶものがある」と登り窯が盛んに操業されている様子を記述する一方で、「六兵衛、清風の如きは何れも月一回より火が入らない、もっとも清風、六兵衛の如きは、自分の持ち窯で他人を入れるのを許さないものは月一回で、その間に窯に詰まるだけの作品を溜めておかねばならないのである」と自己製のやきもののみを焼成する窯元での窯に製品を詰めるサイクルなど、当時の五条坂での登り窯の操業の実際が記されている。

五条坂の登り窯の慣習 ―― 貸窯・借窯・連合窯（組合窯）

最後に、五条坂でのやきもの生産を特徴づける連合窯の慣習について触れておきたい。京焼を代表する粟田地区では江戸時代以来窯元（窯持）は自己の登り窯を使用しており、系列の弟子や一門の陶家を除いて他人に貸与することはなかった。その結果、粟田地区（粟田口焼）では窯元の結束が固く、粟田焼屋中（窯元株組織）の構成員のみの窯元と所属職人での生産が行われ、窯株制度が廃止された以後の明治時代にも、その生産形態は継承され、職工数は錦光山工場の二百五十人を最高に平均二十〜四十人を抱える分業制手工業生産が主体であった（藤岡幸二『京焼百年の歩み』「粟田の工場事情」）。これに対し、五条坂では一軒の窯元の規模が個人的零細工房であり、明治十八年（一八八五）に京都府に提出された「清水五条坂製陶家出品解説」によると登り窯の所有者であっても抱える職工数は五〜六人に過ぎない。

五条坂の窯元および一般の陶家が小規模経営であったのは江戸時代も同様であった。そのために陶家は個々に独立経営するというより連帯してやきもの生産を維持するシステムがとられた。今回紹介した幕末期に作成された「当時窯持由緒記」には音羽焼の時代から登り窯を操業している旧音羽屋惣左衛門系の登り窯の窯株が弘化四年（一八四七）に「町中」の所有となっている事実がそれを明らかにしている。五条坂では文化《ぶんか》年間

（一八〇四～一八）、京都で最初の在来の陶器制作に加え新規の磁器の生産が始まり、それとともに屋内で設置可能な小規模な素焼窯や色絵窯のみを持つ一般陶家が増加した。五条坂に集中していた焼物問屋がこの磁器生産を支援する中で、「町中」が窯元権利を有することにより登り窯を持たない陶家、陶工個人であっても、借窯が可能なシステムの構築ができてきたことを明らかにしている。こうした借窯制度は、五条坂の登り窯を巡る新しい変化と考えられ、妙法院宮門跡から真清水《ましみず》の称号を得て幕末以降を五条坂で作陶した二代真清水蔵六翁も、五条坂地域以外の京都の市街地で作陶する永樂保全《えいらくほぜん》、永樂和全《わぜん》、蓮月尼《れんげつに》なども自己の工房で素焼を終えた後には、五条坂の登り窯で本焼の焼造を依頼していたと証言している（『古今京窯泥中閑話』）。

このような借窯の習慣は明治十年代を迎えると五条坂ではさらに発展的状況をもたらしている。明治三十年（一八九七）頃に作成された『京都陶磁器沿革』（藤岡幸二編『京焼百年の歩み』収録）によれば、明治十七・八年、五条坂では窯元と一般陶家、陶工による連合窯のシステムが整備されている。「明治十七・八年の頃に至りて窯持と窯を有せざる陶業者の間に協議をなし、ついに連合にて焼立てをなすに決し、ここに初めて連合窯の成るあり。ために一般の陶業者に非常の便利を与えたり。連合窯なるものは製造家数戸連合使用するものなれば、日限ある所の注文に対し応需するの便あり、僅少なる物品に窯を焼立つる煩わしさこれなし」とある。

この連合窯の開設（新築か在来窯の転用かは不詳）と同時期の記録、明治十八年の「清水五条坂製陶家出品解説」には「窯元」として耕山愛太郎（五条橋東四丁目）、四代高橋道八（同東四丁目）、四代清水六兵衛（同東五丁目）、四代和気平吉（同東六丁目）、長谷川寅之助（同東六丁目）の五家から提出された自家解説と、「登り窯を有さない陶家」の自家解説がともに含まれている。後者は左記の九家である。その提出記録から、窯の使用について抜粋すると、

① 二代真清水蔵六（五条橋東四丁目）「（所持）素窯一個　本窯は組合窯にて焼立てるもの也」
② 沢村東左《さわむらとうざ》（同東四丁目）「（所持）素焼窯二個　本窯は他家の窯を借用す」
③ 浅見五郎助（同東四丁目）「（所持）素焼窯一個　本窯は他家の窯を借用す」
④ 小川卯《おがわう》之《の》助《すけ》（同東五丁目）「（所持）素焼窯二坪　本窯は組合窯を以てす」
⑤ 喜多見安《きたみやす》之《の》助《すけ》（同東五丁目）「（所持）素焼窯一個　本窯は他家の窯を借用す」
⑥ 山本辰之助（同東五丁目）「（所持）素焼窯壱坪　本窯は組合窯にて製出す」
⑦ 和気平兵衛《わけへいべえ》（同東六丁目）「（所持）素焼窯一個　錦窯二個　本窯は同家和気の窯を以てす」
⑧ 中村新助（同東六丁目）「（所持）錦窯三個　本窯・素焼窯は他家の窯にて製す」
⑨ 奥村安太郎（門前町）「（所持）錦窯二個　本窯・素焼窯は組合の窯を用る」

と表記されている。ここで組合窯とあるのは『京都陶磁器沿革』の記す連合窯と同意であろう。五条坂地域の一般の陶家では、陶磁器の乾燥後の素焼を行う素焼窯、ないしは登り窯による本焼の後の絵付を定着させる錦窯のいずれかは所持しており、その状況で登り窯での焼成を組合窯（連合窯）か五条坂地区の同族、他家の登り窯の一部を借りて行っていることが明らかになる。

ちなみに、ここに登場する浅見五郎助、小川卯之助は、その後、同地域に登り窯を築窯しており浅見五郎助窯、小川文斎窯として大正六年の濱田庄司の五条坂の登り窯所在図に登場し、昭和五年の五条坂の登り窯所在図でも窯元として記載され、現在は数少ない旧登り窯の遺構として保存されている。

こうした組合窯（連合窯）のシステム、登り窯の貸窯・借窯の慣習は、その後も戦後の個人使用の電気窯、ガス窯の普及、煤煙による煙害問題で登り窯での操業が中止されるまで五条坂では続いていた。そして、この習慣、システムが五条坂での陶業者の同業者意識を強固にし、登り窯を中心に一つのコミュニティーの中核を形成する大きな要素を成していたのである。

最後に河合磊三の「五条坂に於ける窯の分布」の中で示された、京都の五条坂界隈で作陶する陶芸作家たちの活動を支えた貸窯・借窯慣習（作家持ち寄り窯）の存在を明記しておきたい。五条坂では一般製陶活動を行っている陶業者と作家活動を主体にする陶芸家の壁はさほど高くはなかった。六代清水六兵衛からも私は、「両者は作家さんが全国的な名声を獲得したら、清水焼の評価も販売も上がる、だからお互いが持ちつ持たれつの関係で、作家さんやから、陶業者やからというような変な特別の感情はなかった」と聞かされたことがある。五条坂の登り窯では一般陶業者に交じって作家もそれぞれ懇意の窯に焼成のために作品を持ち寄っていたのである。河合論文では「月二回以上火を入れるものは、いろいろな作家の持ち寄りである。例えば河井寛次郎氏の窯には寛次郎、善太郎、大丸北峰《だいまるほくほう》、私（河合磊三）などが一緒に詰める。道仙の窯には五郎助、安兵衛、柳三などが、安田の窯には八木一艸《やぎいっそう》、近藤悠三《こんどうゆうぞう》、栄之助、北朗、堀尾竹荘《ほりおちくそう》、米泉などが、また菊岡の窯には森野嘉光《もりのかこう》、近藤木泉、高橋清山、快楽などが、石川の窯には陶哉、花堂などが詰めて焼いていたというわけである」と書かれている。

そこで、登場する略称で記された陶芸家名、住所などを復元することにした〔表3〕。そこで明らかになったのは、例えば民芸の先鋒であった河井寛次郎窯では寛次郎の作品とともに伝統の京焼茶陶の河合善太郎（瑞豊《ずいほう》）、瑞豊の子河合磊三、創作陶芸の大丸北峰の作品が焼成されており、主義主張、作風が違っても同じ窯で作品を焼成しているという、まさに呉越同舟の光景である。中でも昭和初期のこの時期には、昭和二年（一九二七）、第八回帝国美術院展覧会に第四部美術工芸部が新設され、陶芸家の存在が広く世間に認知された時期でもあり、審査員を務めた五代清水六兵衛を中心にした帝展に集結する五条清水界隈周辺の中堅、新進の作家たちが持ち寄

表3　昭和初期　五条坂における「作家持ち寄り窯」と「持ち寄る陶芸家」たち

	窯名（作家持寄り窯）	陶芸家	住所
五条坂北側	入江道仙窯	浅見安兵衛	五条坂四丁目
		浅見隆三	五条坂四丁目
	安田窯 京都陶磁器合資会社所有 現京都市所蔵	八木一艸	清水新道
		近藤悠三	清水新道石段下
		河合栄之助	五条坂五丁目
		内島北朗	今熊野
		新井謹也	今熊野
		堀尾竹荘	五条坂六丁目
		井本米泉	六波羅
音羽川南沿い	菊岡タミ窯	森野嘉光	鐘鋳町
		近藤木泉	五条坂五丁目
		高橋清山	五条坂四丁目
		斎藤快楽	五条坂三丁目
桜町南側	石川製陶所窯	沢村陶哉	清水新道
		大津奇花堂	清水三年坂
	河井寛次郎窯	河合瑞豊（善太郎）	五条坂四丁目
		河合磊三	
		大丸北峰	五条坂五丁目

※作家住所は当時発行の『京都陶磁器新聞』掲載の紙上名刺交換会などより作成。

り窯の恩恵を受けて、ともに登り窯に作品を持ち寄り、互いに刺激し合う様子を彷彿とさせてくれる具体的例証であろう。そしてこの作家持ち寄り窯の慣習で育った陶芸家の中から日本陶芸界の伝統と革新を担って第一線で活躍する俊英たちが育っている。このように五条坂に顕著な登り窯の独特の慣習・システムは、登り窯の操業が低下する一九六〇年代まで産業窯業界のみならず、京都の陶芸美術の世界においても重要な役割を担っていたのである。

＊初出は「京都市東山区五条坂地区における登り窯の変遷」（『庭園学講座23　日本庭園と理想郷』京都造形芸術大学日本庭園・歴史遺産研究センター、二〇一六年に所収）。

陶芸展にみる髙島屋美術部八十年

大正期から昭和期へ

髙島屋に美術部が創設された明治四十年代は、陶磁器の世界においてようやく近代的な意匠改良の必要性が認識され始めた時期であった。明治維新以後、陶磁器は数少ない海外への輸出品として注目され、この面での振興がはかられていた。ために西洋の窯技、材料の改良などには力が注がれた反面、意匠の分野では江戸時代末期以来の技巧第一主義の傾向がみられ、〝どてどてとした絵付〟をもって高級品とみなす認識が作陶家においても、世間においても一般的であった。

しかし、明治三十年代以降の海外での日本陶磁器の不評、また明治三十三年（一九〇〇）のパリ万国博でのアール・ヌーヴォー様式の登場などにより、わが国でも時代錯誤的な意匠の改良を主張する一部の進歩的な作陶家たちが現れる。これが、わが国において近代美術陶磁器が誕生する基礎となる。

この陶磁器の意匠改良に対し、最も情熱を持っていたのが京都の作陶家であった。京都では明治三十六年に、わが国最初の陶磁意匠の研究団体である遊陶園《ゆうとうえん》が結成された。遊陶園は京都高等工芸学校の初代校長となった化学者の中沢岩太《なかざわいわた》や中沢の招きによりヨーロッパより帰国し同校図案科教授となった洋画家浅井忠《あさいちゅう》、京都市陶磁器試験場長藤江永孝《ふじええいこう》などの肝入りで結成されたものである。ここには図案家の神坂雪佳《かみさかせっか》、日本画の谷口香嶠《たにぐちこうきょう》らと、二代伊東陶山《いとうとうざん》、四代清水六兵衛《きよみずろくべえ》、同栗太郎（五代清水六兵衛）、初代宮永東山《みやながとうざん》、河村蜻山《かわむらせいざん》らの作陶家が参加した。研究は日本画家や図案家の描く意匠をもとに作陶家が陶器に、表現するという方法がとられ、アール・ヌーヴォー様式もいち早く登場している。

大阪にあった髙島屋美術部は、まず京都のこうした進歩的な作陶家と交流を深めた。髙島屋美術部が最初に取り組んだ作陶展は、大正三年（一九一四）の佳都美会《かつみかい》新製品陳列会である。佳都美会は明治四十年に神坂雪佳が美術工芸研究会として創立した佳美会《かびかい》を母胎とし、同じく神坂の主宰する競美会と合併して佳都美会となったものである。二代伊東陶山、四代、五代清水六兵衛、河村蜻山らが参加し、遊陶園の別会のような性格を帯びていた。ただ、この会の意匠改良の主眼はわが国の伝統的な琳派《りんぱ》調の工芸意匠をふまえた作品の制作にあった。佳都美会は南禅寺金地院《なんぜんじこんちいん》を会場として七回の陳列会を行っていたが、第八回展になり大阪へ進出して髙島屋心斎橋店での開催となった。

大正期から昭和初期の髙島屋美術部での作陶展（戦前までは陶芸展ではなく当時の一般的な用語の作陶展を用いる）の潮流の一つは、佳都美会を中心とした五代清水六兵衛、二代伊東陶山、河村蜻山らによるものであった。ことにハイカラとして知られた五代清水六兵衛（後、帝国美術院会員）は、髙島屋での初の個人作陶展である平安陶工清水六兵衛作陶展覧会（大正八年）を開催し、以後も神坂雪佳との二人展や、長男正太郎（六代六兵衛）との父子展を開いている。

こうした佳都美会のメンバーの作陶展を足がかりにして、髙島屋美術部は他の京都在住の作陶家、さらには各地の作陶家の作陶展を開くようになる。宇野仁松《うのにんまつ》、四代清風与平《せいふうよへい》、十三代樂吉左衛門《らくきちざえもん》、三代三浦竹泉《みうらちくせん》、初代諏訪蘇山《すわそざん》、十六代永樂善五郎《えいらくぜんごろう》、加藤溪山《かとうけいざん》、二代宮川香山《みやがわこうざん》、十二代坂倉新兵衛《さかくらしんべえ》らがこの時期に作陶展を開催している。また、板谷波山《いたやはざん》は作陶展ではないが、工芸済々会のメンバーとして作品を発表した。このうち横浜の宮川香山、萩の坂倉新兵衛、東京の板谷波山を除く作陶家が京都在住であったのは、当時の陶磁界での名声家の分布を反映している。また茶陶で名を得た作陶家が多いのもわが国の美術市場がこの分野に多く負っているという、現代も変わらぬ事態の反映であろう。

だが、この時期の動向で興味深いのは、こうした定評ある作陶家の展覧会以外に、当時の新進たちに髙島屋が活躍の場を提供していることである。大正九年の「赤土《せきど》」の同人による陶器展はその好例である。赤土は京都の若い作陶家、楠部彌弌《くすべやいち》、河合栄之助《かわいえいのすけ》、河村喜太郎《かわむらきたろう》、八木一艸《やぎいっそう》、道林俊正《みちばやしとしまさ》、荒谷芳景《あらたによしけい》によって結成された。「忘我の眠りより覚めず、因襲的なる様式に拘泥せる陶工を謳歌し讃美するは、吾々の生涯としてあまりに悲惨なり……」という彼らの結成文は、近代陶芸の開幕を宣言するものとして印象深い。だが、赤土の作陶展は京都の因襲的な古老による反発のため、地元京都では会場が皆無という事態に直面した。この赤土の同人たちに会場を提供したのが当時の宣伝部長（後、支配人）であった川勝堅一《かわかつけんいち》である。第一回展を大阪の髙島屋で開いた同人たちは、二回展からようやく京都（岡崎の府図書館）に戻ることができた。そして川勝は、赤土が東京展（京橋、星製薬の二階）を開くにあたっても会場を探す（当時髙島屋は裏道側にあり、星製薬の方が表通りに面していた）など尽力した。後に八木一艸、道林俊正、河村喜太郎らが髙島屋において作陶展を開いたのも、楠部彌弌が交流を保ったのも、こうした赤土時代がもととなっている。

大正期から昭和初期の作陶展におけるもう一つの潮流を成したのは、柳宗悦《やなぎむねよし》とともに民芸運動を推進した作陶家たちである。その最初は大正九年のバーナード・リーチの作陶展であり、リーチの帰英に際して開催されたものである。ついで大正十年には、河井寛次郎《かわいかんじろう》の第一回創作陶磁展が開かれた。この時、無名であった河井を支持したのが先の川勝堅一である。川勝の河井に対する好意は、河井の個展を大阪店（春）、東京店（秋）で開いていることでも分かる。主要展観年表によるとそれまで両店開催の催事は三都大家京百題画幅展観などの日本画展観と、横山大観《よこやまたいかん》、鏑木清方《かぶらききよかた》の個展のみである。大観、清方はさておき、この新人河井のデビューは髙島屋としても異例のことであったに違いない。河井は川勝のこの時の好意を生涯大切にし、没するまで髙島屋以外で個展を開催することはなかった。

河井と髙島屋とのこうした交流を軸として他の作陶家の個展も開かれた。京都の陶磁器試験場時代の先輩技師で、中国宋・元代陶磁の研究に才能を発揮した小森忍《こもりしのぶ》は、一時期転出していた満鉄中央試験場から帰国後、髙島屋で新作展や新作茶陶展を開催した。また、東京高等工業学校、試験場時代の後輩であり民芸運動の同志でもあった濱田庄司《はまだしょうじ》も河井との二人展、バーナード・リーチを加えた三人展を開いた。この他、益子の優れた民芸派の陶工佐久間藤太郎《さくまとうたろう》も後に個展を行った。戦前の民芸派の一大イベントであった現代日本民芸展覧会（主催、日本民芸協会）が昭和十年（一九三五）に開催されたのも、こうした髙島屋と民芸派作陶家たちの間に太いパイプが結ばれていたからである。

戦時下・敗戦・そして戦後期へ

順調に発展するかにみえた陶磁界も昭和十五年頃より戦時下体制の影響を受け始める。昭和十四年（一九三九）には九・一八停止令によって陶磁器の公定価格が設定され、翌年七月には奢侈品等製造販売制限規則（七・七禁令）が公布され、高級陶磁器の制作はほぼ全面的に停止される状勢になった。このため作陶家の間からは、部分的制限解除を求める声があがり名匠、大家に対する芸術保存「芸」、特別な技術保存者に対する「技」の制度が設定された。だが「芸」、「技」の作陶家についても生産金額が定められ、こうした措置によってこれまでのような作陶活動は大幅に制限されるようになった。

その影響はたちまち美術市場にも反映され、髙島屋での作陶展の推移をみても個展、グループ展が昭和十六年には七回催されているのに対し、同十七年には四回、同十八年には二回、同十九年には二回と著しい退潮をみせている（主要展観年表による）。特に昭和十八年から十九年にかけては河井寛次郎が濱田との二人展や、棟方《むなかた》志功《しこう》を加えた三人展を、自分の新作展と並行して開催するなど奮迅の活躍がみられるのみである。だが、その河井にしても昭和十四年、十五年頃からは中国産の呉須《ごす》の入手が困難になり合成呉須を考案せねばならなくなっており、昭和十九年、二十年にかけては戦局の悪化のためほとんど窯がたてられず、文筆に没頭する日々であった。そして、昭和二十年（一九四五）八月十五日の敗戦を迎えた。この日、河井は「万事休す　出直し　泣いて好いのか　笑って好いのか　怒って好いのか　身体の置場なし」と日記に書いている。

敗戦後の昭和二十年からしばらくは、ある作家が語るように「作るに土なし　焼くに薪なく　売るに陶器なし」の時代であった。そうした中、昭和二十一年には早くも二つの作陶展が髙島屋美術部で開催されている。それが河井寛次郎、加藤溪山という従前も、また以後も髙島屋においてのみで作品を公表した二人の作家だったことは印象深い。

以後、昭和二十二年から二十八年頃までを、髙島屋における戦後陶芸展開催の第一期とみることができる。この間、個展を開催した主な陶芸家は河井寛次郎、加藤溪山、富本憲吉《とみもとけんきち》、北大路魯山人《きたおおじろさんじん》、三浦竹軒《みうらちくけん》、川喜田半泥子《かわきたはんでいし》、北出塔次郎《きたでとうじろう》らであり、濱田庄司は河井との二人展、清水六和《きよみずろくわ》（五代六兵衛、隠居して六和を号す）は六代清水六兵衛と父子展を開催した。このうち富本憲吉は二回、北大路魯山人は一回、戦前にも個展を開催した実績を持っている。しかし、本格的な髙島屋美術部との交流はこの時代から始まっている。また、川喜田半泥子は茶陶に才能を発揮し昭和の光悦とも称されたが、作陶家であるとともに、三重の第百五銀行の頭取を務めた異色の人物であった。グループ展では昭和二十五年から京都の清水五条坂地域の陶芸家団体の京都陶芸家クラブ展が開催されており、同新作展も六代清水六兵衛、森野嘉光《もりのかこう》ら有力作家、新進作家によって行われた。この他、即中斎好み新作茶器名品展、現代七窯陶匠茶道具展、膳所《ぜぜ》焼新作展など茶陶の展観が早くもこの時期にみられ、茶道人気の根強さを知らされる。

この時期の動向で注目されるもう一つの展覧会は、富本憲吉が主宰する新匠《しんしょう》美術工芸会展（後に新匠会展）が昭和二十二年より開催されたことである。同会は稲垣稔次郎《いながきとしじろう》（染織）、増田三男《ますだみつお》（金工）らも参加する総合工芸団体であったが、陶芸はその主力となっていた。富本、北出塔次郎、山田喆《やまだてつ》、徳力孫三郎《とくりきまごさぶろう》、福田力三郎《ふくだりきさぶろう》、鈴《すず》木清《きよし》が結成に参加。以後、近藤悠三《こんどうゆうぞう》、加藤土師萌《かとうはじめ》、松風栄一《しょうふうえいいち》、八木一夫《やぎかずお》、山田光《やまだひかる》、鈴木治《すずきおさむ》、田村耕一《たむらこういち》、藤本能道《ふじもとよしみち》ら富本に師事、交流した陶芸家も加わり、後には加守田章二《かもだしょうじ》、坪井明日香《つぼいあすか》らも会員となっている。会は富本の主張する個性と創作を重視し、作品本位を貫く雰囲気に満ちていたという。その後、会員、出品者の出入りはみられたものの展覧会は新人、大家の格好の作品発表の場として世間からも好評をもって迎えられた。加えて同会は髙島屋美術部に次代の陶芸展開催のための貴重な足がかりを与えた。北出塔次郎（昭和二十八年第一回展）、福田力三郎（昭和三十二年第一回展）、田村耕一（昭和三十三年第一回展）などの個展は、この流れの中で実現した。

陶芸界の復興、陶芸ブームの到来

昭和三十年代（一九五五～六四）を迎えると、社会も生活も落着きをみせ始める。これに伴い陶芸界も戦後復興を完了する。特に三十年代の後半から充実した時代に入り、清新の気風を持つ作品が数多く発表された。今日、陶芸界の中核を成す人々が自己の本領を発揮し、旺盛な制作意欲を燃やし始める一方で、戦後陶芸の申し子として欧米の美術思潮と歩調を合わせオブジェを制作していた前衛陶芸が、真の意味でわが国の陶芸風土に根付くのもこの時代である。現代の陶芸の様相に直接的に連なる諸要因が出揃った時期であった。

こうした中、髙島屋では陶芸展の主柱を成してきた富本憲吉、河井寛次郎、北大路魯山人の大規模な個展、展覧会が相次いで開催された。富本の作陶四十五年記念展（昭和三十年）、作陶五十年記念展（昭和三十六年）、河井の陶業四十年展（昭和三十二年）、魯山人の五十回個展記念展（昭和三十一年）である。富本の作陶四十五年記念展は自作陶磁器を作陶の軌跡に従い大和時代、東京時代、京都時代の三つに区分して展示したもので、陶磁器三百点とこれに図案、画巻が並べられた大展覧会である。また五十年記念展では四十五年以降に制作した新作に代表的な創作模様十数種を描き、器形により同じ模様がどのように変化するかを紹介し、〝模様の作家富本〟の真髄を示した展観であった。河井の陶業四十年展は朝日新聞社の主催で新・旧の代表作三百点が紹介されたが、これまた大展覧会であった。特に近作の泥刷毛目、打薬の作品は抽象絵画をみるようで、河井の作風の展開のダイナミズム、迫力は人々を驚かせた。魯山人の記念展は各地で精力的に開催した個展が五十回を数えたのを記念し、志野、織部、備前、唐津から染付、金襴手、色絵と幅広い作風を展開した作陶の全貌をみせたもので、魯山人の真価を示すものであった。その後、魯山人は昭和三十四年、富本は三十八年、河井は昭和四十一年に相次いで死去しており、これらの展覧会はそれぞれの作陶の掉尾を飾るものとなった。

一方、陶芸界の世代交代は昭和三十年代に入ると進み、髙島屋美術部も新たな構想をもってこれに望んだ。昭和三十二年（一九五七）発足した葵洸会工芸展、昭和三十四年発足した溌漾会工芸展、昭和三十五年発足した工芸円心展などの工芸グループ展の相次ぐ開催がそれである。

葵洸会は芸術院会員、芸術院賞受賞者を会員とし、井上良斎《いのうえりょうさい》、六代清水六兵衛、楠部彌弌、宮之原謙《みやのはらけん》の陶芸家が当初より参加した。溌漾会工芸展は日展系作家も含んだ当時の工芸界を代表する作家によって組織され荒《あら》川豊蔵《かわとよぞう》、石黒宗麿《いしぐろむねまろ》、永樂善五郎、金重陶陽《かねしげとうよう》、河井寛次郎、六代清水六兵衛、楠部彌弌、富本憲吉、濱田庄司、宮之原謙らの陶芸家が参加している。そして溌漾会にはその後、加藤土師萌、三輪休和《みわきゅうせつ》、近藤悠三、藤原啓《ふじわらけい》、中《なか》里無庵《ざとむあん》らの重要無形文化財保持者となった陶芸家も参入している。髙島屋大阪店では昭和二十九年、第一回日本伝統工芸展を開催し、以後の日本工芸会系の陶芸家との交流を深める契機を作ったが、その成果を実現した最初の展観であった。この会は昭和五十四年まで続けられたが、真に遊芸の境地に浸るような作品を有名作家たちが発表した、清涼味に溢れた展覧会であった。一方、工芸円心は日展系の中堅作家を集めたグループ展で陶芸家としては清水洋《きよみずひろし》（七代清水六兵衛）が参加している。この円心のメンバーが中核となり現代工芸美術家協会が創立され、昭和三十七年（一九六二）から髙島屋で日本現代工芸美術展が開催されたことも忘れることができない。

その後も、髙島屋ではグループ展形式による陶芸展を進めた。昭和三十五年からは陶芸五人展が大樋年朗《おおひとしお》（十代長左衛門）、清水洋、松風栄一、田村耕一、藤本能道を会員として発足。昭和四十年からは今井政之《いまいまさゆき》、加藤卓《かとうたく》男《お》、河本五郎《かわもとごろう》、中里忠夫《なかざとただお》（十三代太郎右衛門）、清水裕詞（洋を改名）、藤平伸《ふじひらしん》、田村耕一、清水卯一《しみずういち》、藤本能道、藤原建《ふじわらけん》をメンバーとする陶美会展が開催されている。この他、丹青会（昭和四十二年、今井政之、河本五郎、松風栄一、田村耕一、藤本能道）、瓷玄会陶芸展（昭和四十二年、荒川豊蔵、加藤土師萌、金重陶陽、楠部彌弌、近藤悠三、濱田庄司、宮之原謙）なども開催された。そして、これらの人々との交流によって髙島屋美術部の現在までの陶芸展を構成する主要な基盤は作られていった。

昭和四十年代（一九六五〜七四）を迎える頃、わが国では陶芸家ないし陶芸家志望者の激増をもたらす陶芸ブームが起こってきた。陶芸を取り巻く環境もそれまでとは大きく変化し、税務署でも職業欄に陶芸作家と書いて、それが認知される（昭和三十八年頃から）時代が来たのである。陶芸展へのフィーバーぶりも目につくようになり、その中から新たなスター的存在の陶芸家が誕生してくる。昭和四十三年（一九六八）春に京都・東京国立近代美術館で開催された「現代陶芸の新世代」展に出品している陶芸家たちがその中心を成していた。伊勢《いせ》崎満《ざきみつる》、今井政之、今泉善詔《いまいずみぜんしょう》（十三代今泉今右衛門）、岩渕重哉《いわぶちしげや》、江崎一生《えざきいっせい》、大樋年朗、加藤清之《かとうきよゆき》、岡部嶺男《おかべみねお》、加《か》藤鈔《とうしょう》、加藤卓男、金重道明《かねしげみちあき》、加守田章二、河本五郎、木村盛和《きむらもりかず》、熊倉順吉《くまくらじゅんきち》、近藤豊《こんどうゆたか》、清水卯一、鈴木治、鈴木《すずき》蔵《おさむ》、谷口良三《たにぐちりょうぞう》、田村耕一、辻清明《つじきよあき》、中里忠夫、西川実《にしかわみのる》、藤平伸、藤本能道、藤原建、藤原雄、森陶岳《もりとうがく》、八木一夫、山田光たちである。彼らはいずれも五十歳以下の陶芸家であった。

そしてこうした陶芸家の中から髙島屋で個展を開催する人々が登場してくる。田村耕一、藤本能道、藤平伸、加守田章二、河本五郎、清水卯一、金重道明、岡部嶺男、江崎一生、今泉今右衛門らの名前が昭和三十年代後半から昭和五十年代初めまでにみられる。いずれも印象に残る個展を髙島屋で開催した。田村の鉄釉、銅彩、青磁釉などの清廉な作品。岡部の縄文志野、織部の迫力と青瓷の秀作。加守田の陶芸界に衝撃を与えた曲線彫文と波文彩陶の作品など、近代日本陶芸史に残る陶芸作品の数々も髙島屋を舞台に発表されたものであった。

陶芸文化催事の隆盛と今後の方向性

昭和五十年代（一九七五～八四）に入ると、髙島屋の文化催事に占める陶芸展の比率はにわかに高くなってくる。かつて交流を深めた陶芸家たちの歴史的な評価が高くなり、またその後に交流を持った作家たちが陶芸界の頂点に立ち、さらには陶芸家の知名度が日本画、洋画、彫刻などの作家と遜色がなくなってきた等々の結果であろう。昭和五十年代から今日にかけて、喜寿記念藤原啓自選展（主催、朝日新聞社。以下、新聞社を略す）、荒川豊蔵展（朝日）、喜寿記念清水六兵衛展（日経）、北大路魯山人展（日経）、日本の美いろづちの歩み六十五年楠部彌弌展（毎日）、加守田章二展（日経）、藤原啓のすべて展（朝日）、岡部嶺男展（日経）、三輪休和遺作展（朝日）、富士にいどむ近藤悠三展（朝日）、桃山と唐九郎展（日経）、楠部彌弌遺作展（朝日）、人間国宝中里無庵とその周辺展（読売）、荒川豊蔵回顧展（朝日）、六代清水六兵衛展（朝日）、田村耕一回顧展（日経）などが開催されてきた。そして個展では三浦小平二《みうらこへいじ》、中島宏《なかしまひろし》、三輪龍作《みわりゅうさく》、和太守卑良《わだもりひろ》、十五代樂吉左衞門《らくきちざえもん》ら、より若い世代に属する陶芸家の進出もみられるようになっている。

これらの髙島屋美術部の多彩な陶芸展の開催は、これまでの陶芸家との交流の歴史を背景として行われ、その蓄積された力量を知らしめるに十分なものであった。だが反面、髙島屋美術部のこれまでの陶芸展の方向性を知るにつけ、その限界もまた明らかになったように思う。戦後の陶芸史を振り返る時、特にその思いが強い。

戦後の陶芸には大きく二つの主要な潮流があった。一つは既存の陶芸の機能と形式の否定に向かった前衛陶芸の潮流であり、他方では陶芸の形式と技術を継承し今日に対応する陶芸を推進する潮流である。この中で髙島屋美術部は、日展や日本工芸会に属する人々を中心とした既成陶芸（前衛陶芸との対比において）の陶芸家による陶芸展を開催し、美術市場に提供する方向を歩んできた。だが前衛陶芸という言葉がもはや死語となるほどに、国際的陶芸環境の変化の中で、わが国の陶芸も変貌をとげている。陶芸界をみる視座も拡大し、もはや二つの潮流という枠さえ不必要な時代を迎えている。枠が問題なのではなく、陶芸の質、内容そのものが陶芸家にとっても問われる時代である。こうした認識に立ち、現代陶芸の全般を見通す方向性が今、必要とされていると思う。陶芸展を取り扱った初期の川勝堅一のような発見する眼と、未来に向けての新たな視座の構築を髙島屋美術部が成した時、さらなる前進がもたらされるに違いない。

＊初出は「陶芸展にみる髙島屋美術部八十年史」（『髙島屋美術部八十年史』、髙島屋美術部、一九九二年に所収）。

京都に生まれた陶芸の新しい潮流・走泥社

使う器物から視るオブジェへ

明治維新以降、日本の工芸界は、欧米を標準として、欧米の芸術世界に近付こうという大きな動きがあった。それまでの日本のものづくりは、一言で言えば「器物」の世界での「技《わざ》」「巧《たくみ》」の思考が主流であった。成形、装飾などの技術が、上手か下手かでその価値が決まっていたのである。ところが幕末にペリーがやってきて以降、日本のものづくりの世界は大きく転換して、欧米の価値が基準となる。英語で言うところの「アート（ＡＲＴ）」との出会いである。

このアートという言葉は、一八七一年（明治四）に初めて日本に入ってきた。今までになかったこの概念に対して、それまでの「技」「巧」思考とどのように折り合いを付けるか、欧米標準にいかにして対応していくかというのが、これ以後の現代までの日本のものづくりであったといえる。

「技」の上手、下手の基準をアートに近付けるためには課題がいくつかあった。まず、作りだした作品に作り手の個性、思考、美意識といったものが表現されているか、というような創作性の問題である。次に、使い手にとっていかに便利か、また安全に使用できるかという作品・製品の機能性への認識という問題。もう一つは、作品・製品に彩りを添える、色彩や模様にかかる鑑賞性または美術性という問題がある。こういう創作性、機能性、鑑賞性などの事柄を、いかに具現化していくかが重要な問題とされてきた。これを解決することが工芸におけるART観というか、それに近付く一つの手段であると考えられてきたのである。

ところが、ここで触れる走泥社《そうでいしゃ》の人々は、長い間、当たり前だと思ってきた「器物」陶芸に求められてきた機能性、美術性から逸脱したものを作り始めた。いわば「非器物」とでもいうべきものを最初に作り始めた陶芸家集団であった。そこに、走泥社の持っている最大の歴史的な役割があったと思われる。同人は京都の作家たちで、年長者は走泥社結成時に三十歳の八木一夫《やぎかずお》。その他に山田光《やまだひかる》が二十四歳、鈴木治《すずきおさむ》が二十二歳と、いずれも非常に若いメンバーで、いわば陶芸家予備軍といえる若者たちが始めた会であった。

終戦直後、やきものに関する様々な新結社が生まれた。戦争中は、煙が立つという理由でやきものを焼くこともできない状態があり生産は中断していたが、ようやく戦争が終わった。いよいよ制作ができるという時代環境になったが、資本も材料も乏しく新時代にふさわしいやきものをやろうとしてもなかなか一人ではできないので、同じような考えを持った人が集まって新しい組織を作ろうという動きが生まれた。一九四八年（昭和二十三年）に「新匠美術工芸会」が富本憲吉《とみもとけんきち》を中心に、また「青年作陶家集団」が中島清を中心に、「四耕会《しこうかい》」が宇野三吾《うのさんご》、伊豆蔵寿郎《いずくらじゅろう》、林康夫《はやしやすお》らを中心に結成されるなど多くの新しい団体ができたが、走泥社もその中の一つであった。走泥社は「青年作陶家集団」から新たに分かれてできた集団で、最初の同人は五名であったが、一年で二人が退会し、結局は八木、山田、鈴木の三名がメンバーとして残った。その後、同人の入れ替わりが何回かありつつ、一九九八年（平成十年）に解散するまで五十年続いた。

一九四八年七月に結成された走泥社の意気込みは、発足の宣言文にもみられる。その中で八木たちは、「我々の結合体は夢見る温床ではなく、まさに白日の下の生活それ自体である」と言っている。戦争直後に生まれてきた多くの工芸関係のグループは、いわば同好会のようなもので、夢や希望をともに語るような形で結社が生まれてきた。しかし、八木たちはそうではなく、日々の現実に根差した生活そのもの、その生活の環境の中で新しい陶芸をどう展開したらいいのかということを考えた。宣言文にはその決意が表れている。第一回展を、大阪の髙島屋美術部で開催している。その時の広告文には、「若い作陶家の真面目な美の思索から生まれた集いでありまして、何物にも囚われない創造の気持ちを見ていただきたいと思います」という文章が掲載されている。ここからは、正面から真面目な気持ちで何か新しいことをやってみたいという心情が表れていることが分かる。

走泥社の同人たちに共通していたのは、戦後の新しい社会環境、生活環境の中で適応したやきものを作りたいというもので、最初から「非器物」を狙って作っていた訳ではなかった。新しい時代のやきものとは何かと彼らは模索していたのである。結成初期の時期、一九五〇年代初めは既存の器物の形状の上に新しい模様を施したりしていた。当時の八木は、「新しいものと古典との結婚。これが私の狙い。ピカソやクレーの近代絵画と渋い日本の轆轤《ろくろ》の味を作品の上でどう調和させるかが私の仕事」と言っている。この言葉が表すように形は従来と同様に轆轤で花瓶や壺を作り、そこに描かれるものは絵画の最先端のクレーやピカソの抽象的模様であった。クレーもピカソも戦時中には敵国の美術ということで日本の学校では教えられていなかった。戦後、その画風を絵付装飾として作品に表現するということが新しいことだと彼らは考えたのである。

しかし時間が経過するにつれて次第に、既存の花瓶や壺や鉢の形を使って、しかもすでにある既存の絵画的模様を描いて、それで新しい作品となるのかという疑問が同人たちの間で湧いてきた。ここには本当の新しさはない。中間的な折り合いを付けただけのものであるという思いであった。彼らは、そこで作品の形状について検討を始めたのである。

そう考えると、花瓶も壺も鉢も茶碗も、すべてが口と底を持っている。そのことに走泥社の同人たちの関心が向いた。口と底があるということは、形状として必ず空洞ができる。空洞であるから何かを入れることが可能であり、だから用途ができる。すなわち、用途が最初にあるのではなくて、作り手がそのような形を作るから、人は何かを入れるのだと考えた訳である。それからの八木、山田、鈴木たちは、どうしたら口と底をなくしてしまえるだろうか、という論議になった。それがなくなったら、やきものは物を受け入れるという用途がなくなるのではないかと考えたのである。

彼らは、ずっと陶工たちが使ってきた轆轤に着目した。轆轤で挽いたら必ず底（高台）があって口ができる。これをなんとかしなくてはいけない、ということで彼らは「口」という問題に焦点を絞っていく。

鈴木治はこの時期、斬新さを求めて新たな形態の探求を行い、一九五一年（昭和二十六）に二つの口を持った「双頭花瓶」（現代日本陶芸展出品）を発表。『美術手帖』の批評で、「鈴木の双頭の壺は斬新なフォルムを持っている」と評価され、『日本美術工芸』では、「ここには生活に則したモダンがある」と評価された。加飾技法は従来からのスタンプ、印花という伝統的な技法で仕上げているが、明らかに加飾から実験的な形へと神経が移り始めていた。

山田光も斬新さを求めた新たな形態の探求を行い、一九五二年にやはり二つの口を持った壺を作っている。この作品は南宋官窯の青磁の技法をそのまま取り入れながら、フォルムに特徴を持たせた作風で、造形に傾斜していく八木や鈴木と同じ傾向のものである。また、翌五三年には口は一つであるが、胴を鉈で削ったような「切った壺」を発表している。試行錯誤の時期が長く続いた。

そして、一九五四年十二月、東京銀座のフォルム画廊での八木一夫の個展に出品された土による立体造形作品《ザムザ氏の散歩》が登場する。カフカの小説『変身』の主人公ザムザは、ある日、目が覚めると自分が虫になっていたという主題で、題名からは八木はおそらくこの作品の持つ変身ぶりを強調したかったのだろうと思われる。作風は器物的な形状ではなく、円環に突起が付いたものが、ゆっくりと回って進むという彫刻的なイメージを与えるものであった、この作品を見た評論家、新聞記者たちは驚き、作品をどう表現したらいいか分からなかった。今まで見たこともないものが土でできたということで、絵画の世界や生け花の世界で使われていた「オブジェ」という言葉を使い始めた。土でできた「もの＝造形物」という意味である。

この「オブジェ」という言葉は、作り手が発言した言葉ではなく、評論家や研究者が付けた名前なのである。『美術手帖』一九五五年一月号には、「八木ははじめてここで〈火を通した土のオブジェ〉を陶芸家側から発表した。はじめてというのは現代に生きる作家として、ここまで徹底してオブジェを追求し、現代に生きる作家の感情を投げつけた作家を僕は知らない」と紹介されている。これは当時、朝日新聞の美術記者だった小川正隆（ペンネーム・浜村順）が書いたものである。

八木一夫《ザムザ氏の散歩》1954年（『近代日本の陶芸家』中ノ堂一信著、河原書店、1997年より図版転載）

同じ年、鈴木治も第一回朝日新人展に《作品》という題名で、口のない抽象的造形作品を出品した。箱状の正方形を浮かせて下に三本足が付いている作品であった。この《作品》と《ザムザ氏の散歩》の二作品が日本における、また世界における陶芸界最初の、「非器物」の立体造形作品、今では見慣れた造形物として普及しているオブジェの登場であった。

この器物からオブジェへの展開には実は八木が仕掛けたある秘密があった。《ザムザ氏の散歩》を発表した東京のフォルム画廊の個展に、八木は花を生けることができる作品《花生《はないけ》》を同時に出品していた。これは轆轤で成形したものの胴部分を横に切って、そこへ棒状のもので穴が開けられていました。穴の筒状の口が開けられているという形状は、そこに花が挿せるということを意味する。すなわちこれは「器」であり、だから彼は《花生》と命名した。底にはそれを受け容れられるように足を三つ付け、水盤のようにしている。実は《ザムザ氏の散歩》は、原則的にはこの《花生》を縦に立てたものである。八木は横の形状のものを縦に立て、さらに足を三つその下部へ持ってきて作品全体を浮かせたのである。こうした実験的な試みを実行することによって、もはやこの作品は物を受け容れることができなくなり、単なる立体の造形物になった。私はこれまで語られなかった《ザムザ氏の散歩》に関わる秘密があると書いたが、これが私の考えている八木の異次元への飛躍である。彼が『変身』の主人公にちなんで《ザムザ氏の散歩》と名付けた作品を、この《花生》と同じ個展会場に並べたということは、そのことを彼は示唆し話したかったのだろうと想像している。今からみれば変身の要因が分かってしまえば、コロンブスの卵みたいなもののようにも思えるが、そこに到達する道は海図のない太平洋を航海する船のような大変な道程であった。

　実は鈴木治の《作品》も共通したところがある。鈴木の《作品》の箱状の正方形は、陶板・タタラ造りで四角の蓋の空いたボックスみたいな形のものをまず作っている。鈴木は、これに蓋をして口を閉じるという行為をし、足を付け浮かせ、三本の脚を付けたのである。これによって、この作品も用途を持たないものになった。このようにして八木や鈴木は、いわゆるオブジェを作り上げた。このようなオブジェの誕生に至る道を明らかにすると、陶芸のオブジェというものは、決して彫刻と同じではない。彫刻の延長線上に出てきたのではなくて、土を練って、成形をして、焼成をするという、やきもののプロセスを踏んだ人たちが生み出したものということが理解されると思う。それまでいわれてきたような実用性や機能性、装飾性とかを第一にはしない、このことによって、陶芸の世界に自分たちの心情をストレートに表す作品の世界が誕生したことになった。

ここから、現代でも多くの陶芸家たちが制作している、新しいオブジェの世界が始まった。しかし重要なことは、走泥社の同人たちがそこで歩みを止めてしまっていたら、オブジェの世界は実験的な試作として絶ち切れてしまっていた可能性もあった。しかし、八木も鈴木も山田も、オブジェの制作を続けた。彼らなりに、三者三様のやり方で、非器物を作り続けたのである。この継続する姿勢が、他の人たちに徐々に影響を与えていった。八木は、マチエールを重視した無釉の作品から展開し、いわゆる「黒陶」を発表する。それにより、呪術的なオブジェを展開した。鈴木は、馬や鳥などをシンプルな形で展開する非常に簡明な形態の泥象によって、対象の本質を把握した作品を作る。鈴木は外部の批評家が命名したオブジェという言葉を一切使わず、自らは「泥像」とか「泥象」という言葉を使った。山田は、帯状や板状の陶板を基本にした作品を制作する。平面的な幾何学構成というものを中心に作風が展開される。それは、非常に機知とウィットに富んだものであった。いわば、三者三様。誰かがリーダーとなる訳でなく、それぞれの作風でそれぞれが一九六〇年代、七〇年代を引っ張ってきたのである。やがて、走泥社の同人も増え、活動が活発になっていった。

走泥社の影響

走泥社の創立同人たちの活動が契機になり、外部の人たちも非器物、いわゆるオブジェを作るようになった。より多くの作家が参画したことは実は重要なことで、それによって表現の幅が広がり、作風の領域が広がった。結果として多種多様なオブジェが登場することになった。

一九六〇年代以降、日本の陶芸界の動向で見逃せない新しい潮流がある。それは女性陶芸家の台頭と活躍が目立ってきたことである。陶芸に女性が本格的に参入できた一つの理由は、オブジェの登場にあった。伝統的な轆轤を主体とした過去のやきものの世界では、女性が作陶の第一線で活躍するのは難しかった。現在は電動式の轆轤だが、少し前までは轆轤は鉄の塊を棒でガラガラと回しており、そのようなものを女性が扱うのは大変であった。それが、轆轤による成形を絶対視しないオブジェの制作によって、女性が参加できるようになった。これは現代陶芸にとって、大変重要なことといえる。加えてオブジェは、自分の心情や感性を土に託せるという要素を持っており、このことも女性にとても向いていた。女流陶芸の先駆者である坪井明日香《つぼいあすか》は、女性の感性、観念を前面に出した作品を発表し、その存在を知られるようになる。また、同じく女流の先駆者である三島喜美代《みしまきみよ》は、転写の技術を用いて、様々な現代の情報、媒体になるものをモチーフに選び、現代社会と情報、その利便さと危うさを追求していく。

柳原睦夫《やなぎはらむつお》は、早い時期にアメリカに渡って芸術大学で教鞭を執っていた。ちょうどその頃、アメリカではポップアートが全盛で、そうしたアメリカ的な色彩を持った造形物を七〇年代の初期に発表している。三輪龍作《みわりゅうさく》は、萩の反逆児と呼ばれた作家で、人間の持っている内面、深層心理、シュールレアリスム的な表現を表面に出した作陶をした。熊倉順吉《くまくらじゅんきち》は、後に走泥社の同人になるが、初期には非常に量感のあるオブジェを作っていた。人間の営みとは何なんだろうというような問いかけを内包した作品や現代の社会的現象とか風俗を巧みに取り入れながら自分の世界、オブジェの世界を展開していった。他にも東京の中村錦平《なかむらきんぺい》、常滑の鯉江良二《こいえりょうじ》というような各地の人たちの中にも、非器物の作品制作を行う人たちが現れた。

走泥社に参加した同人では、熊倉順吉の他にも、辻勘之《つじかんじ》は公害問題の中から不気味なものが生まれてくるような世界を表現して人の抱く恐怖心というか、内面の世界を作品化して発表した。川上力三《かわかみりきぞう》も、陶を通じて社会派の作風、姿勢を一貫して保っている。七〇年代には公害や使い捨てをテーマにした「空き缶シリーズ」や、八〇年代の「座シリーズ」では、椅子にいろんな意味を持たせて、例えば権力の象徴であるとか。そういうようなものを象徴的に表現し作品を発表している。宮永《みやなが》理吉《りきち》（三代宮永東山《とうざん》）は、磁器の持つ独特の肌合いと形態の構成に関心を示して、オブジェを展開。幾何学的な形態を探求している。また七〇年代後半からは色泥漿による構成に焦点をあてて、制作している。林秀行《はやしひでゆき》は、立方体や円管など、それ自体は無機質的なものを組み合わせて、我々の想像を超える意外な面白い表情を生み出す作風を展開、組み合わせの形態によっての無機的な作品が変身する意外性を追求した。

六〇年代以降、今紹介した陶芸家の他にも、たくさんのオブジェを制作した作家がいるが、こういう人たちが八木、山田、鈴木たちの土による立体造形の仕事を継承しながらこの世界を広げてきた。

振り返ってみれば、最初の第一歩は作品の形状も小さく、今からみれば簡明で素朴さの残る作品だったが、七〇年、八〇年代にいろんな作家がこのジャンルに加わることによって、その表現の領域も多様になり、オブジェの技法の幅が非常に大きくなった。そして九〇年代以降、部分をジョイント、繋ぐという行為を通じて作品が巨大なものに展開していった。

深見《ふかみ》陶治《すえはる》は、石膏型の圧力鋳込みの技法を使い、それによってもたらされる非常に鋭い表情をみせる青白磁による造形作品を発表している。従来のオブジェにはない大きさを持ち、現代性と東洋的な精神世界、感性が融合した独自のオブジェである。秋山陽《あきやまよう》は、轆轤で成形した内側を、素早くバーナーの火で焼き付け、そうすることによって内側に乾燥時のひび割れができ、その作業後に内と外を反転させる。バーナーの火でひび割れたものが表面に現れ、それによって生まれてくる表情を作品化している。黒陶の表面の亀裂が、大地の誕生を連想させるような迫力あるオブジェを展開する。彼らの作品は、初期の人たちからみると非常に大きなスケールのあるオブジェである。

現在では、世界の陶芸は、二つの主要な領域に分けることができる。一つは用途性のある器物。そしてもう一つは、今回テーマにした非器物、すなわち立体造形とか、オブジェとか呼ばれているもの。この領域は、すでに日本の一つの大きな潮流に展開し、定着している。その最初の一歩を生み出したのが、実は京都の五条坂の青年作陶家たちが結成した走泥社からであったということなのです。走泥社が起こした活動は陶芸のみならず、日本の工芸界全体に波及した。例えば、染織や漆芸の世界でも、着物や屏風、食器や調度、そういうものしかなかった日本の工芸のあり方に変化が起こり、自己の心情や思想をオブジェに託し、それを実践する作家たちが登場している。

＊初出は「陶校だより」第23号（京都府立陶工高等技術専門学校、二〇一六年）。この論考の年号の表記は西暦で統一した。

戦後の陶芸展の動向と現代陶芸作品の収集

はじめに

一九六〇年（昭和三十五）、パリで開催されたユネスコ国際会議において、バーナード・リーチ（Bernard, LEACH）は、陶芸を愛好する日本人について、次のように講演している。

「日本は陶芸家の天国であります。押し寄せる極東文化の波は、すべてこの国の海岸線に寄せて散っております。陶器は感覚的に理解されており、人々は最初から私の作品さえ買ってゆきました。禅や茶道の背景は、真実や美に対する高度に発達した認識力を生みだしており、美術と工芸の間に画然たる境界線は何もありませんでした」（『東と西を超えて・自伝的回想』一九八二年）

ここには、日本人の陶磁器に対する知的論理を越えた親しみ、禅や茶道によってもたらされた象徴的な美意識の感受、これに基づき工芸作品と美術作品を生活上において同等の価値と認識してきた鑑賞態度、それゆえに陶芸家の仕事を尊重する日本の実態が印象深い言葉で表現されている。今日、我々はかつての茶人たちのように、「侘び」の価値観に絶対的な優位を与えるものではないが、一般的に陶磁器に対して親しみを抱いていることは疑いない。そして、その親しみは四季の花を花瓶に挿して心をなごませる心情、床の間に象徴される簡潔な構成によって部屋を飾る装飾感覚、用途に応じて種々の食器を用いる生活様式などによって、豊富な陶磁器のバリエーションを生み、その結果として現代陶芸の幅広い多種多様な様相を生み出してきた。

現代の陶芸家を通観すると、そこには器物によって自己を表現する作家もあれば、非器物の抽象的な作品によって自己を表現する作家もいる。また作家たちの陶芸創作の源泉も日本の古典に啓発された表現や技法に基づくもの、中国・朝鮮陶磁器の古典を研究したもの、さらには現代美術の動向や海外の最新の工芸表現など今日的な仕事にまで広く求めていることが明らかになる。そして、これらの要素を自己の視点で消化しながら陶芸家たちは、それぞれに実用に根差した「用即美」の機能美を示す作品、伝統に支えられた様式美をみせる作品、また現代社会をより直接的に反映した土による実験的な造形作品を発表している。その表現形態の多様さは、今日では驚くべきものがあり、それらが同一の陶芸土壌にあることを疑わせるほどである。

そのため、現代の陶芸に対するアプローチは、ともすれば複雑な並存関係にある陶芸界の現状を前にして埋没しかねない状況にある。しかし、多様な陶芸作品の競合を前にして我々はただ手をこまねいて現状への理解のための糸口を放棄している訳ではない。現代陶芸の動向を知り、将来への展望を考えるため、美術館に勤務している者としてはその立場より、また評論、研究者であればその立場から、さらに画廊経営者、美術商であればその立場によって、それぞれ現代陶芸界に対する海図を描く努力が行われてきた。例えば、画廊、美術商、デパートなどでは茶陶関係の催事がよく行われている。茶道のために用いられる茶碗、茶入、水指などの茶陶は日本文化の典型として継承されてきたものであり、婦人層を中心とした茶道人気に支えられ、戦前・戦後の陶芸市場においても最も需要があり、また重要視されている。ただ、それらも現代陶芸界において現状を理解する唯一の指標となるのかといえば、けっしてそうではない。なぜなら三千～四千人と推定しうる陶芸家を擁する「陶芸家の天国」日本では、個々の鑑賞者が充分に賞美し、将来を展望するにたる陶芸作品群が他にも存在しているからである。その意味では、本稿で記述する見解は、あくまで美術館員としての立場から将来への展望を模索する一つの作業であることを、あらかじめ明記しておきたい。

美術館における作品収集の方向性

現代では陶芸鑑賞の質、幅とも、以前とは比較にならない程に高く、拡大してきたが、こうした陶芸作品への関心の高まりを支えてきた一つの重要な要因が各地の美術館における陶芸展の開催にあることは明らかである。ことに近現代の美術、工芸作品の紹介を専ら対象とする近代美術館の開設は「近現代陶芸」への作品鑑賞眼を育成する点でも大きな役割を担ってきた。

日本において近代美術館の活動が始まったのは、一九五〇年代のことである。一九五一年（昭和二十六）に鎌倉市に最初の近代美術館である神奈川県立近代美術館が開館し、翌一九五二年には東京に国立近代美術館が開館して、本格的な近代美術館時代を迎えた。それまでは古美術を収集、展示する総合的な博物館の中で、最後のコーナーにわずかばかり紹介されるにすぎなかった近現代の美術や工芸に初めて光が当てられたのである。こうした経過の中で誕生してきた近代美術館（以下、美術館と略す）は、博物館と比較して歴史的には新しい存在である。そのため、美術館の作品収集活動においても、一定の実績をすでに蓄積している博物館などと比べると後述するように、差があるように思われる。いま、一般的な事柄を記せば、美術館における作品収集で重要なことは、個人コレクターのように私的なレベルでの好みで作品を収集するのではなく、ある種の公共性と妥当性を要求されることであろう。その前提の中で実際の作品収集にあたっての方針がたてられねばならない。この方針の設定なくしては、海図のない海洋に出航する船のようなもので、その活動も危ういものとなり、収集の継続性もなくなる。美術館における設立目的に沿った運営と収集に関する指標は、その大枠での方向性を示している。加えて、美術館の収集の具体的な方向として重視されているのは、作品をアトランダムに、単独で選択するのではなく、対象となるべき作品、作家をある幅を持たせたグループとして把握し、歴史的観点、美術的観点、地域的観点などに基づいて系統的に収集することである。

こうした系統的な収集を美術館が重視する背景にあるのは、日本の美術館の設立にあたっての特異な経過がある。美術館の先達である欧米の例をみると、すでに最初からなんらかの美術品や工芸品のコレクションが有り、それを保管、展示するための公的施設として美術館が設立され、そのうえでさらに収集活動により所蔵品を充実することが行われている。ところが、日本では多くの人達が美術館といえばまず建物を思い浮かべるというように、コレクションを持たず飾りもの的な施設のみが先に建設されることがまま見受けられる。豊富な所蔵品を持ち、所蔵品による常設展示を基本とする欧米の美術館と比較して、日本のように所蔵品の貧弱な美術館が、はたして「美術館」の機能を真に果たしているのかという従来からの指摘は最もな意見である。それでは、開館をすれば豊富なコレクションを形成しうる運営と経費が約束されているのかといえば、これもまたはなはだ心許ない状況にあるといわねばならない。コレクションの充実をはかるための寄贈行為に対しての租税特別措置法での税法上の特典などの、寄贈制度の奨励普及も欧米諸国と比してさほど進んでいない。こうした特殊性の中で作品の収集活動を続けなければならないとなれば、そこでは二年や三年の範囲では到底十分な作品収集を期待できるものではなく、収集は長い目でもって行わざるをえない。系統的な作品収集を重視せざるを得ない背景の一つはここにある。

加えて、計画的な視点、系統的な収集を心がける必要性は実際の収集活動の現場においても大きい。元愛知県美術館長の浅野徹が指摘されているように（「新美術館に向けての作品収集」『愛知芸術文化センター・愛知県美術館新収蔵作品展』一九九一年）、美術館に於いてコレクションを充実させていくというのは、家具を家に整えたり、事務所に机や椅子を配置するというような順序を決めてその通りに進められるものではない。なぜなら、美術館にとって必要とする作品が、いつでも画廊や美術商に並んでいる訳ではないからである。その機会はしばしば偶然の出会いとなって現れる。また、必要とする作品であっても、購入予算をオーバーするような作品であれば、作品収集活動も断念せざるをえない。その意味で妥当とする作品は、必ずしも時代順やジャンル別に順序よく収集できるものではなく、偶然性、費用などの制約の中で、当面は最も妥当である作品を収集しているのが今日の美術館での収集活動の一般的な現状であろう。そうした現状での収集活動において要求されることは、全体的なイメージを持って、コレクションの方向性を見誤らないことである。系統的な収集活動というのは、そうした実際上の行動の中においても必要とされる指標であろう。

現代陶芸展の開催と作品収集活動

系統的な作品収集を行う場合、その前提として不可欠な作業となるのは陶芸の分野では、近現代の陶芸の歴史的な流れの客観的な把握と、様々な側面から現代の陶芸を検証し、今日的な特色と将来への展望を見出すことである。それなくしては正確な航海図を描くことも不可能となろう。その作業は陶芸界の多様な作家団体の不可侵的な並立、競合関係の中では、長らく手つかずのままにきたが、近代美術館が開館して本格的な現代陶芸に関する展覧会活動が行われる中で開始された。

最初の試みは一九五九年（昭和三十四）に国立近代美術館で開催された「現代日本の陶芸」展である。それまで陶芸家たちの展覧会といえば、新聞社が主催する少数の公募展を除き、所属する作家団体やグループに分かれ個別的に発表するのを通例とし、日本の陶芸界は分断した様相をみせていた。「現代日本の陶芸」展では、こうした分断的な状況をとりあえず解消し、一堂に作家を紹介することに力点が置かれていた。そのため、人選にあたっては各地の窯場での伝統的作風を担う作家、伝統技術に工夫を加える作家、さらには戦後の陶芸壇を形成する作家、余技として作陶を行う人々と、その構成はあくまで既存の陶芸界の現状に立脚した網羅的なものであった。そして陳列も、「現代日本の陶芸展は日展、新匠会、国画会、走泥社《そうでいしゃ》、日本工芸会など現代わが国の陶芸が展望できるよう、ほぼ各流派別に陳列した」という企画委員、小山冨士夫の指摘のように（「わが国現代陶芸の展望」『現代日本の陶芸』展図録）、現状の陶芸界の反映に主眼が置かれていた。また近代美術館での最初の陶芸展と言うことで、陶芸に関しての知識の普及にかなりの力点が置かれていたのも特色であった。「現代日本の陶芸」展は、その準備期間などの条件もあり、完成度については十分なものではなかったと小山は述べているが、過去の文化遺産としての陶芸品ではない、同時代に生きる今日の視点による百十八名の陶芸家による百六十点の作品へのアプローチには、陶芸界の実情を手探りで調査、把握していた当時の状況が反映し、先駆的な試みへの熱意が読み取れる。

　この「現代日本の陶芸」展の後、一九六〇年代に入ると、美術館においては現代陶芸作家たちの作品をその内容と質において選択し、現代陶芸展の名称により沿った展覧会が企画されるようになる。その好例は一九六三年に国立近代美術館（京都分館）で開催された「現代日本陶芸の展望」展にみることができる。この展覧会の特筆すべき点の一つは、これまで漫然と考えられてきた〝現代陶芸〟の範疇を明確化したことで、人選においても三浦乾也《みうらけんや》、浅井一毫《あさいいちごう》、宮川香山《みやがわこうざん》（初代）、井上良斎《いのうえりょうさい》（二代）、伊東陶山《いとうとうざん》（初代）、竹本隼太《たけもとはやた》、諏訪蘇山《すわそざん》（初代）、清《せい》風与平《ふうよへい》（三代）、加藤友太郎《かとうともたろう》、清水六兵衛《きよみずろくべえ》（五代）らの「現代日本の陶芸」展に出品されていた明治・大正・昭和前半期の代表的製陶家たちは、ここでは除外されている。出品作家の最年長は、一九二七年（昭和二年）に陶芸家が初めて官展（帝国美術院展）に参加して以来、戦後においてもその中心にあつた板谷波山《いたやはざん》である。そして、この波山と井上良斎《いのうえりょうさい》（三代）、楠部彌弌《くすべやいち》、宮之原謙《みやのはらけん》、清水六兵衛《きよみずろくべえ》（六代）など官展の系譜を引く最大の美術・工芸団体である日展系の陶芸家たち。一九五五年に設立された日本工芸会に属し、卓越した技術により重要無形文化財保持者（人間国宝）に認定された荒川豊蔵《あらかわとよぞう》、石黒宗麿《いしぐろむねまろ》、加藤土師萌《かとうはじめ》、後に人間国宝に認定される金重陶陽《かねしげとうよう》、藤原啓《ふじわらけい》、近藤悠三《こんどうゆうぞう》らの陶芸家たち。民芸派の河井寛次郎《かわいかんじろう》、濱田庄司《はまだしょうじ》。一九四七年から新匠会を指導し色絵磁器で人間国宝に認定された富本憲吉《とみもとけんきち》。生涯いずれの団体にも属さなかったが陶芸の才を発揮した北大路魯山人《きたおおじろさんじん》など、出品作家には現代陶芸の歩みを築いてきた巨匠たちが含まれていた。そして、これらの作家に加えて展覧会には一九四八年に若手陶芸家たちによって結成された走泥社の同人である八木一夫《やぎかずお》、山田光《やまだひかる》、鈴木治《すずきおさむ》、熊倉《くまくら》順吉《じゅんきち》らの実験的な造型作品、さらには日展、日本伝統工芸展において次代を担う陶芸家として注目を集めていた田村耕一《たむらこういち》、河本五郎《かわもとごろう》、藤本能道《ふじもとよしみち》、清水洋《きよみずひろし》（七代清水六兵衛）、清水卯一《しみずういち》、鈴木蔵《すずきおさむ》などの若手の作品が出品されている。

「現代日本の陶芸」展、「現代日本陶芸の展望」展という初期の現代陶芸展は、今日の目から見ると既存の作家団体のカテゴリーを完全に脱却するものではなかった。だが、それはいわば、初期の企画の持たざるを得ない限界であり、そうした限界を認めても歴史的には大きな成果を残したことを忘れることはできない。それは、

「現代日本陶芸の展望」展図録

その後の現代陶芸へのアプローチを行ううえで骨格を成す陶芸家を選択する基準ラインを初めて提示するという先駆的な役割を果たしたからである。そして、この展覧会は国立近代美術館の初期の陶芸作品の収集にも大きな影響と具体的な方向性を与えた。濱田庄司、北大路魯山人、荒川豊蔵、石黒宗麿、加藤土師萌、酒井田柿右衛門《さかいだかきえもん》（十二代）、今泉今右衛門《いまいずみいまえもん》（十二代）、富本憲吉、金重陶陽、川喜田半泥子《かわきたはんでいし》、近藤悠三、宇野三吾《うのさんご》、浅見隆三《あさみりゅうぞう》らの作品は、こうした展覧会への出品を契機に国立近代美術館のコレクションとなっている。

国際陶芸展の開催とその後の動向

現代陶芸の巨匠と若手陶芸家の横断的な紹介を行った「現代日本陶芸の展望」展に続いて、現代陶芸を対象とした画期的な展覧会は一九六四年（昭和三十九）に東京国立近代美術館が朝日新聞社と共催した「現代国際陶芸展」である。この展覧会は東京オリンピック開催を機会に企画されたもので、世界十九ヶ国から現代陶芸家八十五人を選択、招待出品し、これと日本側の陶芸家百四人の作品が併陳された。欧米においては、各国の陶芸家の作品が一堂に紹介される国際陶芸展はこれまでにも何度も開催されていたが、日本ではこうした形式の展覧会は開催されたことはなく、日本における最初の国際的な陶芸展であった。日本側の出品作家には「現代日本陶芸の展望」展に出品した陶芸家のうち長老格の作家を除いた大半の人々が選ばれており、加えてより広範な中堅、若手作家が登場している。内外の出品総数二百二十余点、その規模においてもこれまでにない有数の陶芸展であった。

この国際陶芸展の開催にあたり、事前の予想では評論家や陶芸家自身の間でも、歴史と伝統のある日本陶芸の優位は確信されていたようであった。だが、展覧会の結果はこれらの予想に反するものであった。いま、この国際陶芸展のもたらした衝撃的な反響を知るため、以下において当時の新聞、美術雑誌に掲載された批評文を紹介したい。

①　工芸には暗黙のうちに了解されたいくつかの約束がある。その約束のうえにたって工夫や洗練を競いあっている。たとえば、日本の代表的な作家である荒川豊蔵にせよ濱田庄司にせよ、陶器としての形のきびしさ、肌の美しさ、窯変でできたいわゆる景色のおもしろさ、といった見方からすれば、たしかに群を

ぬいてすぐれている。しかし、そのような趣味の目をすてて、絵画や彫刻とならぶ造型芸術という広い世界から見直すと、趣味的な目には稚拙としかみえないアメリカの作家などが目をひく。じつに自由な発想と躍動する形の探求、そして「やきもの」にたいする熱中が伝わってきて、われわれをうつ。（栗田勇「現代国際陶芸展」読売新聞一九六四年九月五日夕刊）

② アメリカはまさに壮観、前衛的なもの、彫刻的なもの、伝統的なものがひしめきあい奔放にからみあっている。P・ボーカス、タカエズ・トシコ、J・メイスンらが日本の陶芸技術を独自の方法と感覚で取り入れ、乗り越えている点に注目したい。イタリアの陶芸の造型性も魅力だ。G・カンボーネの簡潔な形態と素材の色調、L・フォンタナの何気ない造型などは日本陶芸には望め無い世界だ。……こうした中でわが国は多彩さが孤立してしまっている。これまでわが国は〝陶芸国ニッポン〟の名声に安住して、世界陶芸界を広い視野で展望する機会を持たなかった。（『美術手帳』二四四号、一九六四年十月）

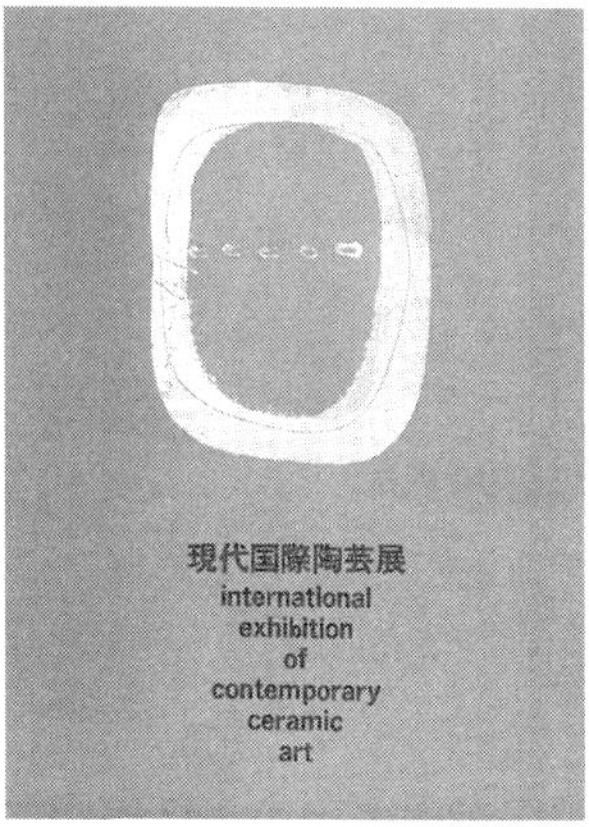

「現代国際陶芸展」図録

③ この展覧会に問題を提起したのはアメリカのロスマン・ジェリー、アレンソン・ロバート、フィーブス・ベティという一群のアバンギャルド作家である。火と土に精通することが日本の陶芸家たちには絶対の条件だが、この一群の作家たちは、陶工である前に作家であるという態度と格調をしっかりふまえている。……アメリカの作家たちは、現代の美術思潮に極めて鋭敏な反応を示しているのに、日本の作家は依然として技術に浮身をやつしている。（安井収蔵「現

代国際陶芸展」『みづゑ』七一六号、一九六四年十月）

④　したがって、この現代国際陶芸展が自己の反省の機会になればよいのです。実際日本には世界のいたるところから陶芸の研究に陶芸家たちがやってきます。そのことでは確かに陶芸先進国なのでしょう。だが、この展示を見て、はたして陶芸先進国という権威をもちつづけることができましょうか。アメリカ陶芸、フランス陶芸と比較してみるとき、古い時代の陶工の精神をもはやうしない、技術だけでことたりと思われる、そのような作品が目立っています。なんのために、また誰のためにという目的的な創作思考がないのではないかと、そんなひどい疑いすらもちたくなるのです。（柳原義達「現代国際陶芸展をみて」『芸術新潮』一七八号、一九六四年十月）

〔作風は多彩、しかし世界の陶芸の中で孤立してしまっている日本現代陶芸〕、〔現代の美術思潮とかけはなれ、技術に浮身をやつす日本現代陶芸〕、〔なんのため、誰のためにという目的的な創作思考をわすれた日本現代陶芸〕などという痛烈な批評からも明らかなように、陶芸技術の巧みさのレベルに安住し、時代が要求する新鮮な陶芸精神の稀薄さが人々の間に強く印象づけられたのである。〝日本陶芸の敗北〟というセンセーショナルな文章が雑誌の見出しにも登場した（柳原義達の批評）。

振り返ってみれば日本の近代陶芸は一九〇〇年のパリ万国博覧会に登場したヨーロッパのアール・ヌーヴォー様式に直面し、その大いなる反省のもとに意匠、造型の近代化をとげた経験を持っているが、この一九六四年の現代国際陶芸展は、それにも比する衝撃を日本の陶芸界、観賞者たちに与えたといってよい。日本の現代陶芸が国内的な評価基準のみに依存し、暗黙のうちに了解された約束の中で型にはまった従来からの陶芸の枠の中で制作する状況、また観賞者もこれに追随してきた状況から、新たな第一歩を踏み出したのは、この「現代国際陶芸展」以後のことである。そして、美術館においても国際的な陶芸界の動向に沿った情報を収集するとともに、戦後の陶芸界が世代交代を進める中で、新しい創作活動を志向していた陶芸家たちに着目し、彼らの活躍の場を提供することになる。

一九六八年に京都国立近代美術館が企画し、京都・東京国立近代美術館で開催された「現代陶芸の新世代」展はそうした新しい波を直視した展覧会であった。この展覧会の特色の一つは、美術館の主体的な姿勢がより明瞭に反映されてきたことにあり、そのことは所属団体に関わりなく各地の陶芸家を学芸員が選択して展覧会を構成したところにもみられる。いま、そこに出品した作家たちを列挙すれば伊勢崎満《いせざきみつる》、今井政之《いまいまさゆき》、今泉善詔《いまいずみよしのり》（十三代今泉今右衛門）、岩淵重哉《いわぶちしげや》、江崎一生《えざきいっせい》、大樋年朗《おおひとしろう》（十代大樋長左衛門）、加藤清之《かとうきよゆき》、加藤《かとう》（岡部）嶺男《みねお》、加藤《かとう》鈔《しょう》、加藤卓男《かとうたくお》、金重道明《かねしげみちあき》、加守田章二《かもだしょうじ》、河本五郎《かわもとごろう》、熊倉順吉《くまくらじゅんきち》、近藤豊《こんどうゆたか》、清水卯一《しみずういち》、鈴木治《すずきおさむ》、鈴木蔵《すずきおさむ》、谷口良《たにぐちりょう》三《ぞう》、田村耕一《たむらこういち》、辻清明《つじせいめい》、中里忠夫《なかざとただお》（十三代中里太郎右衛門）、西川実《にしかわみのる》、藤平伸《ふじひらしん》、藤本能道《ふじもとよしみち》、藤原建《ふじわらけん》、藤原雄《ふじわらゆう》、森陶《もりとう》岳《がく》、八木一夫《やぎかずお》、山田光《やまだひかる》である。彼らは当時、最も将来を期待されていた五十歳未満の中堅、若手の陶芸家たちであり、その後の一九七〇年代から八〇年代にかけて、日本陶芸界のスター的存在に成長していった作家たちであった。ところで、この「現代陶芸の新世代」展を通じて明らかになったことは、彼らが共通して陶芸における造形性という問題を重視していたことである。それは伝統に立脚しつつ、自己の創作性を発揮する陶芸家も実用性を否定した、土のオブジェに個性を発揮する陶芸家のいずれの作品にも強く意識されていたが、

「現代陶芸の新世代」展図録

「現代の陶芸」展図録

この造形性を重視する背景には、国際的にも通用する日本陶芸を模索する彼らの清新な陶芸精神があったことは疑いない。

　そして、一九七〇年代に入ると、この方向はますます大きな潮流となっていく。美術館の展覧会企画においても、一九七〇年には京都国立近代美術館において「現代の陶芸――ヨーロッパと日本」展が開催され、一九七一年には京都・東京国立近代美術館において「現代の陶芸――アメリカ、カナダ、メキシコと日本」展が開催されている。この二度にわたる国際陶芸展の中で、より詳細な海外の陶芸の紹介が実現し、ヨーロッパ展では八ヶ国二百七十五点、アメリカ展では三ヶ国百四十一点が出品され、戦後の陶芸のめざましい展開、特にイタリアにおける軟陶や磁器の陶彫、アメリカにおける抽象表現主義的な陶芸の実態が明らかになってきた。そうした中、日本側の作家では新たに女流陶芸の旗手として制作を行ってきた荒木高子《あらきたかこ》、坪井明日香《つぼいあすか》の作品が出品され、また実験的な造型作品（オブジェ）を中心に発表する若い世代の陶芸家である里中英人《さとなかひでと》、森野泰明《もりのたいめい》、柳原睦夫《やなぎはらむつお》、中村錦平《なかむらきんぺい》、宮永理吉《みやながりきち》（三代宮永東山《とうざん》）、林秀行《はやしひでゆき》、高鶴元《こうずるげん》、鯉江良二《こいえりょうじ》、三輪龍作《みわりゅうさく》（十二代三輪休雪《きゅうせつ》）たちの作品が現代陶芸界の表舞台に登場し、その後の活躍の基礎を固めることになる。

　彼ら、より新しい世代に属する陶芸家の中には、アメリカに単身渡り現地での制作の現場を直接体験した者や、また大学での陶芸講座の教師となった者、さらにはアメリカ国内において個展、グループ展を開催した作家たちがおり、いわば陶芸の国際化を、身をもって体験した戦後陶芸界の第二世代であった。そうした作家たちの活動によって欧米式の自由な発想に基づく造型、個性的な陶芸という理念は、日本の陶芸制作の現場にも一層深く根付くようになる。

クレイ・ワーク展の開催

一九七〇年代後半から一九八〇年代を迎えると、陶芸展にも戦後陶芸界の世代交代を背景として、改めて現代陶芸の流れを総合的に再評価する動きが現れてくる。流動化する現代陶芸の現状を前にして、改めて戦後の現代陶芸の動向を整理し、現代陶芸の流れの中で体系的に陶芸家を位置付ける試みである。一九八〇年（昭和五十五）に「今回の展示は、一九四五年以後の現代陶芸を視覚的に概観しようとするものである。現代の陶芸を回顧的に眺めようとせず、また静的なものとして捉えようとせず、もっとダイナミックな未来へ向かった潮流として眺めようとするものである」（乾由明「やきものと造形」『クレイ・ワーク展』図録）という趣旨に基づき、近代陶芸の巨匠たちと現代陶芸家の作品とを有機的に連繫させた「クレイ・ワーク・やきものから造型へ」展（大津西武ホール、池袋西武百貨店巡回）は、その最初の総合的な陶芸展として、これまでの戦後陶芸の動向を踏まえた新しい視点から視覚的に現代陶芸史を提示した展覧会であった。

「クレイ・ワーク」展図録

この「クレイ・ワーク（CLAY WORK）」展での新機軸の一つは、近現代の陶芸家の作品を横断的に紹介してきたこれまでの陶芸展のスタイルを一変させ、伝統陶芸をふくめた明治以降の近代・現代陶芸を第一部とし、第二部には陶彫的な造型作品が選択されるという二部構成で展示が行われ、〝前半の陶芸から後半の陶芸へ〟という発展史として現代陶芸を把握したことである。その際、作品の傾向に従って、第一部の近代陶芸の流れを「白磁と青磁」・「染付」・「東洋陶磁」・「色絵」・「日本古窯」・「陶彫と造型」の六つの系譜に分類している。その分類はあくまで便宜的なもので、作家によれば重複もあったが、それぞれで登場する作家を記せば、［白磁と青磁］では諏訪蘇山（初代）、板谷波山、富本憲吉の先駆者と鈴木治、清水卯一、宮永理吉、林秀行。［染付］では近藤悠三。［東洋陶磁］では河井寛次郎、濱田庄司、石黒宗麿、加藤土師萌の先駆者と、田村耕一、清水卯一、松井康成《まついこうせい》、近藤豊。［色絵］では宮川香山（初代）、板谷波山、富本憲吉、加藤土師萌、北出塔次郎、楠部彌弌、清水六兵衛（六代）らの先駆者と、河本五郎、藤本能道。［日本古窯］では北大路魯山人、荒川豊蔵、加藤唐九郎、金重陶陽らの先駆者と、辻清明、加守田章二、金重道明、笹山忠保《ささやまただやす》らが紹介されている。そして、第二部の［陶彫と造型］では日本で初の陶彫家となった沼田一雅《ぬまたいちが》、彫刻家として土の造型に取り組んだ辻晉堂《つじしんどう》や、八木一夫、山田光、鈴木治、熊倉順吉、宮永理吉、林秀行らの走泥社の同人、宇野三吾、浅見隆三、鈴木清々《すずきせいせい》、藤平伸、今井政之らの造形性の強い作家と荒木高子、坪井明日香、加藤清之、里中英人、伊藤公象《いとうこうしょう》、三島喜美代《みしまきみよ》、森野泰明、柳原睦夫、中村錦平、佐藤敏《さとうさとし》、鯉江良二、三輪龍作、宮下善爾《みやしたぜんじ》、金子潤《かねこじゅん》、栗木達介《くりきたつすけ》、星野暁《ほしのさとる》という清新な造形作品、オブジェを発表する陶芸家が登場している。

クレイ・ワーク展のもたらした影響の一つはその名称である。陶芸の国際交流が進んだ結果、日本の作家たちの作風にも在来の伝統的な陶芸観の枠では作品をとらえきれないものが多数出現していた現状に対応するため「陶芸」という名称を脱し、欧米で用いられてきた「クレイ・ワーク」という言葉を初めて展覧会の名称として用いたことである。これまで、現実に展開されている実用性から離れ土による純粋造形の可能性を追求する新しい動向に対応すべき総括的な用語概念を持たなかった中で、この名称はより相応しい用語として、その後は各地の美術館などでの展覧会でも使用され、今日では他に「クレイ・スカルプチャー」を名称とする公募展なども出現している。だが、この展覧会の影響は単に新名称を用いたということに止まるものではない。より一層クレイ・ワーク展が際立っていたのは、先述のように現代陶芸の主役を明確に陶芸の最前線にある「陶彫、造型」の作品群に求めたことであろう。この方向性の明確化は、多様な作風と様々な価値観が並存したままであった現代陶芸界にとって新たな指標となり、また同時に現代陶芸を鑑賞、収集する人々にとっても一つの新しい立脚点を提供した。

そして、一九八〇年代後半から一九九〇年にかけて開催された陶芸展にはクレイ・ワーク展から直接、間接に影響を受けたものが多く見受けられるようになる。一九八五年、および一九八七年に、呉市立美術館で開催された「新しい造形への招待・現代のやきもの」展、「日本の陶芸・近代の巨匠たち」展、一九八九年、ベルギーで開催された「昭和の陶芸・伝統と革新」展（この展覧会は帰国展を愛知県立陶磁資料館で開催した）、一九九一年に滋賀県立近代美術館で開催された「近代日本陶芸の巨匠」展などは、いずれも現代陶芸の系譜を様々な角度から検証し明らかにしつつ、今日の陶芸界の全体像を探求する方向性を示したものであった。そこでは板谷波山、沼田一雅、清水六和、北大路魯山人、富本憲吉、河井寛次郎、濱田庄司、金重陶陽、楠部彌弌、北出塔次郎、清水六兵衛（近代の巨匠たち展）、富本憲吉、河井寛次郎、濱田庄司、荒川豊蔵、楠部彌弌（昭和の陶芸展）、板谷波山、富本憲吉、北大路魯山人、河井寛次郎、石黒宗麿、楠部彌弌（近代日本陶芸の巨匠展）などの巨匠たちと、八木一夫、鈴木治、清水卯一、藤本能道、今泉今右衛門（十三代）、松井康成、加守田章二、森野泰明、柳原睦夫、徳田正彦《とくだまさひこ》（三代八十吉）、中村錦平、宮永理吉らの次代の陶芸家に共通項を見出し、両者の間に橋を架ける試みが行われ、さらには明日の陶芸界を担うべく活動する伝統、革新それぞれの若手作家、栗木達介、和《わ》太守卑良《だもりひろ》、西村陽平《にしむらようへい》、深見陶治《ふかみすえはる》、樂吉左衛門《らくきちざえもん》（十五代）などによって、将来への展望が試みられている（現代のやきもの展、昭和の陶芸展）。

一方、現代陶芸の最先端に位置する部分に焦点をあてた陶芸展も各地の美術館で企画、開催されるようになる。一九八七年、岐阜県立美術館で開催された「今日の造形・土と炎」展は、「土の造形といいますと、我々はすぐに器を思い浮かべますが、現代では土の造形が必ずしも器の形体によって提示されている訳ではありません。今回の土と炎展は……一九五〇年代から現代に至る、時代展開を通観すると共に、各々の作家が土の造形の可能性を引き出すため、どのような視点から土に取り組んでいるかを概観しようとするものです」という趣旨のもと、現代陶芸の中でも非器物の造形作家たちの系譜のみによる展覧会であった。こうした現代美術の動向とも歩調を合わせる今日の陶芸の一断面を切り取った展覧会は、「土の造形」展（一九九〇年、栃木県立美術館）、「現代の土」展（一九九〇年、東京都美術館）、「現代の陶芸　1980-1990　関西の作家を中心として」展（一九九〇年、和歌山県立近代美術館）など、九〇年代には頻繁に開催されている。また、一九八二年から三回開催された山口県立美術館の「現代の陶芸」展シリーズでは〝いま、土と火でなにが可能か〟、〝いま、大きなやきものになにが見えるか〟、〝いま、やきもの色に心ときめくか〟という三つのテーマを設定し、その中で空間構造を利用した作品構成〈インスタレーション〉の方向に進む、この分野の造形作品の特質を構造的に探求する企画を行った。

　こうした陶芸展の中で、対象となる陶芸家たちの世代も走泥社の八木一夫ら戦後第一世代や、国際化を身をもって体験した第二世代に加えて、第三世代と呼びうる作家たちが登場してきた。秋山陽《あきやまよう》、井上雅之《いのうえまさゆき》、清水柾《きよみずまさ》博《ひろ》（八代六兵衛）、杉浦康益《すぎうらやすよし》、滝口和男《たきぐちかずお》、中村康平《なかむらこうへい》、三輪和彦《みわかずひこ》らである。彼らはいずれも戦後生まれで、いずれの作家団体にも属さず、フリーな立場で制作活動を行っている。そして、彼らの作品に共通するのは、先述した空間構造を志向する方向と、それとともに日本的情緒ともいうべき形態、装飾における感覚的な微妙さ、曖昧さが陶芸から排除されていることであり、これに代わって厳密で突き詰めた作家としての創作理念が作品の中で優先されて主張されていることである。

今日の陶芸家

今日の陶芸界の中核を担う陶芸家たちは、一九六〇年代以降の日本陶芸の国際交流の広がりの中で作陶活動を続けてきた。その中で、旧来のように国内という枠の中での視点、評価のみに依存しては自己の陶芸が完結できるものではないことを認識している。若手の陶芸家を中心に、多くの作家たちが地理的な条件を克服して、世界各地の国際陶芸展に応募しているのもそうした認識に基づいている。その意味で、国際化の動きはもはや止められない大きな流れとなっている。

そうした状況のもとで、日本の陶芸家の作陶に対する姿勢もまた、これまでとは大きく変貌をとげてきた。その変貌について、日本の前衛陶芸のパイオニアであった八木一夫は、生前に次のように語っている。

陶芸という仕事ほど、素材にしても、技術的配慮にしても、常にいたわりあやすことで終始しなければならないものはない。……彼の手のとどかぬ彼方から、火の中から、作者に向かってやってくるものとの出会いの、その不如意が、彼を次第に諦念の色どりへ染めてゆく。ときにはその不如意が、作者の思いもつかぬ歓喜へと誘うこともあるのだが。……それが陶芸というものだった。今度、『現代の陶芸 ―― ヨーロッパと日本展』を見ながら、陶芸におけるその不如意の要素が次第に淡くなってゆき、待ちうけることも、カレンダーの日々のように安直に、確実にはじめから手の中にくりこみ済み、といったふうな変貌を、外国の現象だけでなく、日本の陶芸にもいまさらのように強く感じた。

（「展覧会をみて」『懐中の風景』一九七六年）

すなわち、かつては日本人の陶芸鑑賞にも強い影響を与え、また陶芸家自身に魅力を感じさせてきた〝火の神秘〟とか〝偶然の美〟というようなやきものの代名詞となってきた形容詞が、もはや今日の陶芸にとってふさわしいものとはなっていないと八木一夫は語っている。この予感通り、合理的にすべての事柄は処理され、作者の意図するところに確実に呼び寄せるということが、陶芸家の志向や姿勢に強く現れてきたのである。こうした姿勢の変貌の中にアメリカにおける陶芸家の姿勢や、イタリアにおける陶芸家の姿勢と共通したものを見出すことは可能であろう。その結果として、現代の陶芸家たちからは、長らく日本陶芸を自ら規制してきた「非規格的な、不整形なものへの好み」とか、「いびつな形を〝味〟として賞美し、偶然の窯変などを良しとする」陶芸観を盲信する姿勢を見出すことは、ほとんど不可能になっている。たとえ、作品の外見上には窯変や偶然にみせた加飾がある伝統的な作風でも、そのほとんどはコンピューター制御の焼成窯、電動式轆轤などの人工的な機具の発達と陶芸技術の進歩により、作者の創作理念の方が優先しているのである。

このように素材、制作過程上の制約が作品のスタイルを決定する最終的な要因とならない今日の陶芸においては、陶芸家の心の内部にある思考感情、判断などに基づく創作への理念が現代に通じる〝なるほど〟と思えるフォルムや加飾をいかに生み出すか、そのことが何よりも重要なこととなっている。それは、作風上において生活文化に根差した「用即美」の実用陶器であろうと、伝統の様式美を継承しようと、反伝統を標榜しようと何ら差のあるものではない。

美術館における現代陶芸作品の収集は、以上で概観してきたような現代陶芸の動向に対応した、それぞれの時空間における作家たちを選択し、彼らの作品によって、現代陶芸の流れと広がりを系統的に提示しうるものでなければならないだろう。

明日への思い —— 結びに代えて

二十世紀の工芸の歴史は、十九世紀の産業革命の中で誕生してきた機械による製品生産との格闘の中で進められてきた。新しく登場した機械製品の持つ大量生産の魅力、標準化と規格の原則、機能美と合理性という特質に対し、工芸は手仕事による一品生産の魅力、独自性と個性の原則、形態美と装飾性という特質を掲げこれと対峙した。西洋でのアーツ・アンド・クラフツ運動、アール・ヌーヴォー運動、日本での民芸運動など十九から二十世紀にかけて、それぞれの審美観を持って手仕事を評価した一連の運動も、つまるところ機械時代の中での工芸のあり方を探るものであった。だがその結果は、歴史の事実が示すように、大衆は廉価で量産のきく機械製品を時代の寵児として迎え、手仕事の工芸はよくても趣味の活動とみなされ、ついに二十世紀中頃には実用性を標榜した工芸は日陰者の存在と化してしまった。

ために、二十世紀中頃からはやきものの世界においても、実用性よりも作家の個性、制作の創造性が重要視され、その結果、美術ジャンルの指標とされてきたものとのクロスオーバー現象がみられるようになった。そのため、作家が個人単位で一貫した制作を行うスタイルが確立し、創作の思想の重視はやがて陶芸における純粋な立体造形（オブジェ）の登場をもたらすことになったのである。一九六〇年代から八〇年代にかけて、陶芸家たちによる造形作品への挑戦は全盛期を迎え、工芸全般の表現領域でも染織におけるファイバー・アートなど従来にはなかった斬新な作品の登場で拡大した。

こうした風潮の中で、陶芸表現領域のさらなる可能性を求めた注目すべき動きが感じられるようになってきた。その一つは、一九九〇年代以降の工芸展や個展において次第に顕著になってきた傾向である、作り手と他者・生活との交流の手段として、作品制作の中に自然との共生、エコロジーなどの観点を導入しようとする試みである。卑近な例を陶芸の分野で挙げれば、固定概念を逸脱した自由で多様な表現形態による香炉の発表があり、そこでは器としての存在とともに香を併置し、焚く効果によって身体のリフレッシュ、心の癒しをもたらす意図を積極的に表現したものなどである。ここには、これまでの歴史的推移の中で追求されてきた器としての機能性、装飾性に加えて、オブジェとしての自己表現性に、さらに加えてやきものという造形物と他者、他環境との関係性という、さらなる視点がある。こうした器物・オブジェの形状の垣根を越えて時代の状況を意識した制作の中に、私は人間性の回復、生活環境の改善などを強く志向した陶芸の新たな方向性の芽を感じている。また、より根本的な視点からみて未来に向かう動向として注目されるのは、陶芸も含んだ工芸分野が本来的には人間の手の無限の可能性に依存している、この一見当然ともいえる特性が持つ可能性である。機械産業のもとでの知識と科学に基づく進歩と無限概念に支えられた二十世紀の物質文明がオールマイティーではなかったことが明らかになりつつある現在、人間への信頼、自然環境との共存を目指す豊かな精神文化が貫通し、感覚と熟練、変化と有限概念に支えられた工芸諸分野の意義と役割は大きい。こうした明日への工芸の可能性を見出そうとする作家たちの動きの中でも顕著な動向は、日本のみならず西欧諸国でも強く志向されているのである。

＊初出は『東京国立近代美術館研究紀要』第４号（一九九四年）。本書の掲載にあたり一部を加筆した。この論考の年号の表記は西暦で統一した。

対談

京焼の始まりと発展

仁清・乾山・古清水を中心に

中ノ堂一信
十七代永樂善五郎
聞き手　淡交編集部

十七代永樂善五郎氏(左)と著者

◆京焼の始まりと発展

――そもそも京焼はいつ頃から始まったのでしょうか?

中ノ堂　どこから京焼というのかは定義は難しいですが、文献的には桃山時代からといえます。新興の豊かな経済力を持った町衆が台頭し、彼らが親しんでいた「茶の湯」がその発展の原動力になりました。

永樂　中ノ堂先生の仰る通り、京焼は「茶人の要望に沿って造られた茶の湯のやきもの」です。「茶の湯」とともに発展してきました。ただ私は年代でいうと、京焼として実際に意識して使われるようになったのは元和《げんな》年間（一六一五～二四）中頃からではないかと思います。それ以前にも利休居士《りきゅうこじ》が長次郎《ちょうじろう》に造らせた樂焼や、押小路《おしこうじ》柳馬場《やなぎのばんば》に窯場《かまば》があった押小路焼などがありましたが、樂焼は京焼とは別物ですし、また京焼は「茶人の要望に沿って造られた茶の湯のやきもの」ですので、押小路焼を入れるかどうかは分かれるところですね。

――それ以前には京都ではやきものは焼かれていなかったのでしょうか?

中ノ堂　いえ、焼かれていました。伏見の深草辺りでは、土器《かわらけ》などが生産されていたのです。ただ、それらは使い捨てのような耐久性のないものでした。

永樂　京都は陶器窯の誕生が他の陶業地《とうぎょうち》に比べて遅いんです。鎌倉・室町時代の大きな陶業地といえば、瀬《せ》戸《と》・信楽《しがらき》・丹波《たんば》・備前《びぜん》・常滑《とこなめ》などでしょうか。その地域では、古くからやきものが盛んに焼かれていました。ただ、そこで焼かれるものの多くは甕《かめ》・壺・擂鉢《すりばち》など器種が限定されていました。あとは日用雑器ですね。これらの地域でも、茶の湯の広がりに伴い、茶人の好みに応じたやきものがどんどん焼かれていきました。有名なところでは、美濃《みの》の志野《しの》焼や織部《おりべ》焼、九州の唐津《からつ》焼や高取《たかとり》焼などです。

中ノ堂　そのような中で、どうして京焼が生まれ発展していったのか。その要因の大きなものに流通ルートの変化があります。慶長《けいちょう》十五年（一六一〇）に、京都の鴨川が改修されて輸送船が通れるようになり、また同十七年に新運河として高瀬川が開通したことによって、河川を通じて京都のど真ん中と大坂とが繋がりました。これにより物流の大きな流れができたのです。例えば美濃のやきものは、船で紀伊半島沖から和泉灘《いずみなだ》（大阪湾）を通り大坂に入ります。それからこのルートを通って京都へ上って来るようになったのです。この時期の古地図を見ると、高瀬川の終着である一之舟入に近い三条通の寺町と御幸町の間に「せと物や町」という地名が出ています。近年、発掘調査が行われ、その地中から出てきたものは志野・瀬戸黒《せとぐろ》・織部・信楽・上野《あがの》・高取といった、日本各地のやきものが集まってきていたのです。都の茶人たちは、それまでは各地域の陶業地に切り型を送って注文していたのが、各地のやきもののお手本が目の前に並ぶのを見て、それよりも地元の京都で自分好みのものを造らせた方が良いと考えたのは自然なことです。その当時、京都には茶人の注文に応じることのできる陶工がほとんどいなかった。だから、瀬戸あたりの腕の良い陶工を京都に呼び、色々と造らせたのだと思います。

永樂　寛永《かんえい》元年（一六二四）頃に東山の麓の三条粟田口《あわたぐち》に登り窯が作られ、本格的に京都でのやきもの生産が始まったといわれますが、これは歴史的に見ても辻褄《つじつま》が合います。また古い茶会には、呉器《ごき》や伊羅保《いらぼ》の写しがよく出てきているので、最初は高麗写《こうらい》を盛んに造らせたのではないかと思います。

——京焼と他の地域とのやきものの違いは何ですか?

中ノ堂　一番の違いは、京焼は茶人の注文に応じて造るということです。初期の京焼は日常の生活必需品をほとんど生産していないのが特徴です。茶人の多くが自分のほしい様々なものを注文してくる。陶工は注文主の要望に対し、技術を用いて応えようとします。そうなると必然的に「量より質」の傾向になっていくのです。

永樂　他のやきものの盛んな地域は、同じものをいかに安定して大量に造るかというのが目標ですが、京都の場合は極端な話、注文品一つで良いのです。大量に造っても意味がない。そうなると注文主ごとに求めるものが違うので、短期間でやきもののレパートリーが増えていきます。よく「京焼は特徴がないのが特徴」などといわれますが、無闇《むやみ》に種類を増やしたのではなく、注文主の無理難題に応えるために増えていったといえます。

——よく京焼といえば「雅なもの」を連想させますが、なぜこのような傾向になったのでしょうか?

中ノ堂　江戸初期、京都は日本最大の商業と職人の街でした。平安時代以来、各分野において非常に高い技術を有する職人が沢山いたのです。江戸の人は上方《かみがた》から来るものを「下《くだ》りもの」と言って、質の良いものとして非常に有難がりました。とりわけ京都のものは良いものだと。ドイツ人医師のエンゲルベルト・ケンペル(一六五一〜一七一六)の、出島の商館長に随行して江戸を訪れた道中の日記『江戸参府旅行日記』には、「京都の名が付いていれば、実際は出来が悪いものでさえ、他の地方のものよりも好まれる」とあり、当時から京都がブランドになっていたことがうかがわれます。中元や歳暮、また八朔《はっさく》や年頭の挨拶など、日本人は昔から贈答の文化が盛んですから、贈答品として漆器や京菓子、西陣の織物などが非常に重宝されたのです。そこには京焼も当然含まれました。それらの贈答品はハレのものですから、文様も日常的な下卑たものは描けない。結果、吉祥文《きっしょうもん》や王朝文学、和歌や能などの主題が多くなります。そうなると視覚的に京都の雅が現れることとなり、それが贈答品として全国に広がります。この循環がまた京都ブランドの確固たる地位を作ったのだと思います。

永樂　仁清《にんせい》のものが金沢に多いのは、まさしく中ノ堂先生の仰る理由からだと思います。贈答の品に足るものが京都にある。仁清にしても乾山《けんざん》にしても、それまでは日本中探してもあのような雅なやきものはどこにもなかった。これを国許に持って帰って贈れば、「さすが京都」となったのだと思います。

◆仁清と乾山

――仁清と乾山が京焼ブランドを作ったのでしょうか？

中ノ堂　仁清以前から、京焼は贈答品としての一定の地位があったと思いますが、仁清が京焼ブランドを確固たるものにしたといえます。

永樂　そこには仁清を後押しして育てた金森宗和《かなもりそうわ》の存在が大きいでしょうね。宗和は飛驒高山《ひだたかやま》藩主の金森可重《ありしげ》の息子ですし、後水尾《ごみずのお》天皇の中宮《ちゅうぐう》・東福門院《とうふくもんいん》ら貴族社会とも関わりがある有名な茶人ですから。彼が貴族文化の雅なエッセンスを仁清に与え、それを類稀《たぐいまれ》な技術と感性で形にしたからこそ、あの仁清の作品が生まれたということです。

中ノ堂　確かに。しかし続く乾山では話が変わってきます。乾山は京都の高級呉服商・雁金屋《かりがねや》の生まれですから、生まれながらに京の町衆文化を身に付けていました。乾山は仁清の教えを受けているため、仁清・乾山の流れでよく語られますが、そもそも二人のバックグラウンドはまったく異なるということを理解しなければなりません。

――その仁清ですが、具体的に何がすごいのでしょうか？

中ノ堂　私は轆轤《ろくろ》の扱いだと思います。仁清は茶碗や香合、水指や茶壺など様々なものを造っていますが、そのどれもが美しい。また、これまでに無かったような絵付の作品もありますし、やきもの界のオールラウンドプレーヤーだと思います。

永樂　確かに仁清の轆轤の冴えは抜群です。それよりも私がすごいと思うのは、彼の絵付の方法です。特に茶壺は、屏風絵をそのままやきものの表面に描き出したような大胆な絵付です。確かにそれ以前にも古清水《こきよみず》のような、全面に色を施したものはありましたが、より具象的な絵画的装飾法をやきものに取り入れたのは仁清が初めてだと思います。

中ノ堂　仁清の絵付には絵画のようなストーリーがありますね。あと仁清は赤・金・銀を効果的に使った色使いにも特徴があるように思います。

永樂　仰る通りだと思います。特に仁清の色の特色は赤なんです。赤を使うことによって、華やかさが増し、色絵《いろえ》に艶《つや》が出るのです。陶器において赤は他の緑や青や黄色を出すよりも非常に難しい。実はこの時代の京焼にはほとんど赤が使われていません。赤の原料である弁柄《べんがら》をただ焼き付けるだけでは赤くはならず、焦げ茶色になるのです。

中ノ堂　有田焼の十四代酒井田柿右衛門《さかいだかきえもん》さんが、鮮やかな赤絵の色を出すには、専門の職人が弁柄を何回も水《みず》漉《ご》しして一ヶ月ぐらいかけて作るといっていました。しかも焼き方によっては、黒くなってしまうとも。

永樂　代々赤を使っているところは、伝統的な秘伝の作り方があるんです。弁柄を用いる場合、まずはそれを細かくしていきます。科学的に見れば、細かくても粗くても成分は一緒ですが、実際の発色はまったく異なります。細かくした弁柄を水に溶かして掻き混ぜる。そうすると粗いものが沈み、細かいものが浮いてきます。その上澄みを掬《すく》って、また同じ方法を何度も繰り返すのです。このように細かい弁柄の方が良いと分かったのも、長い時間をかけて試行錯誤した結果、生み出されたものだと思います。仁清がこの方法を用いていたかどうかは分かりませんが、彼も何かしらの方法で自分の赤を見つけたのだと思います。

中ノ堂　仁清の赤は特別なものであったらしく、乾山も「上々辨柄丹土《べんがらにつち》」だと記録しています。やきものの技法は一子相伝的な傾向があるので、仁清家のように途絶えてしまうとその技法も途絶えてしまいます。だから京焼において、赤は江戸後期に至るまでほとんど現れてこなくなります。

――では乾山の特徴とはどういうものですか？

永樂　陶工としての乾山に対し「すごい」というのは難しい。正直なところ技術的にはそれほど上手くはありません。ですから仁清と乾山を同じ基準で見てはいけないのだと思います。乾山はアーティスト。

中ノ堂　二人はそもそもの母体が違いますからね。仁清は職人として、乾山は素人のディレッタント（好事家《こうずか》）としてやきものの世界に入っていますし、入った年齢も違います。乾山はやきものを用いて自分のやりたかったものがあり、そのアイデアが彼の真骨頂なのだと思います。例えば兄尾形光琳《おがたこうりん》の絵と自らの詩歌を合体した詩画一体のやきものなど乾山独特のものです。

永樂　私は乾山の真骨頂は食器だと思います。それは彼の食器が、仁清にも造れない、乾山だからこそ造れるものだったからです。普通の陶工は、注文主の要望に応えて食器を造りますが、その器にどのような料理が盛られて使われるかは、想像するしかありません。しかし乾山の場合は、自分自身がここに何を入れてどう使うかというプランを持って造ることができているのです。それは彼の生まれ育った環境が、他の職人とは違う、先ほど中ノ堂先生が仰った「素人のディレッタント」だからこそ持ち得る視点だと思います。

――仁清・乾山が京焼に与えた影響とはどのようなものですか？

永樂　個人作家を誕生させたことですね。他の窯業地は各藩の御用窯として抱えられてきましたので、個人の名前でのやきものはありませんでした。しかし仁清・乾山以降、個人の名前をやきものに入れ、それをブランドとして売り出した。これは京都だけです。

中ノ堂　近代につながる陶芸家のスタイルを作ったといっても過言ではないと思います。やはり仁清と乾山はやきもの界のスーパースターですね。

永樂　たしかに彼らはその後の京焼に多大な影響を与えました。しかし、仁清・乾山が京焼の中でずっとスーパースターであったかというと、そうではありません。彼らは京焼の歴史に生まれた突然変異のようなもので、彼らの流れは続かなかった。当時の京焼は押小路焼の流れの発展である古清水が主流でした。

◆「古清水」について

――古清水とはどのようなやきものなのでしょうか？

中ノ堂　主に青・緑・紺・黄などの彩色で彩られた色絵陶器のことです。その流れの元となった押小路焼は、「唐人相伝之方」のやきものであったと伝えられていて、乾山が「緑色・黄・紫之色絵を付たる（やきもの）」だと指摘しています。実は押小路焼はこれまで文献で推測することしかできなかったのですが、最近の発掘調査で、窯場に近い場所から、鉛釉系統の緑釉を刷毛で塗った軟質陶器などが発見されています。

永樂　古清水には鮮やかな赤がほとんど用いられていないのと、特定の作家の名前でなく、ほとんどが無印、無銘なのが特徴です。その絵付は仁清のような絵画的装飾法ではなく、器面を色で埋めるような描き方が多く、交趾《コーチ》焼に近い色彩です。

中ノ堂　また古清水の特色は茶碗や水指などの茶道具の他に、重箱や銚子《ちょうし》、文庫や硯箱など、本来は木工や漆工で作られるものまでやきもので造っていることです。それらには有職《ゆうそく》文様や古典文様などが多く描かれ、まさしく贈答品にふさわしい造り方のものなんです。

――なぜ「古清水」という呼び名なのでしょう？

中ノ堂　これは、京焼の窯業地の関係が大きく関わってきます。京焼の初期には、京都には小さな窯場が各地に点在していました。一七〇〇年代前半になると、窯場は洛東に集約され、粟田口・清水・音羽《おとわ》（五条坂）の三ヶ所が京都の窯業地となります（後に清水と音羽は同一の括り）。その中で、最も大きかったのが粟田口でした。

永樂　京焼の窯場の特徴は、簡単にいうと個人商店の集まりです。粟田口にあった錦光山《きんこうざん》は幕府御用達、帯山《たいざん》は禁裏《きんり》御用達、清水焼と音羽焼は清水寺と妙法院宮《みょうほういんのみや》の御用達というように、各窯元が「御用達」を信用として、それぞれがブランドを形成していったのです。

中ノ堂　実は「古清水」という呼称が生まれたのは割りと時代が浅く、幕末頃です。江戸後期に奥田頴川《おくだえいせん》（一七五三～一八一一）を先駆者として、京都で磁器制作が本格的に始まり、文化年間（一八〇四～一八一八）に清水・五条坂で本格的に磁器生産時代を迎えます。清水焼はそうした新規の磁器を中心としたイメージに変化していったために、磁器の清水焼と区別をするため、それ以前の、またはスタイルを引く陶器の色絵ものを「古清水」と称したのではないかと思います。

永樂　もちろん京焼の陶器の色絵をすべて「古清水」としたのではなく、名付けた人には「古清水」に対するイメージやスタイルがあったんだと思います。また、磁器のものでも古清水に多い絵付風のものはその名で呼びますし、ざっくりとした理解でいいのではないでしょうか。

◆京焼の発展

――その後の京焼はどのように発展したのでしょうか?

永樂　磁器の生産で、京焼は一挙に幅を広げ、技術革新が進みます。そこでまず起こったのが中国のやきものを手本とすることです。中国のやきものはずっと憧れですので、それに近づこうとするんですね。最初に仁清を手本にした訳ではないんです。幕末から明治になって、日本のものにも目を向けるようになった。ここで仁清を見直そうとなります。当家でいえば和全《わぜん》の頃でしょうか。仁清がずっと京焼のスーパースターではなかったというのは、こういう意味からなんです。

中ノ堂　私はもう少し前から、仁清への見直しが始まったように思います。例えば永樂保全《ほうぜん》や仁阿弥道八《にんあみどうはち》はその先駆者だと思います。そして江戸の終わり頃から、その流れが京焼全体に広がった。中国のやきものへのアプローチとともに、その時期から仁清写、乾山写が急激に増えており、時代を経て、彼らの雅が引き継がれ、その流れが現代の京焼へとつながっていると思います。

――永樂家は京焼を代表する陶家ですが、ご当代は京焼にとって一番大切なものとは何だと思われますか?

永樂　先ほどもお話したように、京焼はその性質上、色々な技法が数多くあります。特に永樂家は金襴手《きんらんで》のイメージでよく語られますが、私はそれはあまり重要ではないと思っています。最も大切なことは、その時代の需要や注文主の要望にどれだけ応えられるかです。茶の湯を楽しむためのやきものとはどういうものか。そのことを考え続けることで、注文主の求めているものを理解し、よりお茶を楽しめる茶道具を造っていくことが当家の柱だと思っています。これは現代の京焼全体に言えるのではないでしょうか。

＊初出は『淡交』新年号（淡交社、二〇一八年）。

第二部 ❖ 人と作品

第一章❖家職の作陶と近代陶芸家

永樂善五郎家の陶芸——不易・流行

千家十職への足跡

千家十職であり、また京焼の名門でもある永樂善五郎《えいらくぜんごろう》家の歴史は、室町時代末期の初代善五郎以来、現在の当代まで十七代を数える。だがこの間、江戸時代後期の名工保全《ほぜん》、和全《わぜん》以前の歴代の足跡についてはあまり知られていない。そこで千家との交流を軸に、どのような道筋をたどり千家の職家《しょっか》として永樂善五郎家が誕生したのか、その足跡を紹介してみたい。

善五郎家が現在の永樂を姓としたのは明治時代であり、それ以前は西村姓を名乗っていた。この時代は土風炉《どぶろし》師としての活動が主体となっている。善五郎家の祖先は大和国《やまと》西ノ京（奈良市西ノ京）において春日大社《かすがたいしゃ》の斎器を作っていた家柄であった。それが初代善五郎（一五五八年没）の代になり茶人武野紹鷗《たけのじょうおう》の好みの茶の湯用の土風炉を焼き出してから土風炉作りを家業とするようになり、それより茶の湯と密接な関係を持つ家として活動を開始する。その後、千利休時代には堺に移り、土風炉師として名声を得て、さらに三代善五郎（一六二三年没）の時代に京都に移住した。工房は下京の五条通間之町《あいのまち》の界隈にあり三代は細川三斎《ほそかわさんさい》、小堀遠州《こぼりえんしゅう》らの大名茶人たちの支持を得た。また三代は小堀遠州から「宗全《そうぜん》」の銅印を拝領し、江戸時代を通じて善五郎家の土風炉にはこの拝領の宗全印が用いられている。

　その中で善五郎家が千家茶道との交流を深めるようになるのは五代善五郎（一六九七年没）の時代からである。今日でも永樂家には元伯宗旦、および四代江岑宗左の書付けのある土風炉切形が残されている。当時の善五郎家は先祖ゆかりの「奈良屋」を屋号として、京都でもよく知られた土風炉師であったが、時代の推移の中で千家との交流が頻繁になるに伴い、善五郎家は工房を上京の古木町に移すことになる。七代善五郎（一七四四年没）の時代であった。古木町は現在の上京区寺之内通新町にあたり、寺之内通小川の表千家、裏千家とは距離にして四百メートルほどしか離れていない所であったことが判明する。当時、古木町の界隈には、千家茶道に関係する道具師の家が数多くみられたが、その中には後に千家職家として活躍する指物師駒沢利斎《こまざわりさい》家、金物師中川浄益《なかがわじょうえき》家もあった。このうち駒沢利斎家では、四代利斎（一七四六年没）の時代に千家出入りの茶道指物師としての地位が確立しており、同様の動向が善五郎家においてもみられたことを物語る。

　十八世紀中頃から後半にかけての時代（表千家七代如心斎《じょしんさい》宗左の晩年から八代啐啄斎《そったくさい》宗左の時期）は、家元の好み物に対する人々の需要が高まり、そのため家元でも専門の職家を整備、形成していく時期にあたり、善五郎家もその中で千家出入りの土風炉師となっていったことを示している。近年の茶道史研究によれば、宝暦《ほうれき》八年（一七五八）の宗旦百年忌の追悼茶会には千家職家の初期形態がみられるというが、管見でもその直後の安永九年（一七八〇）の『茶器価禄』に塗師宗哲、樂吉左衛門、指物師利斎、中川浄益、釜師清右衛門、黒田正玄などとともに風炉師善五郎が居職名居（名家）として書かれている。

そして、初代以来の土風炉師としての活動に一つの区切りがつけられたのは、十代善五郎（了全《りょうぜん》、一八四一年没）の時代である。周知の事柄であるが、了全の時代になると善五郎家では、これまでの家業としてきた土風炉の他に、茶陶への進出を行っている。この善五郎家の茶陶職家としての歩みは、十代善五郎に了全の号を贈った九代了々斎《りょうりょうさい》宗左の意向のもとに進められた。ついで十代吸江斎《きゅうこうさい》宗左は紀州徳川家への初出仕にあたり次代の保全を同伴、藩主徳川治宝《はるとみ》から善五郎家への「永樂」「河濱支流《かひんしりゅう》」の拝領を仲介し、これによって善五郎家の茶陶職家としての地位は確実なものとなったのである。

ちなみに現在の永樂の姓についてであるが、紀州家からの拝領印にちなんで保全の時代から陶号として使用してきたもので、明治四年（一八七一）に和全が隠居するに際して、正式に西村から永樂に改めたものである。

千家職家として

名工の誉れ高い十一代善五郎（保全）、十二代善五郎（和全）によって確立された永樂家のやきもの様式は、初期京焼以来の伝統、特性を踏まえて各種の陶技に精通し、多様性に富んだ作風を特色としている。善五郎家の陶房では、備前《びぜん》焼、信楽《しがらき》焼、南蛮など焼き締め調の侘びた作風を展開するとともに、他方では染付、祥瑞《しょんずい》、赤《あか》絵《え》、交趾《コーチ》、金襴手《きんらんで》など精緻な中国陶磁器を範とした作風、また三島、呉器《ごき》、伊羅保《いらぼ》などの朝鮮半島の高麗《こうらい》物、そして京焼の作風の見所ともなっている仁清《にんせい》、乾山《けんざん》、古清水《こきよみず》などの系譜を継承する優美な文様意匠のやきものが展開されている。

永樂家のやきものは茶道具でありながら、群を抜いて多彩な作風を誇っているが、こうした多彩な永樂家の陶芸の特色をもたらした要因の一つは、千家流茶道の職家としての任務を作陶の基本に置いていることからもたらされている。すなわち、了全、保全の時代に茶陶の制作を始めた永樂家では、それ以後も、家業として、①家元の所有する千家伝来の名物茶陶の再現を行い（樂吉左衛門家の担った樂茶碗は除く）、家元の茶事や稽古に提供するとともに、各地の茶人の求めに応じる作陶を行ってきた。②さらに各代の家元の意向を受けて作陶を行い、新たな家元の好み物を制作する。そして家元の茶事に提供するとともに、家元の慶事の祝い、先祖の法要などの諸行事に欠かせない茶陶を焼造することを行ってきた。

例えば了全の「瀬戸《せと》釉《ゆう》捻貫《ねじぬき》水指《みずさし》」は表千家、「丹波《たんば》焼釣花入」は武者小路千家に伝来した名物の写しであり、「古銅形杓立《しゃくたて》」は裏千家伝来で玄々斎宗室の好みである。また、保全の「蓬莱《ほうらい》絵茶碗」は表千家伝来の京焼色絵茶碗の写しであり、「祥瑞芋頭《いもがしら》水指《みずさし》」、「宋胡録《すんころく》写水指」は裏千家玄々斎宗室の好み、また、「桐木地面取茶箱」は三井《みつい》高福《たかよし》が小堀遠州所持の茶箱皆具写しを依頼し、和全の「老松茶碗」は鴻池《こうのいけ》家に伝来の尾形乾山の茶碗を写したものである。このような茶道の家元や三井家、鴻池家の当主など商家の茶人の嗜好に対応して、好み物を制作、提供するという職家としての永樂善五郎家の性格が、そこに創意の道を見出し、多彩な作風と、それを可能にする匠《たくみ》の技量を発揮させた要因となったことは間違いない。

十二代永樂善五郎(和全)　金襴手鳳凰吉祥文急須

歴代の個性・創意

他方、こうした職家としての性格とともに、善五郎家の歴代の作陶には、それぞれに個性や時代に即応する創意がみられる。いま、歴代の事績、活動の詳細については別の拙稿（「永樂家の歴代」『京都窯芸史』淡交社、一九八四年、「永樂善五郎家・千家十職への足跡とその後の歴代の作陶」『千家十職永樂家の茶陶』表千家北山会館、二〇〇一年）に譲り、ここでは簡単にそれぞれの作風に触れてみるとしたい。

善五郎家が本格的に茶陶に進む契機をもたらした保全（一七九五〜一八五四）は、持ち前の研究熱心を信条とした作陶を展開した。茶人たちの愛好した中国陶磁器、朝鮮半島のやきもの、さらには支持者の要望に応える和風の茶器を広範に探求して本歌《ほんか》に迫る作風を展開し、江戸後期の京焼界にあって青木木米《あおきもくべい》、仁阿弥道八《にんあみどうはち》ともに三名工の一人と称えられている。中でも保全の作風は、江戸時代後期の成熟した社会状況を背景に人々が好んだ「たんせい」で「あかるい」作域と色調を持ち味としており、同時代の京焼の名工たちの中でも最も端的に、それらを自己の作品に表現したところに特徴がある。

次代を継いだ和全（一八二三〜九六）は二十歳代から陶才を発揮し、父保全の作風とも異なる新規の個性を作品に残している。壮年期には京焼の名工、野々村仁清の窯跡（洛西御室《おむろ》）に善五郎家の登り窯を築き、幕末から明治初期には加賀の九谷《くたに》焼、三河の岡崎で作陶し、晩年は京都の東山で作陶を行った。この間、和全は仁清、乾山の作域を近代に継承するとともに、明治期には永樂家のやきものの代名詞とされた金襴手を完成している。和全の金襴手は金箔を焼き付けたもので、金泥で描いた金襴手と比較しても極めて薄い。そして、晩年の和全の茶陶では、単純化した斬新な意匠と華麗な色彩に特色を持つ色絵茶器類を発表し、近代茶道界の復興の一翼を担った大寄せの茶会に即応した茶陶を創案している。

和全を継承した十四代善五郎（得全《とくぜん》、一八五三〜一九〇九）は温厚な父和全より祖父保全に似た名人気質であったといわれ、また、酒に親しみ豪快な人柄だったといわれている。明治初期の茶道界をも巻き込んだ激動期に善五郎家の当主となり、永樂家の近代陶家への脱皮に努力した。野趣に富んだ作振りや、時代を反映して海外の万国博覧会にも出品しているが、京焼界で導入が始められたばかりで珍しかった洋製顔料などを使用した、ハイカラな一面も見せている。中でも色絵牡丹絵茶碗はアメリカで開催された万国博覧会に出品したもので、放胆な絵付は永樂家では異色の作である。

明治維新以後、一時期衰退していた茶の湯がようやく復興への道を歩み出した時期に永樂家の作陶を支えたのが、明治九年（一八七六）、大阪で急死した和全の義弟西村宗三郎《にしむらそうさぶろう》（一八三四〜七六、得全により十二代回全《かいぜん》を追号される）や、得全の妻であった「お悠さん」の名で知られる妙全《みょうぜん》（一八五二〜一九二七）と得全の甥である十五代善五郎（正全《しょうぜん》、一八八〇〜一九三二）であった。正全は十八歳で縁家の永樂家に入り、得全のもとで轆轤《ろくろ》、陶技を学び、得全没後は妙全と一体となって近代数寄者の嗜好に即応する活動を行っている。大正時代には、侘びた焼き締めの信楽焼や伊賀焼を研究するかたわら、一方、昭和初期には繊細、華麗な茶陶を生むとともに、保全、和全の作陶の正統を継承する茶陶を展開した。正全が永樂家の家譜において十五代善五郎となったのは、昭和二年（一九二七）に妙全が没してからわずか五年間であったが、「その技法構想の上には、いわゆる御家風に堕ちず、巧みにそれを生かして独自の境地を発揮した」と評されており（『京都工芸大観』）、永樂家の茶陶様式を受け継ぎ、そこに洗練された古典美を表現し、現代の永樂家の作風につながる重要な役割を担った。

十六代善五郎（即全《そくぜん》、一九一七〜九八）は、十五歳にして父正全の死に遭遇し、若くして善五郎を襲名した。その後、昭和十二年に得全が果たせなかった、三井家の神奈川県大磯の別邸に城山《じょうやま》窯を築き、三井家伝来の茶陶を研究し、昭和二十年までの間、断続的に窯場を訪れ、作風の確立に努めている。即全の作域は、色絵、金襴手、交趾、染付、祥瑞、信楽、御本《ごほん》、伊羅保、安南など、これまでの歴代の作風を集約する最も多彩な陶技・釉技の持ち主であった。昭和三十五年に京都伝統陶芸家協会を結成し、同会会長として、戦後の茶の湯の隆盛を作陶の側面から支えた功労者であり、昭和五十六年、裏千家淡々斎茶道文化賞を受賞する。代表作に「源氏物語五十四帖」を五十四点の作品によって表現したシリーズがあるが、物語のストーリーに即して示された作品は、いずれも文学的な発想とデザイン感覚に裏打ちされており、作品の持つ明るい色調、優美な文様構成とともに現代の京焼茶陶を実感させていた。

そして、永樂家は即全の隠居を受けて、平成十年（一九九八）、長男の紘一（一九四四〜 ）が十七代善五郎を襲名し、現在に及んでいる。十七代は、紘一時代には具象的な生き物を題材とした色絵付、染付に始まり、ついで山や海の波にヒントを得た縞模様、曲線模様の釉彩作品、そして人体をフォルムの基本に置いた金彩銀彩の作品、海の波に着想を得た曲線彫文に紫や緑の交趾釉をまとわせた作品を次々に発表し、豪華さと華やぎの作風の中に日本人の精神文化と美意識を表現することに心を尽くしてきた。襲名以前の時期のことであるが、平成三年、ドイツ・ケルンで開催された染色家羽田登《はたのぼる》との「京都工芸二人展」に際して当代が記した「日本人である私は、わびや寂の美と対比する華やかで繊細な美との融合を求めている。そして、その融合やせめぎ合いの中で、見る人々の心根を揺さぶることを期待している」という言葉や、平成六年、フランス・パリで開催された「永樂紘一展」の挨拶文での「苔むした岩的美の指向に対して、私が人為的、技巧的な人の手業の美しさを強調したものとして、華やかさと繊細な絵画的手法を極めた染付や色絵磁器を心がけたのは、〈幽玄〉、〈あわれ〉といった日本人的美的概念に逆らったのではなく、より日本人的心根に入り込みたかったからであります」という言葉はそのことを物語っている。

また、襲名後は、茶事への理解を深めるとともに、茶の湯の場が茶室中心から多くの人々が一緒に楽しむ広間の茶へと展開し、それに伴い茶陶のあり方も現代では変化しつつあることを認識して、持ち前の豊かな画才、色彩感覚を生かし、「見て楽しむだけではない、使って喜んでもらえる茶陶」を信条にした作陶活動を精力的に行っている。襲名直後からの作風で筆者が注目したのは、色絵の茶碗などに施された釉薬の掛け分けの手法である。この手法は仁清茶碗の中でも金森宗和好みの作風とされ、最上手の茶碗にみられたものであるが、その後は京焼でもほとんど試みられたことはない。また、明るい明度の交趾釉を大胆に構成し、静の中に動、動の中に静を融合した意匠を自在に取り込んでいるところなどに、当代の進取の気風をみることができる。今は永樂家の家業の継承者として、当代はその役割と意味を二十一世紀という時代の中で改めて問い直すこと、そして茶の湯という伝統文化の文脈の中で自己の作陶を明確化することに意を注いでいる。

茶の湯が、生活文化として人々の間に普及した江戸後期に、茶陶制作に転換した永樂家の陶芸は、千利休や宗旦が活躍した時代に生まれた茶の湯の「侘び・寂び」、「幽玄・もののあわれ」の理念に、さらに「華麗・優美・洗練」などの美的な要素を付加し視覚化した。その意味で十七代善五郎の茶陶が目指す不易なものの中に新しい時代の流行を融合する姿勢は、まさしく永樂善五郎家の正統を継承するものであり、同時に数多くの茶人の趣向に支えられて誕生、展開してきた京焼の特性と美を、現代に継承する陶芸だといえるだろう。

＊初出は「京焼の特性と永樂善五郎家の作陶」（『永樂歴代と十七代永樂善五郎展』図録、朝日新聞社、二〇一六年に所収）。本書の掲載にあたり一部を改編した。

十六代永樂善五郎——古都の雅

十六代の作陶

現代日本の陶芸家の活動は多彩な分野にわたっている。だが、十六代永樂善五郎ほど日本人の持つ風雅な心情を陶芸に表現する努力を傾けてきた陶芸家は稀であるように思われる。十六代が制作する茶碗、水指、花入や香炉、香合などの作品から、単なる道具としてのやきものにとどまらぬ、それ以上の、装飾性豊かで雅な平安王朝以来の古都京都の精神文化の伝統を感じるのは、私一人ではないだろう。

手仕事ならではの変化に富んだ表情をたたえた器形のいろいろ。そして、色絵、交趾《コーチ》、金襴手《きんらんで》、染付などの色絵陶器・磁器や絵唐津、織部などに描かれた日本の花鳥風月や古典物語に着想を得た絵付の世界。それらは単なる装飾にとどまることなく相互に融合し、十六代が生まれ育った京都の伝統、文化、自然、風情を表す美意識の表現として、独自の心象世界が提示されている。そこには、最も日本らしい雅なイメージがやきものとして定着されている。

十六代は平成八年（一九九六）五月に、京都で開催された京都市・十備会共催の『千家十職展』の会場に、父十五代善五郎（正全）の跡を継いで以来、六十年余の長きにわたる作陶生活を回顧するメッセージを掲げた。

土という素材は、非常に自由で、いろいろな形を自在に作ることができます。その自由さの中から、使いやすい形を考えねばなりません。やきものには、いい意味でも、悪い意味でも、作り手の人柄が出てしまうものだと思います。永樂のやきものは、工程が非常に複雑です。ろくろ、手型いろいろな工程が複雑に絡みあっています。しかも、乾燥や焼きの工程で縮みや狂いが生じます。それを見極めて仕事をしないといけない。勘所はありますが、そういう技術やノウハウは口伝えの伝承になります。作品ができあがったときは、自分で言うのもお恥ずかしいのですが「すごい物ができたぞ」と我ながらほれぼれします。ところが後から冷静になって「あれも足りない、これもまだまだ」と思うことの方が実は多いのです。「私の技術は完成している」と自信をもつことほど怖いことはないので、それでいいのだと思っています。これからも茶器という制約の中で遊び心を忘れない、私らしい作陶を続けたいと思っています。

と、メッセージには「技術」にまさる「作り手の心」が陶芸家には大切であるという心境を語っている。この言葉通り、豊かな古典への教養に基づく伝統文化への深い共感を込めた意匠や、日本の変化に富んだ自然風土の春夏秋冬に心を託した陶芸の作品には、十六代の人柄にも似て、類稀なる風流の心が伴い、見る者をして茶の湯数寄の世界に導く魅力が備わっている。

作陶の歩み

十六代永樂善五郎は大正六年（一九一七）、十五代正全《しょうぜん》の長男として生まれた。幼年より善五郎家の次代を継ぐことを養祖母妙全《みょうぜん》（十四代得全《とくぜん》の妻）より聞かされ育ったという。小学校を卒業後、京都市立美術工芸学校に入学したのも、伝統の家柄を継承するものとしての必然の道であった。茂一（十六代の幼名）少年はこの美術工芸学校の図案科に属して工芸意匠を学び、作陶家への準備を行っていた。その最中、昭和七年（一九三二）の十二月に父が急逝したのである。ために、当主として家業を引き継ぐため通っていた美術工芸学校を途中で辞め、昭和十年、十八歳で善五郎家の家督を継ぎ十六代善五郎を襲名した。

その十六代が本格的に永樂家の当主として作陶を行ったのは、二十歳となり、祖父得全が生前に約束しながら果たせずに没した、神奈川県大磯の三井家別邸でのやきものの制作である。昭和十二年に邸宅内に登り窯を築くことから始まったここでの作陶は、昭和二十年まで断続的に続けられ、その中で十六代は工房の陶工を率い、三井八郎右衛門翁の御用の色絵、交趾、金襴手などの花入・香炉などを現地で手がけ、やきものの成形から焼成までの制作工程を習練し、同時に三井家に所蔵された陶磁器の古器名品を研究し、茶陶の真髄を学んだ。近代における最大の茶の湯数寄者、美術品収集家であった益田鈍翁《ますだどんおう》（本名孝《たかし》、三井物産初代社長、三井合名会社理事長を歴任）が最晩年、この三井家別邸を訪れ八郎右衛門翁の花押の入った善五郎の茶碗を使用し、これを即座に持ち帰ったという逸話も残されている。

そして、昭和十八年には戦時下の中、伝統的な工芸技術を保持する人々に資材、工芸材料を提供するため制定された工芸技術保存資格者に認定されている。

この間、昭和十年代前半の永樂家では家業の茶の湯道具の需要とともに、大型の花生が盛んに制作されていた。これらは産業界の新興経済人たちが家を新築した際、床の間に華やかな絵画を掛け、生け花を飾るために注文してきたものだった。だが、こうした事態も、戦時体制の強化のため様相は一変する。これに代わり、永樂家で戦時下に制作していたものに茶箱がある。この需要が昭和十年代中頃には増えてきた。その原因は、茶人たちが催してきた茶の湯がおおっぴらには開けない状況になり、野外での食事にかこつけて茶事を行う、そのために茶箱が必要になってきたのである。永樂家のやきものの変遷にみる戦時下の歴史のひとこまを見た思いがする。

戦後、物資の乏しい中で作陶を再開した十六代は、やがて迎えた茶道界の復興とともに、琳派《りんぱ》様式の色絵作品、和風の意匠と巧みに調和した交趾釉の作品、優美な金襴手の作品と、永樂善五郎の名に恥じない作品群をつぎつぎと発表し、現代に生きる茶陶を強く印象づけた。そして昭和三十五年には宇野宗甕《うのそうよう》、二代宮永東山《みやながとうざん》、樂《らく》吉左衛門《きちざえもん》（覚入《かくにゅう》）など、旧工芸技術保存資格者に認定された陶芸の名工たちとともに、京都伝統陶芸家協会を結成し、現在同会会長として伝統陶芸の発展のため活動を行っている。

一方、例年、正月元旦には表千家にゆかりある職方の一員として家元と年頭の挨拶を交わし、以後も毎月一日には家元との話し合いの茶会に出席するなど、千家茶道の最も正統的な茶器を制作する家筋としての活動が続けられている。この茶の湯の宗家である千家の職方を務める十軒の工芸家の人々を、大正時代の初め頃より一般に千家十職と呼ぶようになってきたが、これら千家十職の作品展観の場である十備会展（戦前より開催されてきたが、戦争によって中断、戦後の昭和三十二年に再興十備会展として復活した）には欠かさず出品し、その間には自らの個展を東京、大阪、名古屋、京都などで開催するなど幅広い活躍をみせて今日に至っている。

茶の湯とともに

いま、これまでの十六代の歩みの概略をみてきた。そして、この間を、振り返ってみれば、十六代の歩んできた日々は、単に個人としての陶芸制作への歩みであったのみならず、千家茶道を支える専門の茶器制作者（職方）として、茶の湯の発展をもたらす歩みでもあったことをあらためて感じる。

茶陶の名門永樂家の後継者として生まれた十六代は、生まれながらに、江戸時代末期の名工永樂保全以来の善五郎家のやきものの伝統と名声の中で制作を続けるべく運命づけられていたといえるが、それ以上に十六代の歩んできた時代は茶の湯が大衆に広く受け入れられ、やがて今日みられる繁栄へとつながっていく時代でもあったからである。そのことは十六代自身の「お茶の職方である限り、茶道の隆盛・発展がなによりと思っています。陶芸家である前に茶道具の焼物師であるべきと、常に念頭において作陶に励んできました。私の作ってきた物はすべてお茶事に使ってもらってこそのものと考えております」（「私の半生記」『永樂善五郎』所収、一九九五年）という言葉にも明確に表れている。

この茶の湯道具としてのやきもの制作を担って、伝統を踏まえた茶陶の「用」に、さらに新しい独自の「美」の意匠の世界を付け加える、この点、家職としての作陶に積極的に取り組んできた中に、善五郎家の歴代にもましての十六代の真価がある。おそらくは平安王朝文学に親しみ、豊かな古典文化への教養を身に付けたのも、このことの例外ではないだろう。

そして、その努力は茶道具としての用途を兼ね備えつつ、日本の古典文化の世界を見事に作品として視覚化した『源氏物語』五十四帖の各巻にちなむ五十四点の華やかな意匠の茶壺、茶碗、水指、花入、香合、香炉、食《じき》籠《ろう》、皿、菓子鉢などの茶器となって一つの結実をみせたのである。

源氏物語五十四帖

十六代永樂善五郎にとって生涯最大の大事業といえる『源氏物語』五十四帖をモチーフとした陶芸作品は、昭和三十三年（一九五八）に発表された。国文学者で京都大学名誉教授の吉沢義則《よしざわよしのり》博士から、昭和二十七年以来『源氏物語』の講義を三年間にわたり受けたことが、作品化の直接的な契機となった。

講義をもとに『源氏物語』の原本を繰り返し読む中で、各帖のクライマックスの場面、すなわち絵になる場面を選択することから仕事は開始された。昭和三十一年、第七帖「紅葉賀《もみじのが》」に登場する宮中での舞楽・青海波《せいがいは》を舞う源氏の君にちなんだ舞楽青海波の絵水指や、京都郊外の宇治川に沿った平安時代の貴族の別荘地・宇治を物語の舞台とした「宇治十帖《うじじゅうじょう》」の最初の章である「橋姫《はしひめ》」（第四十五帖）にちなみ、宇治川と宇治橋を描いた平茶碗などの作品を制作したのを最初に、源氏物語五十四帖が陶芸作品として完成するまでには二年の年月を要している。

だが、すべてが順調に進んだのではなかった。十六代は作品化に至る苦労の一端を次にように述べている。

「源氏物語五十四帖の作品は、まず絵柄を考えるのにたいへん苦労いたしました。順番通りには作らず、まず作りやすいものから順に作り始めました。イメージしやすいものはよいのですが、そうでないものもあり試行錯誤を重ねました。中でも一番苦労したのが第一帖の「桐壺《きりつぼ》」の手桶です。「桐壺」は源氏物語の一番最初の源氏が生まれるところですので、やはり少し豪華にしようと思い、金襴手で仕上げることにしました。それから水指の蓋も、これまでにないものと思い共蓋にしようと考えました。ところがそれがそもそもの間違いで、蓋の合わせ目がぴたりと合わないのです。当然やきものですので、焼くとある程度縮むのですが、その加減が難しくてたいへん苦心惨憺しました」。源氏の若君とその母の桐壺更衣にちなみ、華やかな若竹と桐を意匠化した金襴手手桶水指の制作を巡る逸話である。

十六代永樂善五郎(即全)　色絵紅葉賀茶碗
1997年

この他、第二帖の「帚木《ははきぎ》」の主題を巡っても「この木が伝説の木で実在せず、どのように描いてよいものやらひじょうに悩みました」ということで、ついには「ははきぎ」を「ほうきぐさ」と読み替えた鉄絵の唐津《からつ》茶碗を発表している。また、第六帖「末摘花《すえつむはな》」は源氏と出会った赤鼻の姫・末摘花の物語であるが、物語の主題の姫君を表現することが難しく、「花」の字を呉須《ごす》赤絵の鉢の見込底に一字書いた作品となっている。

そして、十六代が最も作品として視覚化するのに苦心したのが第四十一帖の「雲隠《くもがくれ》」である。この雲隠は源氏の死を暗示する章であるが、実は章の名前のみが存在し、本文も和歌も一切がない幻の巻なのである。ために古くから、一般にはこの巻は源氏物語五十四帖からははずされている。十六代はこの幻の巻を、恩師吉沢博士が、源氏の君の死を想定して作った和歌「雲かくれ君なくて何にうたわむしろしろと月なき空の雲の曙」を拠り所として作品化することを決意し、友人十四代樂吉左衛門《らくきちざえもん》（覚入）に焼成をゆだねた自作の黒楽茶碗をこれにあてたのである。

このような、数々の苦労の結果、世界最長の長編小説として知られている源氏物語の壮大な物語絵巻が五十四点の陶芸作品として完成した。しかもそれらは、単なる鑑賞を目的とした作品ではなく、茶道具としての用と取り合わせの工夫の可能な、茶の湯数寄の知恵と美的感覚が結集された作品として完成されたのである。十六代永樂善五郎の「源氏物語五十四帖」は昭和の京焼の記念碑の一つとして、長く記憶に残るであろう。

＊初出は『十六代永樂善五郎展』図録（朝日新聞社、一九九七年）。

江戸時代の清水六兵衛家——初代・二代・三代

清水六兵衛家の伝統

明和《めいわ》年間（一七六四～七二）、初代六兵衛《ろくべえ》が創業以来、二百年余にわたり京都の五条坂で活動を続け、現在の京都を代表する陶芸家の八代清水六兵衛に至る歴代の作陶は、人々の嗜好、時代の推移に対応した京焼、近代京都陶芸の流れの中心に位置してきた。

この間の歴代をみると、茶陶、煎茶器の妙手の初代六兵衛、積極的に家業の基盤を固めた二代六兵衛、文明開化の先頭を歩んだ三代六兵衛、温和な性格で琳派《りんぱ》の作風も取り込んだ四代六兵衛、自ら信じた芸術表現としての陶芸の確立に情熱を抱いた五代六兵衛、斬新な絵付により現代陶芸の巨匠となった六代六兵衛、九兵衛として彫刻の分野にも進出した七代六兵衛など、それぞれが個性に応じた多彩な活動、制作を行っている。そのために歴代六兵衛の足跡や、制作の表面上だけを追っていくと、それらが同一の家系譜のもとにあることを疑わせるほどである。

しかし、歴代の活動、制作の根底には一貫した共通性がある。それは制作の基調ともいえる姿勢である。表現を変えれば京焼の名家の地位に安住することなく、京焼の土壌が育んだ進取の気風と質を大切にする作陶を歴代が持ち続けてきたことである。六兵衛家の歴代が伝統を墨守するお家芸に堕さない先進性を持ち、個性的な作風を展開しえた要因はここにある。それは因襲に拘泥しないよい意味での批判精神といってよい。こうした批判精神が絶えることなく健全に生かされてきたところに、六兵衛家の歴代の進取の気風も育まれてきたのである。それは視覚的な表面にはあからさまに現れることはないが、清水六兵衛家の水脈として継承されてきた最大の伝統であるといってもよいだろう。

初代清水六兵衛の事績

江戸時代の清水六兵衛家の事跡と作陶に関する記録としては、明治十八年（一八八五）に四代六兵衛が家伝を記述した「伝記」が残されている。この伝記は四代六兵衛が同年四月に、東京の上野公園で開催された五品共進会（繭、織物、糸、漆器、陶磁器）に作品を出品するにあたり、作成を義務づけられた『出品解説』（拙稿「明治前期の京都窯芸史料」、『京都府立総合資料館紀要九号』一九八一年に翻訳紹介）の中にあり、現在までに知りえた六兵衛家の家伝の中で最も古い伝承形態を保っている。ここではこの四代六兵衛家の「伝記」（家伝）を基礎にして、これに諸史料を加えて六兵衛家の足跡を記述することにしたい。

「伝記」によれば、初代六兵衛の生年は元文《げんぶん》三年（一七三八）であり、寛政《かんせい》十一年（一七九九）に六十一歳（数え年六十二歳）で死去した。初代は幼名を栗太郎といい、摂津国島上郡東五百住《ひがしよすみ》村で農業を営んでいた古藤六左衛門家に生まれた。出身地の東五百住村は現在もＪＲ摂津富田駅に近隣する大阪府高槻市東五百住町としてその地名を残しているが、初代の生家の古藤六左衛門家は明治中期、四代六兵衛が現地を訪ねた時代にはすでに断絶しており、その詳細は分からなかったという（四代六兵衛談『名家歴訪録』所収）。その後、初代は寛延《かんえん》年間（一七四八～五一）に京都へ出て「陶工清兵衛《せいべえ》」（「伝記」）について製陶を学んだ。初代が製陶を学んだ清兵衛についての詳細は不詳である。三代六兵衛の時期にあたる安政《あんせい》二年（一八五五）刊行の『陶器考』（田内梅軒《たうちばいけん》著）

では「六兵衛　愚斎《ぐさい》ト号ス　初海老清《えびせい》ニ陶ヲ学ビ……清兵衛　海老清ト云　清水ニテ茶具ヲ焼タル初ナリ」と紹介されており、清兵衛は清水五条坂地域で最初に茶具を焼いた海老屋清兵衛《えびやせいべえ》だとしているが、海老屋清兵衛は『陶器考』以上のことは分からない。また、田内梅軒は同書で初代六兵衛は清兵衛のもとでの修行後、信楽《しがらき》にても作陶を学び、土学（やきものの土）に精通したと記している。「伝記」によると製陶の修行時代を経た初代は、明和《めいわ》年間（一七六四〜七二）に五条坂において独立、創業し（現在では明和八年という）、それより名を六兵衛と改名したという。明和八年説であれば初代の陶工としての独立は満年齢の三十三歳となる。

初代六兵衛が陶工として創業した当時の五条坂地域（地理的には現在の東山区、大和大路通と東大路通を区切りとする五条通の両側）は、それまでの江戸時代初期以来の窯元音羽屋惣左衛門《おとわやそうざえもん》家が一軒のみで登り窯を経営していた時代から脱却し、本格的なやきもの生産地としての整備が進められていた時期にあたる。嘉永《かえい》五年（一八五二）に作成された五条坂の「当時窯持由緒記《とうじかまもちゆいしょき》」によると、十八世紀前半には音羽屋に加え、新たに永田屋善兵衛《ながたやぜんべえ》、壺《つぼ》屋六兵衛《やろくべえ》、亀屋清助《かめやせいすけ》、井筒屋惣兵衛《いづつやそうべえ》が登り窯をこの地域に新築して窯元数は五軒に増加、これに伴い細工した製品の焼成を窯元に依頼（借窯）する陶工たちの数もまた増加した時代であった。幕末期には、六兵衛家とともに五条坂を代表する窯元に成長する亀屋平吉《かめやへいきち》（和気亀亭）家の初代が陶工として五条坂で創業を始めたのも、初代六兵衛の製陶修行、創業独立の時期と相前後しており、五条坂は新興の気運のみなぎる窯業地として活気をみせ始めていた。その中で初代六兵衛は「専ら土焼、煎抹茶用の器、置物、文房具」（「伝記」）を手がけ、これらが茶人に賞美されて（四代六兵衛談『名家歴訪録』）、五条坂の陶工の中でも次第に頭角を現す存在となっていったと伝える。

初代を巡る様々な人々との交流は茶道具を制作し、その制作によって頭角を現していった初代の活動の一端を物語る。初代六兵衛が使用した陶印には修業先の清兵衛から受けた「きよ水」の印の他、初代が常用した六角「清」の大小の印がある。この初代が用いた「清」字は天龍寺の桂洲道倫《けいしゅうどうりん》（一七一三〜九四）の手筆になる。天龍寺住職も勤めた桂洲は漢学、漢詩に優れた学僧、また茶人として知られ、初代の作陶の理解者であり初代の号「愚斎」も桂洲から贈られたと伝えられる。また、桂洲と茶道の世界でつながる裏千家九世不見斎《ふけんさい》宗室（石翁玄室、一七四六〜一八〇一）とも初代は交流があり、不見斎宗室から初代は陶印を受けたという。この不見斎宗室との関連では、不見斎から彼の三男で官休庵六世となった仁翁宗守に譲られ官休庵に伝来した初代六兵衛作の不見斎直書「瀬戸四方口水指」が残されている。

そうした初代六兵衛を巡る人々の中で、最も重要な人物は当時、五条坂を領する妙法院《みょうほういん》宮門跡であった真仁《しんにん》法親王《ほっしんのう》（一七六八〜一八〇五）である。真仁法親王は閑院宮典仁親王《かんいんのみやすけひとしんのう》の第五王子で安永《あんえい》七年（一七七八）に妙法院宮門跡、天明《てんめい》六年（一七八六）には天台座主《ざす》となったが、文化芸術に深い関心を抱いた人物として知られている。「伝記」によると初代六兵衛はこの真仁法親王の需《もと》めに応じて黒楽茶碗の制作を妙法院のお庭焼で行い、その出来映えを賞賛されお手製の「六目」の印を拝領している。そしてその後は、制作する黒楽茶碗にはこの拝領印を捺したといい、現在でも黒楽茶碗、赤楽茶碗に「六目」拝領印のあるものが伝わっている。こうした拝領印をもって御用達焼物師の証とすることは仁和寺《にんなじ》宮門跡から「仁」印、醍醐三宝院《だいごさんぼういん》宮門跡から「阿弥」の称号を得て仁阿弥《にんあみ》を称した二代高橋道八、紀州徳川家から「永樂」印を拝領し永樂を称した西村保全など、江戸後期京焼の世界ではまま見られる。真仁法親王の御用達焼物師としてのブランドを初代六兵衛がいつ頃得たかは明らかにしないが、以後も制作した黒楽、赤楽の茶碗には「六目」の拝領印を捺していることから、茶碗や水指など茶陶が茶人の間で賞美された時期、遅くとも後述する初代が煎茶器の世界にその主力を投入する晩年以前のことであろうと推定している。初代はその後も真仁法親王の信任を得て時々に御用の作陶を行っていたと思われ、寛政七年（一七九五）の銘のある「銹絵《さびえ》へちま香合」にはそれを推定させる箱書がある。「御本殿お庭絲瓜《へちま》めはへ、六尺余りのふくろをむすび、珍らしきにより、宮此すがたをとりおくべしとの御意により、お庭において六兵衛これを造る。蔓、葉、月渓《げっけい》筆。数五つのうち、寛政七年乙卯年仲春　拝領之（花押）」と記されている。ここには真仁法親王の意向を受けた初代が妙法院本殿の庭に実った大きな糸瓜《へちま》の姿を模した五個のへちま形の香合を制作し、これに呉春《ごしゅん》（松村月渓《まつむらげっけい》、一七五二～一八一一）が絵付を行い、そのうちの一作を拝領したことが書かれている。この箱書にある「庭に大きなへちまが芽生えた、珍しいので、その姿を六兵衛のやきもので留め残すよう」という表現からは、これ以前からの真仁法親王と初代の、立場を越えた親密さが感じ取れる。

文化芸術を深く好んだ真仁法親王は、円山、四条派の画家をはじめ、多くの文人墨客と交流した人物として知られている。国学者の上田秋成《うえだあきなり》（一七三四～一八〇九）もその一人であったが、彼の著『胆大小心録《たんだいしょうしんろく》』によると真仁法親王は絵を円山応挙《まるやまおうきょ》（一七三三～九五）に学び、応挙は法親王の推挙によって御所の御用を務め、京派を代表する絵師としての名声を確立したという。また寛政七年七月の応挙の没後は、呉春が真仁法親王の推挙を得て、これまた絵師としての地位を確立したことが記述されている。これにより明らかなように円山応挙、呉春は真仁法親王の芸術サロンの重要な構成絵師であった。先の「銹絵へちま香合」に呉春が絵付を行ったのも真仁法親王の意向が働いている。「伝記」によると初代も、円山応挙、呉春と交遊し親睦を結び、それ故に「揮毫の画器多し」と伝えているが、こうした応挙、呉春と初代との結びつきのキーマンとなったのは真仁法親王であろう。

さて、茶陶を中心とした初代六兵衛の作風は土味に富んだ焼き締め、信楽写し、伊賀写し、古萩写しなどを得意の作風としており、現在残る初代の作品もこの作域のものに最も特色が出ている。一方、陶器に釉薬を施したものとしては鉄釉を主体とした瀬戸《せと》釉、伊羅保《いらぼ》釉、飴釉や白釉御本手などが主体となっており、これに白釉化粧地に鉄釉で絵付をした銹絵作品などがみられる。これらの作品を通観すると、総じて初代の作陶は、京焼として今日一般に認識されている野々村仁清《ののむらにんせい》、尾形乾山《おがたけんざん》らの系譜を引く華やかな色絵の作風とは異なり、堅実な作域や地味な色調のものが多いが、その要因は当時の五条坂で作陶を志し、信楽焼で修行を行い、その後再び五条坂で陶工として活動を開始した初代の経歴に由来するところが大きい。

江戸時代後期の京焼の窯場は、大きく分けて東山山麓に位置する三条粟田口《あわたぐち》地域、清水坂地域、五条坂地域があり、これらが京焼生産の三所を形成していたが、このうち三条粟田口地域のやきものは仁清系の絵画的色絵陶器を得意としていた。これに対し、江戸初期から呉器《ごき》茶碗、伊羅保茶碗や鉄釉絵付陶器などを得意としていた音羽焼の技法を受けた五条坂地域の作風は「荒物《あらもの》」と称せられていた。おそらく荒物という表現はこの五条坂から松原地区辺りで採掘される「遊行土」の鉄分の多い「さび土」に由来し（『毛吹草《けふきぐさ》』、乾山『陶工必用《とうこうひつよう》』）、地味なやきもの、土味を本領としたやきものという印象からもたらされたものであろう。ただし、五条坂の陶家の間でも江戸中期以降には白地に緑、藍、鉄などを施した古清水系の色釉の陶器焼成も行われている。しかし、色釉の使用以上の絵画的色絵は陶土との関連もあり、粟田口焼の独占状態にあった。こうした当時の京焼の状況を勘案すると、初代六兵衛の作風は当時の五条坂地域の「荒物」の本流を代表するものだったといえる。そして、初代六兵衛が晩年に焼き締めの急須、涼炉《りょうろ》などを手がけたのは、初代がそれまでに取得していたこうした「荒物」技法とも関わる。土を吟味し、その土味にふさわしい作風を得意とした初代六兵衛の才能が、江戸後期の文人趣味の台頭によって当時の文人墨客の注目を集めたのである。

初代の歿する前年の寛政十年に刊行された『煎茶略説』（楽水居主人・澤田実成著）には、五条建仁寺町（現、五条大和大路）において初代六兵衛が制作していた涼炉、急須についての賛辞を次のように記している。「涼爐（炉）。涼爐は灰をも入ず鉄三脚をも用ぬ爐なり、唐製をよしとす、形雅にして火のよく熾るを用べし、当時京都の陶

工清水六兵衞　五条建仁寺町に住す　唐物を模すにも妙を得たり、此六兵衞造る所の小涼爐、楊名合利の印あるは唐涼爐のうつしなり、形ちいさけれども火よく熾、他所へ持行にもよし。二重涼爐も華物をうつして作れり、持扱ふに手熱からず、火をあふぐに灰ちらずしてよく、其外さまざまあり、作は此人に限らず湯の沸ことの速なるを用ゆべし」「小砂罐《こびしょ》。急須も唐製をよしとす、然れども其中に好悪あり、中にも最上の品ハ高翁所持の急焼南瓜形　唐物なり　清水六兵衞模形して世上に売茶翁形《ばいさおうがた》といふはこれなり、此外広東急須俗に紅毛形といふ、宝珠形新唐急焼のうつしなり、其外朝鮮形、南蛮形広口などいふはそれぞれ、よりどころありて假になづくるなるべし。此六兵衞茶を好て、みづから試みて作り出すゆゑ、此人の作は土の製も他に勝れてすべてよろし」。これによれば、初代六兵衞は本場中国の涼炉に劣らぬものを制作した妙手であり、その形も実際の用途にかなうとともに、形には雅なうつくしさがあったという。また急須も、煎茶を広めた売茶翁《ばいさおう》（高遊外《こうゆうがい》、一六七五～一七六三）が所持した最上の唐物《からもの》急須を模した作品をはじめ、様々な形のものを作ったが、それらは初代六兵衞自身が煎茶に通じていたからであり、他の陶工のものより優れた形、土味をみせていたという。初代は茶道のみならず煎茶にも通じていたことが分かる。

　煎茶は江戸時代初期の承応《じょうおう》三年（一六五四）に中国より来朝した黄檗宗《おうばくしゅう》の開祖隠元隆琦《いんげんりゅうき》（一五九二～一六七三）や、その後における売茶翁の活躍期を経て、寛政年間（一七八九～一八〇一）頃には京都、大坂の上方《かみがた》を中心とする文人墨客たちの間で高揚したが、初代六兵衞の作品はその中で高い評価を得ていたことが明らかになる。

　そして、南画家の田能村竹田《たのむらちくでん》（一七七七～一八三五）の『屠赤瑣瑣録《とせきささろく》』によると、初代六兵衞が急須、涼炉などの煎茶器を手がけたのは、煎茶を好み、茶道を批判し、寛政六年に『清風瑣言《せいふうさげん》』を著した国学者の上田秋成、村瀬栲亭《むらせこうてい》（一七四四～一八一八）両者との交流が直接の契機となったという。同書の中で竹田は、知恩院門前に居住していた師の村瀬栲亭の家を久々に訪ねてきた上田秋成との間で交わされた会話を書き留めている。「今世間に流行する煎茶も先生（村瀬栲亭）、餘斎《よさい》（上田秋成）翁両人して図を製し、其頃清水の陶工六兵衛と云ふ者に命じて作らしむ。彼是と世話して漸く出来す。わずか十二、三年計の事なり。今は三都を始め田舎まで行れて、片隅の怪しき茶椀店まで急須、風呂《（ママ）》を沽《う》らざるはなし」。竹田によると秋成の栲亭宅への訪問は文化《ぶんか》四年（一八〇七）正月十三日のことだったと記しており、これより初代六兵衛が上田秋成、村瀬栲亭の示す指図をもとに工夫をこらし、その趣向に応じる急須、涼炉を作り上げたのは、六兵衛の生涯で晩年に属する寛政六年、五十七歳頃であったと推定できる。

竹田はこの他、『石山斎茶具図譜』（一八二九年刊）でも初代六兵衛の急須、涼炉に関わる記述を残している。「村瀬栲亭翁、茶を嗜む。予に語りて曰く。初め無腸《むちょう》老人（上田秋成）と謀り、清六に始めて急尾焼および風炉を造らしむ。当時、茶を好む者はなはだ罕《まれ》。二十年来従ぅ輩下は延び民間田舎に至る。茶具を備えずの家なし、もって過客に待する也。甚哉。時人風を趨し流れを起す。蓋し清六は陶を善くし、造るところ極めて佳し。爾後、名手競いて興る。木米老人、および道八、久太の諸名家の如し……」。ここでも秋成、栲亭と初代六兵衛との関わりが回想され、その後の煎茶の流行のこと、初代が作陶に優れていたことや、初代六兵衛の没後には青木木米、高橋道八（仁阿弥道八）、岡田久太など江戸後期の京焼を彩る次世代の陶工たちが、煎茶器の制作にすぐれた才能を発揮していたことを明らかにしている。

こうした記述から推して、晩年の初代の作陶はこうした煎茶道具の制作に主力が注がれたと思われる。竹田は先の『屠赤瑣瑣録』の中で煎茶流行のもとで、初代六兵衛の急須、風炉（涼炉）が京都、江戸、大坂をはじめ各地の茶碗屋で売られ、その制作で多くの利益が初代六兵衛にもたらされたことを記している。今は三都をはじめ田舎まで煎茶が飲まれて、それにより片遇の怪しき茶碗店まで急須、風炉を扱わない店はない。「それ故餘斎、六兵衛方にて茶器を取れば價に及ばず。餘斎翁のかげにて如斯に流行して、誠に多くの益を得しゆへ也。

六兵衛も四五年前に歿故して、其後はこれに及ぶものなし。餘斎翁も急焼を手づから製せられし事も有しよし、今は世に散在して貴重する事になれりとぞ」。これによるとその斡旋にあたったのは上田秋成（餘斎）だという。ただし秋成は自分のお陰だと、その功労をひけらかし、初代六兵衛の茶器を無償で受け取っていたという。また、文人の間で評判をとったという秋成の急須というのも、初代六兵衛に作陶の実際の助言を得て制作したものであろう。自信家で何事にも一言居士であった上田秋成の姿をも、竹田は書き留めている。いずれにせよ、初代六兵衛は晩年に煎茶器の制作で急須、涼炉が大当たりして「誠に多くの益」を得た。六兵衛家の暮らし向きがどのようなものだったか不詳だが、晩年の家計が安定したものであったことは確かである。

家業の基盤を固めた二代と三代

二代六兵衛（一七九〇～一八六〇）は、寛政《かんせい》二年（一七九〇）に生まれた。幼名を正次郎という。現在の年齢計算では、初代五十二歳の時に誕生したことになる。おそらく名前から推して次男であろうと思われ、兄がいたと推定される。その兄が死去、あるいは他の事情のために家督を継承できず正次郎が二代当主となった。二代が家業を継承したのは、文化八年（一八一一）である。初代の没年の寛政十一年から十二年が経過している。この空白については作陶援助者の存在の可能性を佐藤一信が示唆（「清水六兵衛家・京の華やぎ」展図録、愛知県陶磁資料館、二〇一三年）しているが今後の研究の深化を待ちたい。四代六兵衛はこの間の事情を『名家歴訪録』の中で、「初代が没しましてから、文化八年までは大分年数がございますが、之は二代目が幼年で技量が未だ至りませんから、その間六兵衛の名を止めて、この年になって初めて継いだものと見えます」と語っている。

二代六兵衛は静斎と号し、初代の印に外輪一重を加えた六角二重輪の大小「清」字印、および「六兵衛」の彫りを用いている。作風は焼き締め、伊賀写し、伊羅保、南蛮写しなど土味に富んだもので、釉薬では瀬戸釉、鉄釉、白化粧御本、白化粧刷毛目、交趾《コーチ》などがみられる。おそらく家業を継承するにあたっては初代の作域を十分に研究したものと思われ、二代の制作の基調には初代と共通したものがある。ただ、二代の制作の分野では茶陶、飲食器などが残されているが、初代が晩年に名工の技量を発揮した急須、涼炉など煎茶器の領域のものがほとんど伝えられていない。三代の作陶ではこうした領域の茶器を制作していることが作品、史料で確認できるので不思議である。二代のものも、今後注意して見ていけば発見することができるものと思う。

気質としては、初代を名工気質と譬えると、二代は奔放、進取の気風ということができる。これを裏付けるように、二代の製品の中には初代の作陶にはなかった奔放な絵付の赤絵の鉢、乾山の作風をさらに大胆にした絵高麗の鉢、鉄釉の一気瞬時の筆跡を留める蓋物など作為を強く打ち出したものがある。また二代は、文政《ぶんせい》年間（一八一八～三〇）に五条坂でようやく始められた絵画的な色絵手法をいち早く取り入れた色絵陶器も制作しており、初代の作域を基調としながらも、新たな六兵衛家の作風の拡大をはかっている。

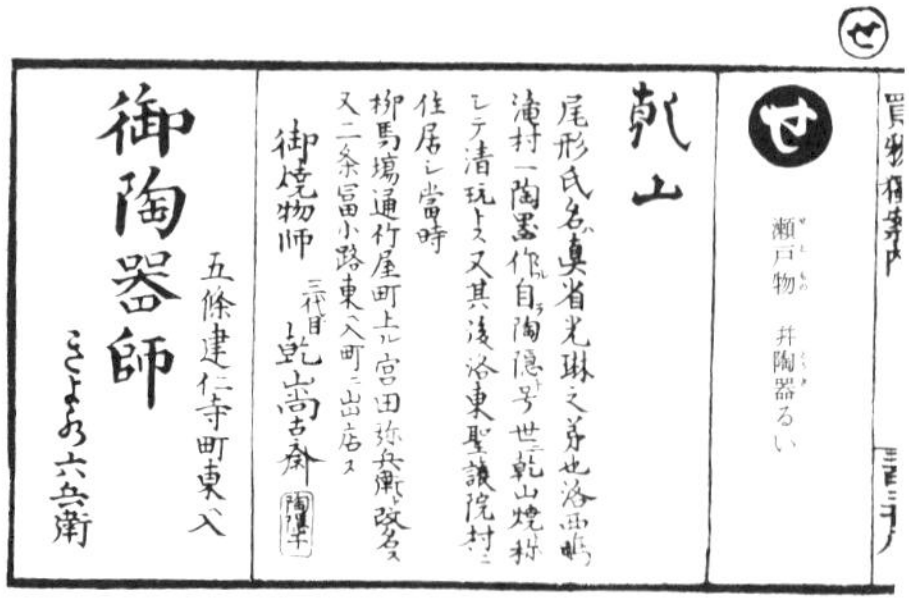
せ
瀬戸物　并陶器るい
乾山
尾形氏名ハ真省光琳之弟也洛西鳴滝村ニ陶器作ル自ラ陶隠ト号ス世ニ乾山焼ト称シテ清玩トス又其後洛東聖護院村ニ住居ス当時
柳馬場通竹屋町上ル宮田弥兵衛ト改名ス
又二条冨小路東へ入町ニ出店ス
御焼物師　三代目　乾山尚古斎　陶隠
御陶器師　五條建仁寺町東へ入　きよ水六兵衛

『商人買物独案内』（天保二年版）にある清水六兵衛

他方、こうした積極的な気質は家業経営の側面にも発揮され、六兵衛の作陶の需要層を茶人、文人墨客からさらに拡大する努力を二代は行っている。その好例が、今日的表現でいえばブランド商品の購入の利便をはかる有名店案内書に宣伝広告を出すという、当時の陶家としては珍しい行為である。天保《てんぽう》二年（一八三一）に、京都では各地から来る旅行者に向けての買物案内書『商人買物独案内』（『京都買物独案内』）が刊行されたが、その中の「瀬戸物並陶器るい」の項目に「御陶器師　五条建仁寺町東へ入　きよ水六兵衛」の宣伝広告が掲載されている。ちなみに、二代六兵衛以外で案内書に宣伝広告を掲載したのは、二軒分の大面積をとる「乾山　柳馬場通竹屋町、又二条富小路東へ入町に出店　御焼物師　三代目乾山尚古斎、宮田弥兵衛」、「御焼物師　紫野　大徳寺門前　鶴亭」。六兵衛家と同じ一軒分の面積の「御陶器師　寺町四条下る　音羽屋左京こと萬年堂禎輔」、「御陶器師　五条坂　きよ水与三兵衛」（水越与三兵衛）、「青磁御焼物所並楽焼手塩皿数品　伏見街道一の橋下る町　欽古堂亀祐」。これのさらに三分の二の面積の「御陶器所粟田　三条白川橋東広道　錦光山源助」の七軒である。この他の宣伝広告の大半は、京都にある焼物問屋で占められ都合十七軒が掲載されている。その後、『商人買物独案内』は嘉永《かえい》四年（一八五一）に嘉永改訂版が発行されているが、ここにも六兵衛家は宣伝広告を掲載している。この嘉永版になると、掲載料を含め手数料を負担させられることを嫌ったのか、陶器制作者の掲載数は減少し、「乾山　三代目乾山尚古斎、宮田弥兵衛」と「御陶器師　五条建仁寺町東へ入　きよ水六兵衛」の二軒にすぎず、他はいずれも焼物問屋で占められている。

二代清水六兵衛　黄伊羅保酒呑

後者は三代六兵衛が家主の時代であるが、二代の存命の時期であり、宣伝広告の継続には二代の意向があったと考える。最初の案内書が刊行された天保年間（一八三〇〜四四）初頭は江戸後期京焼の黄金時代であり、青《あお》木《き》木米《もくべい》、仁阿弥道八、永樂保全らの名工たちも生存、活動していた時期である。こうした並み居る名工、同業者の中で二代は積極的に六兵衛家の受容層の拡大と自家の名の宣伝を行っていたことが分かる。

「伝記」によれば、そうした最中の天保九年に二代は隠居した。今日からすれば四十八歳というと、いまだ壮年の年齢である。江戸時代は人生五十年の時代。さほど早くもないということになるが、二代にはそれなりの別の計算が働いていたようである。二代には文政元年（一八一八）に誕生した長男竹次郎と文政三年生まれの次男栗太郎がいたが、このうち家督は、次男栗太郎が継承し、三代六兵衛（一八二〇〜八三）となった。長男竹次郎は分家させ七兵衛を名乗らせている。幼少の頃から紅花問屋に奉公に出ていた栗太郎には商才もあり、家業全体を任せるには適任と二代が判断しての結果であろう。長男七兵衛は作陶本位の職人肌の人物であったようで、隠居後の二代のかたわらで作陶を補佐する活動を行うことになるが、何かと世間と対応せねばならない家主とするには放蕩な生活ぶりだったという。「のれん」を大切にした京都の商家では、家業存続のために長男以外の子供や他家から才能ある者を呼び寄せることはさほど珍しいことではない。俸禄を得る武士を除いては、家業あっての家である。このことは陶家であっても商家であっても区別はない。二代は隠居するにあたり、それぞれの性格を考慮して六兵衛、七兵衛の両家並立をはかったのである。

隠居によって、世間的な雑務からも離れた二代は「六一」を名乗り、より自由な立場で作陶を行った。五条坂では、前代の奥田頴川《おくだえいせん》の京都での赤絵、染付の磁器制作を受けて、文化年間（一八〇四〜一八）に二代高橋道八（仁阿弥道八）、二代和気亀亭（亀屋平吉）、水越与三兵衛《みずこしよそべえ》らの陶家が連合して新製磁器製品の開発に成功していた。純白で水分の浸透をゆるさない磁器の開発は佐賀藩有田の伊万里《いまり》焼が京都に流入した十七世紀中頃以来、京焼の念願であった。この磁器の本格的な製品化が、ようやくできたのである。二代の隠居後、六兵衛家も新製磁器の制作に参入する。「伝記」には二代の「晩年に至り青華磁の酒茶器を製出す」と書かれている。そして四代は、『名家歴訪録』の中でより具体的に、「二代目の晩年から磁器も造り、青華磁（染付）なんど出しまして……赤絵は初代にはござりません。二代目の晩年頃からでございまして、この二代目の友人に、与総兵衛（三）というのがございましたが、これは赤絵の名人でございました」と四代は語っている。「与総兵衛（三）」は五条坂でいち早く磁器製品を開拓した一人の水越与三兵衛のことである。二代は水越与三兵衛の作陶に刺激され、あるいは支援され赤絵や染付に手を染めたのであろう。無論、この時期の家主は三代であり、正確には三代の作陶としても重複する事柄であるが、父より祖父の事跡として語られていることが興味深い。事実も二代が青華（染付）、赤絵の開拓に従事したのであろう。これまでの家風を逸脱する新規な作陶は隠居した身の方が、陶家間でも何かと自由にできると考えてのことでもあろう。四代は「三代目になってからは青華、青磁、赤絵、その他の陶磁器を造りました」と、二代の開発を受け継ぎ三代が六兵衛家の磁器を制作の領域を拡張していったことを述べている。

この他、隠居後の二代の活動で注目されるのは一八四〇～四三年の間、京都所司代を務めていた越後長岡藩主、牧野《まきの》備前守《びぜんのかみ》忠雅《ただまさ》の用命によって天保十二年に長岡の土を取り寄せやきものの試作を行っている。そして天保十四年には、京都所司代を離れた牧野忠雅の郷里である長岡に赴きお庭焼（御山焼）を開窯。翌年からは二代に代わり、七兵衛が作陶のため同地に滞在している。この御山焼と六兵衛家との縁は、幕末期に民営となっても続き、さらに明治十八年（一八八五）頃には二代七兵衛（一八四五～一九一八）が釉薬の改良指導を行っている（「御山焼」『角川日本陶磁大辞典』）。六兵衛家の三代以降の歴代が越後地方に需要層、支持者を持ち、六兵衛の作品が多く伝わるのは、この二代の活動が契機となっている。

三代清水六兵衛　焼き締め急須　1869年（明治二年秋の彫銘）

また、牧野忠雅との交流をはじめとして、この時期、幕府の要職にある大名や、武士たちの間で六兵衛の名前が広く知られるようになったことも忘れてはならない。三代六兵衛のよく知られた事績として嘉永五年、禁裏御所《きんりごしょ》へ納めた陶製大燈籠の制作がある。「伝記」によればこの大燈籠は「禁裏御所御付大久保大隅守、長谷川肥前守両氏の需に応じて」制作したものであるという。他には、将軍徳川慶喜を輩出した一橋《ひとつばし》家。京都所司代、京都東町奉行、西町奉行など京都の行政の任務にあたった幕閣たちの注文も三代は受けている(「御注文帳」清水家)。また近年では、彦根藩主井伊直弼《いいなおすけ》の茶会記『懐石附』(一八五五年)、『東都水屋帳』(一八五五年)、『彦根水屋帳』(一八五六年)、『安政六年八月より水屋帳』(一八五八年)が紹介され、藩主直弼の茶会、直弼の御成り得た家臣の茶会で六兵衛家の製品、茶陶の薄茶碗、建水、土風炉や、懐石食器の吸い物碗、向付、三次などが使われており、その作風も茶碗では御本雲鶴模様、瀬戸黒写し、高麗写し、唐津写し、色絵(古清水写し、若松画、鶴亀画、七宝)など、食器では紅葉形、雲錦手、菊形、柏形、安南写しなど多様であったこと。さらに安政《あんせい》三年(一八五六)には井伊直弼が好みとして、三代六兵衛に「鶴亀画」の茶碗を制作させて使用したことなど、これまでに紹介されていない新知見が明らかになってきている(河原正彦編『井伊家の茶道具』、谷端昭夫「井伊直弼茶会記」茶の湯文化学2号)。

三代六兵衛の陶工としての前半生はこれまでみてきたように、二代の支えを得て行われた。その中で、三代六兵衛が家主としてことにあたり、その後の六兵衛家にとって重要な出来事となったのは、嘉永元年に六兵衛家が自家用の登り窯を買得したことである。江戸時代には既存の窯元の権利保護、火災の危険などの理由で登り窯はその数が制限されており、そのために既存の登り窯であっても、その持ち主になるためには多くの買得費用を要した。また、その維持管理にも多額の費用を必要とした。そのため清水焼ではほとんどの陶工(細工師)は借り窯といって、成形した製品を窯元に依頼して焼成を行っていた。六兵衛家でも初代、二代が家主であったこれまでの作陶は、小規模な素焼窯、色絵の錦窯は備えていたとしても、陶器そのもの本窯焼成はいずれかの窯元に借り窯しなくてはならなかった。その中で三代六兵衛の時期に、六兵衛家は窯元になったのである。五条坂の「当時窯持由緒記」（一八五二年）は「大仏境内芳野町《よしのちょう》、窯主海老屋六兵衛、家内之者　八人、細工人　二人、〆十人。嘉永元年申年丸屋嘉兵衛より買得」と記している。これによると、三代六兵衛が取得した登り窯は十八世紀前半には煙を上げていた亀屋清助以来の窯で、買得当時は丸屋嘉兵衛が経営していた。窯の所在地は妙法院宮門跡が兼帯していた大仏方広寺領の芳野町にあり、現在も六兵衛家が工房を構える場所に相当する。窯元としての屋号は海老屋であると記されている。これまでに管見した史料では六兵衛が海老屋を屋号としている最初の記述である。この時期になると六兵衛家の名前は京都の著名人人名録である『平安人物志』にも登場するが、それらには「陶　清水　清水（ママ）坂　清水六兵衛」（一八三八年版）、「陶　清水　号清六　五条坂　陶工六兵衛」（一八五二年版）とあり、また『新撰煎茶一覧』「現存名陶工」（一八四七年）では「六兵衛、清六ト云、五条坂ニ住ス、スヤキノ上手也」として記されている。これより海老屋は窯元としての屋号と考えてよいだろう。三代六兵衛が窯元となったのは初代六兵衛が五条坂に創業しやきもの制作を開始してから七十五年余のことで、これによって清水六兵衛家は名実ともに五条坂、さらには京都を代表する名工、名家の地位を確立したことになる。

＊初出は「江戸時代の清水六兵衛」（『清水六兵衛歴代展』図録、千葉市美術館、二〇〇四年に所収）。

五代清水六兵衛（六和）——京焼に新風を

生いたち

五代清水六兵衛《きよみずろくべえ》（六和《ろくわ》、一八七五～一九五九）は、明治八年（一八七五）に京都の五条坂に生まれた。父は四代清水六兵衛で五代（幼名栗太郎）は次男であった。しかし、兄は夭折し、そののち五代が生まれたので実質的には長男ということになる。生家は寛延《かんえん》年間（一七四八～五一）に摂津国から五条坂に移った初代六兵衛以来の名門の陶家で、中でも五代の祖父にあたる三代六兵衛は名匠の聞えが高い。父四代六兵衛はこの三代の長男であった。父は明治十六年に家を継いだが温和な人柄であり、作品も六兵衛家歴代では最も穏健な作風といってよい。だが、祖父三代はかなり気性の激しい人であったらしく、五代も仕事場では皆ピリピリしていたと述べている。

祖父は五代が八歳の時に没したが、幼少の五代をことの他愛していた。土いじりが好きであった五代が手遊びに作った茶碗に手を加え、親しい人達に「これが私の孫のこしらえたものです」と自慢らしく知人に分ち与えていたという、自らの幼年期の懐しい思い出を五代は生涯にわたって折あるごとに語っている。そして、「祖先が残してくれた名工の家柄になじんではいけない」と話し、人に媚を呈する作風をきらっていた祖父の信念は、子供であった五代の脳裡に強烈な印象となって焼き付いたという。後年、五代が純粋芸術の立場に立つ創作陶芸の確立を主張し、因襲を守る保守的な陶家からの批判に対し、自分を曲げて妥協することを徹頭徹尾やらなかった進取の性格は、おそらくこの祖父から受け継いだものに違いない。

五代の成長を何よりも楽しみにしていた祖父が没した後、五代は祖父および父と親交のあった日本画家幸野《こうの》楳嶺《ばいれい》塾に通うことになる。陶器の世界にも新傾向を生み出さねばならないという、父四代の考えであった。楳嶺と父四代は、祖父三代の仲立ちによって義兄弟の盃を交し合う親密な間柄であった。その縁で五代も父に連れられて通ったのである。そして、明治二十一年に師楳嶺が京都府画学校教諭となるに及んで、五代も画学校に入る。五代の入学年は不詳だが、ともかくも陶家の子弟としては学校制度による絵画教育を受けた最も初期の人となった。この画学校で得た経験はその後の五代の活動の中で、様々な影響を与えているが、何より五代にとって幸いだったことは絵画の勉強が余技の域をはるかに脱したものであったことである。やがて五代は、絵においても立派に一人立ちする。明治二十八年の日本青年絵画共進会に出品した「かぐや姫昇天」が若き日の寺崎広業《てらさきこうぎょう》、上村松園《うえむらしょうえん》と並んで三等賞を受賞したのはその好例である。そして、この時期を経過することによって、五代は当代の陶家の子弟としてはずば抜けた視野と教養を持つ人物に成長していったのである。

五代清水六兵衛　色絵色紙ちらし四方飾皿
1928年

陶芸への道

明治二十八年（一八九五）の第四回内国勧業博覧会に五代は、初めて陶器を出品する。その作品は絵を本意とした花瓶であった。しかし、清水家から出品した作品で鑑査を合格したのはこの花瓶のみで、父の名で応募した作品はすべて落選してしまった。この審査結果は五代の心に大きな衝撃をもたらした。加えて、五代の作品と同じ会場に出陳された宮川香山《みやがわこうざん》の染付大花生や、三代清風与平《せいふうよへい》の青磁・白磁に接した五代は、強烈な刺激を受けたのである。「これほど立派なものが出来ては如何ともし難い。これに打克つ作品を、何としても自分の力で造ってみなければならぬ」と考えたと五代は語っている。これを契機に五代は、本格的に陶芸の道に進む決心を固めたのである。新しい陶芸の方向を目指して、五代の意欲は造形、意匠、釉法へと貪欲なまでの触手を広げ始める。

五代の、京焼に新風を加えようとする念願が熾烈なものとなるのは三十歳代のことであるが、大正二年(一九一三)に病により隠居した父に代わり、五代六兵衛を襲名相続している。そして、五代が名実ともに清水家の代表となったこの年に新設された農商務省主催の工芸展は、五代に絶好の活躍の場を提供する。第一回で三等賞を受けた五代は、以後も連続して入賞し、第四回展では「大礼磁《たいれいじ》唐草模様花瓶」が二等賞、翌年には「染付鳥瓜模様花瓶」で一等賞となった。一方では、「六兵衛が近来御本にハイカラの絵付をして値打がなくなった」という非難もみられたが、五代の新しい陶芸確立のための熱意と努力はここに一つの実りを成したといってよい。

ところで、こうした五代の陶芸の基礎を成していたのは陶技、ことに釉薬の研究であった。五代が生涯において創案した新技法は数多いが、中でも大正年間の「音羽焼《おとわやき》」「大礼磁」、晩年の「新雪窯《しんせつよう》」は五代の三大新技法といえる。音羽焼は明治二十九年に技術革新を目的に設立された、京都市立陶磁器試験所(後、京都市陶磁器試験場と改称)で五代が研究した無線七宝式マジョリカであり、五代が襲名した大正二年に五条坂を流れる音羽川にちなみ音羽焼と名付け発表されたものである。この頃の作品には、大正ロマン主義を思わせる耽美な作風、当時ヨーロッパで流行していたアール・ヌーヴォー風な意匠がみられたが、草花文一輪生はその当時の作風をよく示している。

大礼磁は、大正三年から四年にかけて陶磁器試験場が試作を行っていた青磁の上釉を掛けず、素地に色土を加えて青くすることにより、青磁を作ろうという開発を五代が応用したもので、素地にニッケルを加え桃色の素地を完成している。そしてこれに、白磁土盛り上げ絵付を施したところ、清雅な作品が生まれたのである。この新作風は大礼磁と命名されたが、大正四年の大正天皇即位式にちなんでの名であった。この他、大正年間には素地にウラニウムを用いて黄色の色土に仕上げた黄櫨泑《おうろよう》、練上げ手法を応用した鶉斑紋《うずらふもん》、焼成中の銅の揮発を利用した李果紅《りかこう》などが完成されている。また、天目釉《てんもくゆう》の研究もこの頃より始められていた。

近代陶芸の重鎮

昭和二年（一九二七）、第八回帝展に第四部（美術工芸）が新設されるとともに、五代は審査員として選ばれた。工芸作家として京都から選ばれたのは、五代ただ一人であった。五代はこの帝展に「青華百日紅花瓶」を出品する。清水家伝統の青華（染付）に五代の長年の研鑽のあとを示す新趣の図が描かれ、モダンな感覚の作品として好評であった。以後も清水家の伝統にモダンな感覚を調和した意欲作を五代は次々と発表し、昭和六年には帝国美術院会員となっている。五代が京都の陶芸界の発展を目指し、清水五条坂に住する新進陶芸家たちを結集した「五条会」を結成したのも、この年のことである。近藤悠三《こんどうゆうぞう》、森野嘉光《もりのかこう》、浅見隆三《あさみりゅうぞう》、新開寛山《しんかいかんざん》、清水《きよみず》正太郎《しょうたろう》（六代六兵衛）ら四十数名の次代を担う俊英作家がここにはみられた。五代が「東の板谷波山《いたやはざん》、西の清水六兵衛」と並び称される、陶芸界の重鎮の地位を確立する時代である。

そして五代が京焼色絵の伝統を感じさせる仁清《にんせい》・乾山《けんざん》風な作品を続々と発表し、陶芸に一段と風格が備わっていったのもこの頃からであった。五代の古典的情趣の深い仕事は「色絵紅梅水指」のように大正期にもみられるが、昭和に入るとその理解は一層深化する。昭和九年の朱錦壺は仁清風の作品ではあるが、樹幹の描法に五代の絵の才能が発揮され、写実性が加えられている。また昭和十八年の「色絵花籠壺」は、乾山の花籠図からヒントを得たものであるが、華麗・装飾的な絵付技法がみられ、そこにはまぎれもない五代の個性が強く打ち出されている。こうした五代の精力的な作風は、京焼の美を現代感覚の中に復興させる重要な役割を担ったといってよい。

昭和二十年に五代は六兵衛の名を長男正太郎に譲り、「六和《ろくわ》」と号し、陶芸界の第一線から身を退く。しかし晩年も、作陶への意欲は持ち続けている。昭和二十年には古稀を記念した伊羅保《いらぼ》風の古稀泑《こきゆう》を新案し、同二十九年には新焼成法による「新雪窯」を発表する。中でも最晩年の新雪窯は、くすんだ灰白の釉肌に斑文の濃淡が広がり抽象芸術のような斬新な作風であり、大礼磁とともに六和の独創性が最も強く表現された傑作である。

＊初出は「清水六和の陶芸」(『現代陶芸のあけぼの』現代日本の陶芸・第一巻、講談社、一九八五年に所収)。

六代清水六兵衛――日本人の心を陶芸に

はじめに

六代清水六兵衛《きよみずろくべえ》（一九〇一〜八〇）が生涯にわたって追求した芸術、それは陶芸家としての自己の作陶を通して日本の風土に培われた日本人の心を実現することであった。六代自身の言葉を借りれば「日本人の情念」を作品に結実させることである。近代日本の陶芸を振り返る時、確かに六代ほど、このことに深く関心を抱き、作品への具現化に純粋な努力を傾けた作家はいなかったように思われる。六兵衛陶芸を代表する銹泑《しゅうよう》、玄窯《げんよう》、古《こ》稀彩《きさい》などの作品に接する時、そこに奥深い精神性を感受したのは筆者一人ではないだろう。まろやかで豊かな量感をたたえた壺、端正な立ち上がりをみせる花瓶、円や四角に型取られた飾皿などに加飾された雪・月・花の世界や、古都の四季の描写は、器物とそこに施された装飾という範囲にとどまることなく、相互に融合し、六代の日本的な情趣、日本人の美意識を表す観念の燃焼として自立の心の動きを表現していた。

かつて六代は、五十余年に及んだ作陶の軌跡を回顧する中で、「ながかったとも短かったとも思える私の土と炎を求めての旅はこれからも持続するであろうが、七十歳を数える年になって、ようやく陶芸についてわかりかけたと思うようになった。……これからは芸術的作品を創造しようとする意識から脱出し、楽しみながら思うままに制作三昧に入って見たい心境であり……今日からは心の帰結を求めての作品を創造したい」と述べていた（『古稀記念清水六兵衛作品集』）。現代陶芸の不易、流行の中で、一徹に個性的な作風の開拓を志向してきた六代六兵衛が晩年に至って到達した、安心立命のいつわらざる心境であったと思われる。事実、六代六兵衛の作陶は青年時代より東西の陶芸を積極的に吸収、消化する幅広い振幅の中で続けられてきたが、古稀を迎える頃より、雅で最も日本らしいイメージを作品に定着させる方向へと、一段とその傾斜を深めている。中でも絵付装飾は、自然観照に基づきながら、陶芸文様としての意匠化が究められ、日本画でも表現しきれない自在で精彩あるものへと昇華していた。人々が六代の「心の帰結を求めた」さらなる作風の創造に期待をかけたのも無理からぬほどの、晩年の作陶の充実ぶりであった。

その六代の突然の悲報に接したのは昭和五十五年（一九八〇）四月のことである。四月十七日に東京日本橋髙島屋で開催された朝日新聞社主催「清水六兵衛歴代名陶展」のオープニング・パーティーでの席上で挨拶に立った六代は、多数の来客を前にして展覧会開催の謝辞を述べていた最中、急にマイクを手に握ったまま倒れ、その一時間後に菊子夫人らに見守られつつ、心筋梗塞により急逝した。この会場で六代の直前に来賓として挨拶を行った美術評論家の今泉篤男《いまいずみあつお》は、その時の感懐を「私は一人の兵士が戦場に斃れたような感銘を強くうけ、胸うたれるものがあった」と後に記している（『清水六兵衛』現代日本陶芸全集第十三巻）。七代清水六兵衛（清水九兵衛）によると、六代は日頃から「辛抱、根性、勉強」を口癖にして、何事にも几帳面で、気配りが行き届いていたということであり、歴代の業績を一堂に集めた大規模な展覧会開催の準備のための極度の疲労がついに死をもたらしたのであろう。六代清水六兵衛の悲報は早速に京都にも伝えられ、驚きと沈痛な雰囲気に包まれたことを今もって思い出す。

清水六兵衛家に生まれて

振り返ってみれば、六代清水六兵衛の歩んできた日々は、単に六代個人としての芸術の創造三昧の生活であったのみならず、日本における現代陶芸の確立、発展への歩みであったように思われる。京焼の名門である清水六兵衛家の嫡嗣として生まれた六代六兵衛（幼名正太郎）は、生まれながらに伝統の重みの中で制作を行うべく運命づけられていたのであるが、それ以上に六代の歩んだ生涯そのものが、二十世紀を迎え日本でも創作陶芸の重要性がようやく認識され、やがて今日にみられる百花繚乱の開花へと繋がっていく時代であったからである。

六代が生まれた明治三十四年（一九〇一）という年は、その前年に開かれたパリ万国博覧会での日本陶磁器への不評を反省として、近代日本の陶磁界に新しい動向が見え始めた記念すべき年であった。このパリ万国博は、海外の博覧会としては明治六年のウィーン万国博以来、明治政府が最も重視した博覧会であり、工芸とりわけ陶磁器も数多く出品されていた。しかし、日本の陶磁器はもはや明治初・中期までのような好評を得ることはできず、むしろ批判の声につつまれたのである。その原因は、ヨーロッパで流行していた最新の意匠アール・ヌーヴォー様式の作品がパリ万国博に多数出品され、人々の眼を引きつけていたように、欧米の陶芸が過去四分の一世紀の間に器物に適応した装飾文様を追求し急速な変化をとげていたにもかかわらず、パリ万国博に出品された日本の陶磁器は依然として細工の精緻さ、細密な意匠をもって良しとする道を歩んでいたからである。ために「西洋の意匠の変化はすばらしいのに、日本は従来とほとんど変わりなく、二十世紀の今日なおこのような古い模様をつけるのか解せない」という時代錯誤の批判を受け、文様も陳腐だと非難されたのである。パリ万国博でのこうした日本陶磁への批判は、当時の陶磁界の心ある人々に大きな打撃を与え、その反省の中から芸術性を重視する近代的な創作陶芸の必要性が痛感されたのである。

こうした動向の中で、陶家の多くが依然として旧来からの立場を守って作陶を続けていたにも関わらず、六兵衛家では四代清水六兵衛（一八四八〜一九二〇）や、五代清水六兵衛（六和、一八七五〜一九五九）の進取の気性により、新時代の流れに即応した革新的な道を進んでいった。そして、六代もまたそうした環境のもとで幼年時代を過ごし、祖父四代、父五代のかたわらで土にも親しんでいた。

大正三年（一九一四）、六代が京都市立六原尋常小学校を卒業後、京都市立美術工芸学校に入り、同九年に京都市立絵画専門学校の日本画科に進学したのは、もはや伝統を墨守するだけでことたりる時代ではなかったからである。しかも日本画科へ進んだのも、新しい陶芸を求めてのことである。いたずらに細密な職人芸、技巧主義の意匠を脱却して、真の新風をもたらすには、もう一度〝美〟の何たるかを問い直さねばならなかったのである。六代六兵衛が本格的に作陶の道に入るのは、絵画専門学校を卒業し、京都の騎兵第二十連隊に一年志願兵として入隊した後、大正十四年に帰宅し、父の助手を務めてからのことである。この二十四歳になってからの作陶の開始は、当時の陶家の子弟としては極めて遅い。また、美術工芸学校時代から絵画専門学校に及ぶ九ヶ年にわたる日本画の勉強も、当時の陶家の一般からしては異例のことである。ここには革新的な思想を持ち、竹内栖鳳《たけうちせいほう》、菊池芳文《きくちほうぶん》、谷口香嶠《たにぐちこうきょう》など京都画壇の日本画家たちと深い交流を持った父五代六兵衛の影響が強くうかがえるが（六代六兵衛『随想』）、それとともに揺籃期の創作陶芸を推進する若き陶芸家を待ち望んだ時代の要請もあったことを忘れることはできない。

しかも、六代が青年時代を過ごした時代は、大正七年（一九一八）の土田麦僊《つちだばくせん》、村上華岳《むらかみかがく》、小野竹喬《おのちっきょう》、榊原紫《さかきばらし》峰《ほう》、野長瀬晩花《のながせばんか》ら、青年日本画家たちによる国画創作協会の結成、同八年の楠部彌弌《くすべやいち》、八木一艸《やぎいっそう》、河村喜太郎《かわむらきたろう》ら新進陶芸家たちによる「赤土《せきど》」の結成、こうした動きに代表されるように京都の美術工芸界全般にわたって清新の気に沸き立つ時代であった。新しい芸術を求める情熱的な気風が青年六兵衛にも大きな影響を与えたとしても不思議ではない。

昭和二年（一九二七）の第八回帝展に第四部（美術工芸）が新設されたのは、そうした中での出来事であった。一九〇〇年のパリ万国博以来、革新的な陶芸家たちが抱いてきた絵画や彫刻と同じ地平で工芸の仕事を位置付けたいという悲願がようやく実現したのである。六代六兵衛は未だ京都の陶家の子弟の多くが出品をためらっていた中で公募に応じる。そこには落選の可能性もある。新設された美術工芸部の審査員には父五代六兵衛も名を連ねてはいたが、実際には病気のため東京での審査には出席していなかった。その審査会場に六代が出品したのが「母と子花瓶」であった。鉄釉化粧地に灰釉を掛けた鈞窯系青釉の花瓶に子供を抱く母をレリーフした作品は、同年の五月に結婚した新妻菊子への愛情を込めて六代が制作した「母と子花瓶」一対のうちの一点であったが、造形といい色調といい、青年らしい抒情性とモダンな感覚にあふれ、およそこれまでの清水家の作陶にはみられない作品となっていた。「なまじ父が審査員だったということで、落選したらという気持ちが強く、重圧だった」と生前に六代は筆者に語っていたが、その作風には自らの手で新しい陶芸を開拓しようとする若々しい気概がありありと見えている。

この帝展出品の前年、大正十五年（一九二六）に六代は父五代とともに東京日本橋の三越において父子展を開催した。六代にとって、東京での作品発表の最初であった。この時、六代はそれまで味わったことのない感激を抱いたという。「関西であれば父の作品を買い求め、若い私の作品などは見てくれる人もいない。しかし東京では無名の私の作品を見てくれるばかりではなく、選んでいるのを見た私は、陶芸に生命をかけなくてはならないと沁々と思わずにはいられなかった」と述懐している（『随想』）。名門の家に生まれ、それ故にひしひしと感じる重圧と、その中で自己の陶芸を切り開く決意が、ここには印象的な言葉で語られている。そして、その第一歩が「母と子花瓶」や、翌年の第九回帝展に出品した「紫翠泑鸚哥花瓶《しすいよういんこかびん》」、さらには昭和九年（一九三四）の「睡蓮置物」など陶彫手法を導入した抒情的な作品となって結実したのである。

戦前の作陶

六代の作陶は、その人柄と関わる温和な抒情性と、大正ボーイの面影をみせるモダンさの中で最初の開花をみせた。しかし、こうした情緒的な部分によって支えられる部分の大きい作陶に終始するかぎり、陶芸の幅は狭く、表現領域の拡大をもたらすことは難しいことを、おそらく六代は気付いていたに違いない。元来、陶芸においては作者が表現したい造形・意匠の世界と技術的裏付けという二つの側面は、いわば車の両輪のように存在する。その一つが欠けていても、真に高次な陶芸作品は生まれない。作者がいかに個性的であろうとしても、それを支えるだけの技術的蓄積が欠落していたのでは、作陶の持続性はおぼつかない。また逆に、技術のみを知っても創作性を生命とする作家たりえないのである。伝統の陶家の子であり、しかも近代の美術教育の洗礼を受けた六代は、両輪の調和が大切なことを学んでいたのである。

昭和四年（一九二九）、第十回帝展を迎えた六代は、前年までの陶彫手法を導入した作風からは一転し、斬新なモチーフよりも地味ではあるが釉薬の研究の成果を世に問う「流紅果物盛」を出品している。六代が一方において、早くから陶芸の釉薬に興味を抱き、研究に着手し、中国の三彩釉などに関心を持っていたことはよく知られているが、その中でも最初に完成したのが辰砂釉《しんしゃゆう》（銅紅釉）であった。「流紅果物盛」や、同五年第十一回帝展出品作「反紅磁花瓶」では、その研鑽のあとがみられ、作品には焼成中に銅の成分によって赤く発色する辰砂釉が巧みに施されている。

こうして、釉薬の研究に打ち込むようになった六代六兵衛にとって中国陶磁器は、その古典として学ばねばならない大きな対象となっていった。京都の博物館や各収蔵家のコレクションなどで中国の古陶磁を目に触れるにつれて、この思いは次第に深くなっていったという。昭和六年、六代は古陶磁器研究のため中国へ渡るが、その背景には釉薬研究という明確な目標があったのである。そして、訪中は六代の期待通りの成果をもたらした。後に六代は、中国で得た貴重な体験を次のように記している。「私が陶芸に入った頃、中国では唐三彩《とうさんさい》が発掘された直後で、その中国を訪れた私は唐三彩の美しさに魅せられ唐時代にこのようなユニークな感覚で表現された陶器を不思議に思い研究に没頭した。……中国でも明清時代に至ると技巧的には絢爛ではあっても、どこか精神的要素の欠如を感じられるのはどういうのであろうか。私は北京の町中を歩きながら、陶芸を創造する場合、いかに心の表現が大切かということを沁々と知らされた」（『陶芸清水六兵衛作品集』）。このように釉薬の研究に進んでいた六代六兵衛は中国古陶磁、中でも唐三彩に惹《ひ》かれ、三彩の色釉の織り成す明るい美に、現代に通じる新感覚を発見し、陶芸にとって釉薬の重要さを改めて認識したのである。この中国での唐三彩との出会いは、やがて昭和二十二年に発表される六代の〝三彩流泑《さんさいりゅうよう》〟へと結び付いていくが、三彩流泑の他にも昭和三十六年発表の〝赫斑泑《せきはんよう》〟、〝銀緑泑《ぎんりょくよう》〟、昭和四十一年発表の〝藍泑《らんよう》〟など、六代は独自の新釉を続々と創案しており、中国古陶磁との出会いによって啓示を得た釉薬の研究に晩年まで執念を燃やし続けている。

　加えて、千年に及ぶ歴史を経ても生き生きとした生命感のある三彩の美に、技巧を超えた作り手の心の表現を発見した六代は、陶芸における作家の思想性の重要さも学んだのであった。六代が自らの作陶の理想とした「日本人の心の感覚で、現代の陶芸ならではの美を創造したい」という思いは、おそらくこの時の唐三彩に抱いた感慨が根底にあったように思われる。そして、中国から帰国した六代は、昭和六年（一九三一）の第十二回帝展にさっそく訪中の成果として「染付魚文盛花器」を出品した。三段に口縁を区切った白磁の盛花器に遊泳する魚たちを描いた作品は、現在では写真でしか見ることはできないが、明らかに中国青華（染付）魚文から得たイメージに基づき、これを六代のモダンな意匠感覚に置き換え表現したもので、これによって六代は帝展における最初の特選を受賞している。

ついで、昭和九年の第十五回帝展に出品した「銀欄文果実盛」で再度特選を受賞した六代は、染付、青磁、色絵、黒釉掻落しなど多様な作風を身に付け、文様意匠にもアール・ヌーヴォー調の斬新な模様を構成的に配置した「染付草花文花瓶」（昭和九年）、「色絵果実文盛器」（昭和十年）など、陶芸意匠に研鑽と様式模索のあとをみせる作品を発表することになる。

そうした研究と模索の中にあった六代の作陶が転機を示すのは、昭和十四年である。三十八歳となった六代は、同年の第三回文展において初の審査員を務め、審査員出品として「向日葵《ひまわり》花瓶」を発表したが、この向日葵花瓶がみせる作風はこれまでの六代の作風とはまったくといってよいほどの変化をみせている。ここでは、昭和十年前後の作品にみられた図案的、構成的な文様は姿を消し、向日葵は伸び伸びとした大胆なまでの絵画的な筆致で描かれている。しかも、向日葵の絵画的な絵付は文様として花瓶から独立して配置されているのではなく、器形と見事に調和し、文様と造形の渾然一体化がはかられていた。この向日葵花瓶の作風では、明らかに六代の絵画的素養が前面に打ち出されており、しかも絵付は日本画の平面的描写そのままを移し変えたものではなく、陶芸固有の立体的な曲面に即応した絵付として昇華されている。それまでの構成的な文様が、陶芸としての独自の意匠を模索していた試行途中の仕事であるとすれば、この時期に至って六代は絵付の制約から自らを解き放ったといってよい。六代は、その到達した新境地を、おそらく心に決するところがあった初の審査員出品「向日葵花瓶」に込めて発表した。

以後、六代は翌十五年の紀元二千六百年奉祝展に「陶花文大皿」（現名称「三彩向日葵飾皿」）を発表し、さらに昭和十七年の第五回文展に「紅白梅飾皿」を出品しているが、それらの作品においても六代の絵付は伸びやかな筆致をみせており、陶肌をあたかも絵絹やキャンバスに見立てたような潤達、自在さに満ちている。こうした「向日葵花瓶」「陶花文大皿」「紅白梅飾皿」など昭和十年代中・後期の一連の作品を見る時、六代の作陶はあきらかに独自性を強めていったことが知られる。そして、六代自身もこの時期を迎えて、明確に自己の進むべき陶芸の道を獲得したことを自覚したことであろう。それは恵まれた絵画的素養を持った六代にしか表現できない絵付装飾の世界を開拓し、現代の陶芸として確立する道である。

六代目襲名と戦中戦後の作陶

だが、六代の作陶はこれ以後、一時期中断を余儀なくされている。旺盛な創作意欲に満ちていた六代の周辺にも戦時下の体制は容赦なく押し寄せていたからである。昭和二十年(一九四五)一月には、清水六兵衛家に近隣する東山区馬町《うままち》一帯が米軍機による空襲によって被爆し、全半壊家屋百四十戸、四十一名の爆死者を含め七百人以上の被災者を出した(田村喜子『五条坂陶芸のまち今昔』)。ついで同年三月には五条通の強制疎開の命令によって、五条通南側にあった清水六兵衛家は南端の登り窯と土蔵だけを除き、大半の家屋が取り壊されたのである。強制的に家の明け渡しを命ぜられた清水家では、七十歳の老父五代に代わり、六代が陣頭に立ち、大八車に積んだ荷物を、とりあえず見つけた五条橋東六丁目の旧料亭にピストン輸送したという。「たった五日の猶予しかないんで。大八車に長持を積んでいる傍で、家の柱が縄で引っぱられ引き倒され、白い土煙りがもうもうと立って、それは惨めなものだった」と、六代は強制疎開の様子を筆者に話していた。そして四月には六代のもとに召集令状が届き、再度の兵役についている。召集され、陶工隊長、製塩隊長となった六代であるが、「四十四歳の私が兵隊になるようでは、この戦争はもうあかん」とその時に思ったという。

昭和二十年九月、敗戦により兵役召集を解除された六代は、老父五代より家督を相続し、五代は隠居名六和《ろくわ》を称し、六代はこれまでの正太郎から六兵衛を襲名する。そして、以後六代は戦時中の作陶の中断を取り戻すかのように、制作に情熱的に打ち込んでいった。六代が清水六兵衛家の当主となり、最初に発表した作風は昭和二十二年の〝三彩流泑〟である。この三彩流泑のヒントになったのは、すでに記した昭和六年の中国旅行において出会った唐三彩であったが、唐三彩が低火度の焼成によって生まれるのに対し、六代は千度以上の高火度焼成に耐える色釉を研究し制作したのである。ために六代の三彩流泑は、唐三彩にはみられない硬度があり、色彩も透明感のある現代的な流れるような輝きをみせている。

一方、昭和二十三年に四十数名の中堅・若手陶芸家を結集し、京都陶芸家クラブを結成した六代は、清水五条坂を中心とした若手の陶芸家の育成にも尽力し、日展においても昭和二十四年、第五回展審査員を務め、その後も評議員、理事、常任理事の重職を歴任する。そして、昭和三十七年には日本芸術院会員となり、昭和五十一年には国の文化功労者に推され、現代の日本陶芸界を代表する地位についている。しかし、こうした世俗的な多忙さが増していく日々の中にあっても、六代の辛抱、根性、勉強の作陶はたゆまず続けられており、戦後の六代の個性的な陶技、釉薬研究の発表へと結び付いていった。

中でも〝三彩流泑〟に続いて考案された〝銹泑《しゅうよう》〟、および〝玄窯《げんよう》〟は、戦前の「向日葵花瓶」以来、六代が追求してきた固有の絵付装飾への道を、より効果的に、しかも独創的なものとする方向性を持っており、六代の作陶史上でも重要な意味を担っている。このうち銹泑は、絵付表現の技法にかかわる分野での六代の新工夫であり、仁清、乾山など初期京焼以来の伝統の銹絵《さびえ》（鉄釉による絵付）にヒントを得ている。六代が戦後の物資不足の中、戦前のように良質の釉薬を手に入れることのできなかった頃、鉄分など不純物の混入した釉薬を逆に利用し、銹びた渋味のある釉薬を創案したものであった。六代はこれを赤土の胎土に鉄釉化粧を施し、その上に金彩を刷毛塗し、さらに銹泑による絵付を行うという方法で作品に導入した。昭和二十八年に〝銹泑〟と名付けられたが、金彩との併用による渋さのある絵付文様の色調は、戦後の六兵衛陶芸の重要な装飾表現手法となっている。

そして、この銹泑とともに六代が挑戦していたのが、絵付の効果的な焼き上がりをもたらす焼成法の工夫であった。その中で塩釉焼法にヒントを得て生まれたのが〝玄窯〟である。玄窯は、作品を窯で焼成する最終段階で、窯の中に塩を投入し揮発した塩分中のナトリウムと胎土の成分を結合させ、陶肌にガラス質の被膜を形成させ、釉下の絵付や化粧地の効果的な発色をもたらす窯技である。六代が塩釉焼法に着目したのは早く、昭和二十二年頃より試し焚きが重ねられているが、この窯技は窯の中での偶然の作用の果たす役割が大きく、安定した焼成結果を得るまでには長い年月を必要とし、ようやく昭和三十年に完成した。六代はこの玄窯の窯技を先の銹泑と併用し、これまでの作品にはみることのできなかった、あたかも礬砂《どうさ》をひかない画紙に絵を描くような滲み、暈《ぼか》しの味を作りだすことに成功したのである。そして、この完成した新窯技に基づく「玄窯叢花瓶」を第十一回日展に出品し、六代は翌三十一年の日本芸術院賞を受賞する。玄窯叢花瓶は銀彩の月を背景に配し、前景に秋草が金彩、銹泑によって大胆に描かれたものであり、日本の秋の風情が見事に表現された作風となっており、芸術院賞の授賞理由にも「渋い強さの中に古典的な品格と近代的斬新さとの諧調を保ち力強い創造力が躍動している」と記されている。六代は同時に、白梅を銹泑、白絵具、金彩で描いた「玄窯梅花瓶」を制作し、日本の初春の情感を作品に表現しているが、この両作品はいずれも絵画的素質と絵付表現を生かす陶技が高度に一致した秀作であり、六兵衛

六代清水六兵衛　銹泑菖蒲八角飾皿　1970年

芸術の新天地を示す記念碑的な作品と評することができる。

六代の五十歳代後半から六十歳代にかけての作陶は、こうした銹泑、玄窯の作風を中心に染付や赫斑泑、銀緑泑、三彩藍泑などの色釉作品が続々と発表された時期であり、緑地に銀色の油滴が一面に浮かびあがる「銀緑泑花瓶」に象徴されるように、生み出された陶芸世界も多彩なものがみられた。その中で安定した技術的基盤に支えられた六代の作陶は、日本的情趣への深い共感とともに、一方では強く現代性を志向し、自己の心象風景を表現したアンフォルメル調の抽象文様の作品「玄窯線文花瓶」や、エキゾチックな異国の文物に目を向けた作品「牛花瓶」、「玄窯騎馬群像壺」を制作するなど、幅広い作風の展開をみせている。六代が「古人の残したすばらしい陶芸の美から、その技法や表現を学びとることによって現代の知性でこれを分析し表現したに他ならないにしても、新たなる意味においての要素を加えることによって現代工芸が創造される」（『陶芸清水六兵衛作品集』）ことを主張して、やきものの原点を追求する造形に原始・古代のプリミティブな精神を表したのもこの時期のことである。

そうした中、昭和四十六年、七十歳を迎えた六代は、自らの古稀を記念して〝古稀彩《こきさい》〟を発表する。この古稀彩は厚手の多泡質のガラス釉をベースにした作風であり、六代はこれに銹泑などの絵付手法を併用したものである。従来から多泡質のガラス釉は次代の七代六兵衛なども研究を行っており、陶芸界においても知られていたが、このガラス釉の上に絵付を試みることはいまだ誰一人として実行したことはなかった。六代はガラス釉の組成に工夫を加え、〝古稀彩〟として完成したのである。これによって六代は、より絵付の描写にふさわしい陶肌のマチエールを得ることに成功し、数多くの古稀彩の優品を制作した。中でも「古稀彩秋映花瓶」、「古稀彩春魁飾皿」、「古稀彩秋叢飾皿」などは古稀彩の特質を見事に発揮した作品である。奥深い重厚な乳白色のガラス釉が金彩、銀彩の絵付と融合し、その上に重ね描かれた赤、白、紫の紅梅や秋草の色彩が見事なまでの光彩を放っている。この古稀彩の創案は、絵付装飾を中心として銹泑、玄窯と続けられてきた六兵衛陶芸の歩みの大きな区切りと考えることができ、その完成によって、六代が目標としてきた器形と一体化した絵付装飾の世界は確立したといえるのである。

そして、この新たな陶芸のマチエールを得て六代は、装飾的な草花を描き、桃山時代以来の金碧画的華麗さを表現し、また墨画的画様の美を探究するなど、実に精力的な仕事を展開する。そのうち筆者が最大の興味をいだいている京焼の伝統との関係でいえば、六代の晩年の作陶は、宗達、光琳、乾山などの琳派の美意識を継承した作風を現代に見事に蘇生させたといえる。中でも乾山の系譜を受けた〝錆びつつも〈花〉の残る〟美感を、現代陶芸に再現するという、高度で、しかも奥行きの深い芸境は六代清水六兵衛によって完成したといってよいだろう。

＊初出は『没後一〇年・雪月花の情趣——六代清水六兵衛展』図録（朝日新聞社、一九八九年）。

宮永東山――祖父・父・子三代

はじめに

一九七〇年代に私は、京都市伏見区深草にある宮永東山《みやながとうざん》家へしばしば足を運んでいた。その目的は二代宮永東山から明治時代の窯業界の事情を聞くためであった。最近とは異なり、その頃は明治時代の窯業についてはほとんど関心が寄せられてはおらず、研究も進んでいなかったのである。二代東山との会話では明治、大正、昭和前期時代の様々な事柄を聞かせてもらったことを記憶している。二代東山の巧みな話に興味を引かれ、新しい知見も多く得たが、その時々の教示の内容は昭和五十四年（一九七九）秋に企画開催した『明治の京焼展』（京都府立総合資料館）に反映できた。

一方、三代東山を襲名した宮永理吉《りきち》との交流も深く長い。その多くは酒房での語らいであったが、そこでの会話の中心も、作った作品に関することのみではなく、古陶磁の歴史や京焼に関する幅広い知見であった。私が陶磁史の研究を主眼にしているのでこうした会話になったのであろうが、ともかくも二代、三代は、それぞれの時代のやきもの認識が明確であり、古い時代のもの、違った国のものにも深い興味を示される陶芸家父子という印象が強かった。陶芸家にもいろいろなタイプがあるが、私にとっては東西の陶磁史のあれこれを忌憚なく教示していただけ、また年齢の差を超えてともに語らえる作家として、宮永東山家の二人は特別に親近感を抱く存在となったのである。

　思い出話のようになってしまったが、この東山父子の陶芸の原点となるのが近代陶芸の巨匠として知られる初代宮永東山の作陶である。そこで、まずは初代の作陶の歩みを簡単に振り返り、陶芸家としての宮永東山家の特徴を私なりに考えることにしたい。

初代宮永東山

　これまでに紹介されてきた論評、解説により初代宮永東山（一八六八〜一九四一）に対して、次のようなイメージを抱く人も多いことと思う。いまそれを整理して箇条書きにしてみると、①明治維新直後の新時代の中で西欧に関心を抱き、石川県の郷里から東京へ出てドイツ全修学校を卒業。しかし西欧の事情により一層精通するためにはフランス語の学習も不可欠だと感じ東京フランス語学校に再度入学して、フランス文化の歴史を学んだ青年。②明治二十八年（一八九五）、その才能を買われて一九〇〇年にパリで開かれる万国博覧会のため設置された博覧会臨時事務局に勤務することになり、一八九九年、かねてからの念願であったパリに渡り、以後二年間をこの地で過ごし、持ち前の知識と語学を生かし、新しい芸術様式（アール・ヌーヴォー）の登場していた欧州の窯業事情を熟知して帰国した知識人。③帰国後、京都に移住し日本で最初の陶器意匠研究団体となった「遊陶園《ゆうとうえん》」を舞台に活躍し、浅《あさ》井忠《いちゅう》をはじめとする画家、図案家たちと共同制作を行い、最新のアール・ヌーヴォー様式の陶器も制作した作陶家。すな

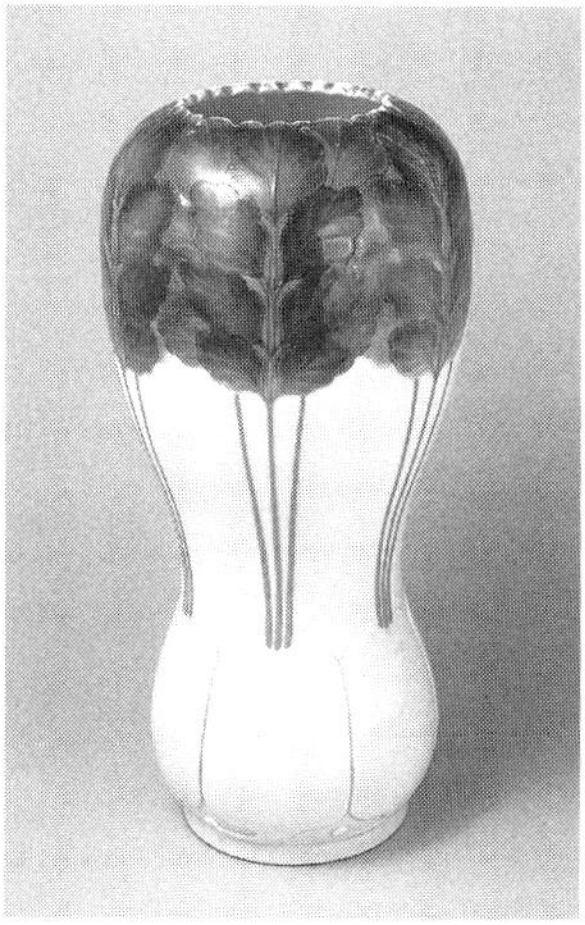
初代宮永東山　彩釉蕪文花瓶
1905年　京都市美術館蔵

わち、明治維新以後の激動の時代に青春期を過ごし、先駆的な国際的経験と知識をもって作陶人生を駆け抜けた陶芸家としての初代宮永東山の姿である。

だが、初代宮永東山の足跡をこうした近代モダニズムの視点だけで評価するのは、その実情の半分しか把握できていないと思い始めたのは近年であった。その契機は、昭和七年（一九三二）頃に初代東山が書いた自筆履歴書を今回の原稿を書くにあたり再読した中であった。そこには自己の履歴の説明に先立って、宮永家に代々伝えられてきた古い祖先からの由緒が記述されていた。その冒頭は「（私の）父は卓茂といって、加賀国大聖寺《だいしょうじ》藩主前田侯に仕えた。その先は鎮守府将軍藤原利仁《ちんじゅふしょうぐんふじわらのとしひと》に出て、かの弁慶の勧進帳《かんじんちょう》で有名な富樫《とがし》氏や美濃の国主斎藤氏などとその祖を同じうする。戦国時代にいたり宮永林之助正善なるものあり、越後の上杉謙信《うえすぎけんしん》に仕え千三百石の地を食んだが、後ち故あって浪々の身となり、その子正英に至って始めて大聖寺侯へ仕え、子孫相継いで明治に及んだ」と書かれている。明治・大正の時代には豊富な国際的体験と知識により陶芸の近代化の先頭に立つ活動を行ってきた初代が、ここでは家祖の歴史を強く意識し、その中での自己を認識するという姿がみられ、拝読後は意外な感さえ抱いたのである。

このような自己認識を初代東山が持つようになったのは、逆説的な説明になるが、おそらくは初代が深く西欧美術事情に精通した作家であったからであろう。パリ滞在時代、現地での生活により、初代は優れた日本美術工芸品が大量に西欧に渡っていることを体験していた。そして日本の美術工芸品から構図、色彩表現を取り入れることにより西欧の近代絵画や工芸品は発展進歩を積極的に行っていることも、初代は熟知していたのである。こうした現状にも関わらず、日本では自国のそれらの価値が認識されていないだけではなく、外国製品の模造のような作品が横行していることを帰国以後、痛感したのである。その点では初代は、近代の陶芸家の中でいち早くこのことに強い危機感を寄せた一人であった。初代はすでに明治四十二年（一九〇九）に、京都の美術工芸家を集合した柳桜会《りゅうおうかい》での『外人の眼に映じたる我美術工芸』という報告講演の中で、「日本の絵画、彫刻、陶器、漆器その他美術の優秀なるものは、多く輸し去りし。のみならずこれらに関する著書の完全なるものは我にあらずして彼にあるを以ても知るべし。とにかく邦人は泰西崇拝の迷夢を覚醒し自国における美術並びに工芸の真価値を了悟すべき」と語っている。

ここでは自らも歩んできた西欧化の流れ、その中で忘れ去られようとしている自国の美術工芸への再認識を持つことの大切さを指摘している。それはつまるところ、日本の美術工芸品の優れた側面を理解し、その歩み来った歴史と伝統を再認識することであり、その認識のもとで陶芸家として自らのアイデンティティーを追求することであったように思われる。明治、大正という時期を経過した初代の作陶は、やがて昭和を迎える頃より大きく展開をみせ、伝統の真価を再発見すべく、自己の作陶の足元にある中国、日本陶磁器の研究に進み、やがて「青磁の東山」と称されて初代の名声を高めた青磁作品をはじめ、天藍磁、均窯、辰砂、白磁、天目、染付、彩陶など多彩な作品が登場することになるのである。

この初代宮永東山にみられる作陶の変遷は、換言すれば時流に流されることなく自分の置かれている時代状況を明確に位置取りして、そこでの陶芸のあり方を考えるという視点につながっている。いま振り返ってみればこうした初代東山の気質を二代東山も、また三代東山も、それぞれの置かれた時代相の中で底流において継承してきたのではないだろうか。

二代宮永東山

二代宮永東山（一九〇七〜九五）の作陶もそうした視点からみることができるように思っている。二代は昭和五年（一九三〇）、京都高等工芸学校図案科を卒業した。その後、近隣の深草にあった国立陶磁器試験所伝習生

二代宮永東山 彩釉華形香炉 1984年

として、磁器素材と釉薬の研究時代を経て、本格的に作陶に進んだ。二代はなによりも、初代が確立した家職の青磁に筋金入りの技量をみせた名工であったが、加えて京焼の伝統にも深い理解と技法的造詣を持ち、色絵、染付、象嵌、彩泥など多彩な作風への研鑽に励んだ作家であった。だがそれに止まらず、ペルシャ、トルコ、ギリシャ、ローマなど中近東、地中海沿岸の古代美術、陶芸にも広く関心を抱き、ペルシャのカシャーン、トルコのイズニークなどの窯場で焼かれていた彩釉にヒントを得た独特の光彩のある白磁彩釉の作品なども制作している。こうした幅広い作陶への視野を生んだのも、つまるところは初代の継承者という自己の立場と、その中でも常に前を見据えた二代の陶芸認識であろう。それを端的に示すのが、二代宮永東山が所属して、副会長の職にもあった京都伝統陶芸家協会の創立三十周年記念図録（一九八九年）に収められた一文である。そこで二代は、「伝統とは技術であり、思考である。これらを備えるためには一番に勉強である。そして、もう一度自分たちのいままでにしてきた仕事を振り返って見なおすことである。次代を継ぐ人にも、この考えをはっきりと身につけておくことがたいせつではないでしょうか」と記している。

三代宮永東山

そして同様の事柄は、三代東山（一九三五〜　）にもみられるように思う。三代が、土による彫刻造形を志向した初期から一貫して幾何学的形体への関心を保ち続けてきた背景にあるのは、様々な表現構造の中核が幾何学的形体によって成立しているという現代の社会様相と無関係ではないだろう。日本の戦後社会の時代を鋭敏に読み取り、それを作品に反映する姿勢は、①京都市立美術大学彫刻科を卒業後の昭和三十四年（一九五九）に他の陶芸家志望者に先駆けて渡米し、アメリカ西海岸そしてニューヨークにおいて戦後の陶芸界を席巻した抽象表現主義陶芸の影響を受けた作陶の時代。②その後、昭和四十年頃よりの自己の造形思想がより明確に作品に反映される白磁、青白磁による幾何学的な形体の構成に主眼を置いた作陶の時代。③色泥漿により明確に形体を区分する作陶の時代など、これまでの陶芸の歩みの中でも常に貫かれている。

　そして三代は、一九九〇年代には吹き墨の技法を表現手法に取り込んで制作する。ここでは染付の藍色の色調の織り成す微妙な色彩のグラデーションが交差する斬新な現代の磁器世界を創出している。かつて走泥社《そうでいしゃ》の先達である八木《やぎ》一夫《かずお》から、陶芸家離れした秀でた空間処理の才能を称賛された三代が関心を抱くのは、長い歴史と伝統を有する磁器の領域を対象として、さらにどのような磁器の形体表現上の可能性があるのかという問いかけであるという。これまで不可能とされてきた磁器による大きな立体形状作品の制作に三代が意欲的に挑戦しているのもその例外ではない。

　たしかに外見からすれば三代東山の作品は祖父、父とすこぶる異なったものをみせている。だが、その作陶の根幹にある、時代を的確に見据えた中で自己の陶芸家としてのアイデンティティーを追求する進取の気風には、宮永東山家の伝統ともいえる祖父・父・子相伝の相がある。

＊初出は『三代宮永東山襲名記念・東山三代展』図録（東山三代展実行委員会、一九九九年）。
図版（初代、二代）も本書より転載。

三代宮永東山《風に吹かれて》
1999年

第二章 ❖ 京都市陶磁器試験場と近代陶芸家

三代清風与平——明治の帝室技芸員

進取の気風

京焼は桃山時代末に誕生し、四百年にわたる歴史を経て今日に継承されてきた。その間の軌跡を回顧する時、京焼には幾つかの転機がみられるが、中でも明治時代は技術・意匠の上で大きな展開をとげた時代であった。明治維新以後の急速な社会情勢の変化の中で、それまで国内向けの伝統的な生活様式に対応していた京焼は、西洋文化の影響を受け、次第にその様相を変化させていく。ために旧来の作風と新規の西洋風な作風が渾然とした時代であり、製陶家の間でも近代陶磁器制作への試行錯誤が重ねられていた。すなわち、明治の京焼はその前半期において西洋の窯技、釉薬の研究に力を注ぎ、技術面では大きな進歩改良が企てられた。だが反面、造形や意匠の分野では幕末期以来の京焼の形式である技巧の精緻さを継承し、専ら装飾本位の技巧主義の陶磁を高級品とみなす認識が主流となっていた。そして、この傾向は海外貿易においてたまたま当時の欧米人の好奇心や嗜好に適したため、一層助長されていった。

しかし、こうした風潮も明治中・後期の海外貿易の不振を契機に、大きな反省を迫られることになる。これまでのような技術、それ自体目的とされる表面的な形骸化した模倣の仕事を克服し、わが国の工芸の優れた意匠を再発見しようとする動きや、欧米での美術工芸の新動向の中に新しい陶芸を志向する動きが現れ始める。

京都五条坂の名門陶家・清風与平《せいふうよへい》家の三代を継承した清風与平（一八五一〜一九一四）は、こうした明治期の新しい動きの先頭に立った陶芸家であった。三代清風与平は、嘉永《かえい》四年（一八五一）に播磨《はりま》国印南《いんなみ》郡大塩《おおしお》村（現兵庫県姫路市）の画家岡田良平の二男として生まれ、慶応《けいおう》二年（一八六六）に清風家の養子となり、明治五年（一八七二）に二代与平の妹くまと結婚し独立して別に一家（新開家）を構えて清山《せいざん》を号した。しかし、同十一年に義兄の二代与平（号五渓《ごけい》）の死によって再び清風家に戻り、三代清風与平を襲名した。この清風与平が京焼界に台頭していくのは、「一意製品の改良に心を注ぎました処から　其後粗製濫売から起りました貿易界の恐慌も免がれ、自家の真価も普く世人に知られることになりました」（『名家歴訪録』）と与平自身が語っているように、明治十年代後半からの日本の陶磁界の不振の反省を挺子にして、新しい立場から陶技、意匠の改良に邁進したからであった。

清風与平が本格的な作陶を始めたのは、明治五年に清風家より別れ、新たに清山を号して一家を構えてからのことである。その当初の作風は「支那古代ノ青磁、青華ニ倣ヒ　其試作ニ丹精ヲ凝ラシ　幾ント其妙域ニ達ス　之ニ由ツテ忽然芸苑界ニ其名号ヲ騰ク」（『京都美術沿革史』京都美術協会雑誌）とあるように中国宋〜明代の古陶磁の写しであった。こうした中国古陶磁の写しは、幕末期以来の京焼の主流を成していたもので、与平もその例外ではなかった。しかし一般の製陶家の間では青磁や青華（染付）を無銘のままで世に出し、「唐物《からもの》」として高値で売られることが多くみられた。これに対し与平は、「私は忌々しく　肝に触ってなりませんから　其頃より反対を致しました」（『名家歴訪録』）と述べており、写し物（模倣）からの脱却を早くから目指していた。そのために与平は清山時代から白作には銘を入れ他と区別をしている。

瑍白磁の創造

こうした与平の進取の気風は、明治十一年（一八七八）、二代与平の没後、再び清風家に戻り、三代与平となって以後、一段と明瞭になっており、その生活のほとんども作陶に費やされていった。「朝は十時頃に起き、終日仕事を致し、夜は二時頃まで考案に耽って居りました。それで酒は一滴も飲みませず、他に道楽は御座いません。ただ製造するのが楽しみらしう御座いました」（『一家一彩録』）と三代与平の子四代与平は、後に作陶三昧の父の仕事ぶりを述懐している。

清風与平が中国古陶磁の模作から脱し「吾カ日本国ノ特色ヲアキラカニ致シテ　漢土ナリ其他古来ヨリ人々ノ賞セラル丶品ヨリモ勝レテ高尚ナルモノヲ焼出シタイ」（黒田天外との談）と決意して、生来の画才を発揮した日本的な意匠に基づく独自の作風の研究をしたのも、そうした中でのことである。京郊の山林を歩き、草花を描写し、一方では作陶の原料となる土石を探究し、家に持ち帰っては土質や釉薬の分析研究を繰り返す日々であったという。晩年清風与平は自らが発見、創案した幾多の技法、釉法、焼成法について問われた時、「然し私には秘伝といふものはない。唯、一事一物決しておろそかにせず、研究に研究を重ねて之を製品の上に応用するのである」（『名家歴訪録』）と答えているが、ここには技法等を一家秘伝として因襲的に守る旧来の陶家とは明らかに異なる、近代的な陶芸家の気質をみることができる。

清風与平が生涯に発明、創案した新技法等は数多く、その主たるもののみでも、太白磁《たいはくじ》および瑍白磁《かんはくじ》の創案と浮起紋彫刻の法（明治五年）、百花錦《ひゃっかにしき》（色磁彩釉）の製法と抜画の法（同六年）、白磁大氷裂《だいひょうれつ》の焼法（同七年）、辰《しん》砂釉《しゃゆう》、烏磁釉《からすじゆう》の焼法（同十一年）、秘色《ひいしょく》青磁釉の焼成改良（同十五年）、紫釉に白釉描画の焼法（同十九年）、紫釉に銀画の焼法（同二十一年）、陶磁に桜花彩釉《おうかさいゆう》の製法（同二十三年）、白磁淡彩彫刻画の焼法（同二十五年）、天目釉瀧条斑《ろうじょうはん》の製法（同二十六年）、瑍白磁淡紅釉《かんはくじたんこうゆう》の焼法（同年）、青磁墨画の焼法（同二十八年）、黄磁《おうじ》本窯の製法（同二十九年）などがある。

中でも、瑍白磁と天目釉瀧条斑は、三代清風与平の作風を代表する新技法であった。天目釉の釉肌に瀑布あるいは雨滴のような斑紋を呈した作風で、明治三十三年のパリ万国博覧会に出品された「天目釉雲龍斑花瓶」はその代表作である。他方、瑍白磁は太白磁と与平が名付けた純白の白磁に、わずかに柞灰《いすばい》釉を加え、酸化焔焼成し、白磁にほのかなローズ色を発色させたものである。清風与平は浮盛の彫刻文様を施した作品に好んで用いている。白磁の器肌の上に、同じ質の磁土を泥状にしたものを筆で盛り上げて文様を施し、その文様の部分を美濃紙で覆い、ついで文様の周囲に金網と刷毛を使用して瑍白磁の細かな釉薬を振り掛けるという手法である。この瑍白磁は少しの汚れも狂いも許されない細緻な構成と、微妙な色彩と、入念な技巧を要する仕事であり、清風与平自身の言葉によっても「其製造の日支を質すに、土砂の濾漉は問はす其形状を作りて再窯を用ゆる時は一品一ヶ月を費やすへし　然れとも火度の心の欲するに任せさる　往々廃物を視る」

三代清風与平　瑍白磁牡丹浮彫花瓶
1912年頃　京都国立近代美術館蔵

（「京都美術協会雑誌」明治三十年）と良品を得るには至難の制作であったという。

三代清風与平が堍白磁浮盛文様を完成するのは明治二十六年のことであったが、同年には日本の陶芸家としては最初の帝室技芸員に選ばれている。そして、明治二十八年の京都岡崎で開催された第四回内国勧業博覧会で「其精技全国ニ冠絶シ窯工ノ模範トナスニ足ル」と絶賛された与平は、同年これまた陶芸家として最初の緑綬褒章を授与され、名実ともに明治の陶磁界を代表する陶芸家となった。以来、京都の工芸界の第一人者として内国勧業博覧会、京都美術協会、京都市美術工芸品展などの審査員を務め、明治二十九年の京都市立陶磁器試験所（明治三十五年京都市陶磁器試験場と改称）の開設に際しては設立員として尽力し、同三十二年の京都窯業界の子弟による伝習生の制度の新設や、同四十四年、付属伝習所の開校にも商議員として参与するなど、次代の京都の窯業界を担う作陶家の育成に大きな役割を果たした（名称、伝習制度の変遷は『京都市立陶磁器試験所創設九十周年記念誌』京都市工業試験場編、一九八六年による）。

若き日に清風与平が心に抱いた「時人多クハ其製品ノ繊美妍麗ナル技巧ヲ称揚ス　然レトモ余ハ其技巧ヲ称スルモノニ非ラス　乃其製作ノ原素タル一種言フヘカラサル妙趣ヲ含有スル所ニ在リトス」（「京都美術協会雑誌」所収）という作陶への信念は、見事な成果をもたらし、明治陶芸界に開花したのである。三代清風与平は大正三年（一九一四）に六十二歳をもって没したが、その作陶の基調にあった技巧主義、技術偏重からの脱却と、陶磁の芸術性を高める方向性は、清風与平の作風に少なからず影響を受けた板谷《いたや》波山《はざん》、五代清水六兵衛ら東西の次代の陶芸家たちによって継承され、近代陶芸の確立をみることになる。

＊初出は「清風与平の陶芸」（『現代陶芸のあけぼの』現代日本の陶芸・第一巻、講談社、一九八五年に所収）。図版は『近代日本の陶芸家』（中ノ堂一信著、河原書店、一九九七年）より転載。

宇野宗甕——釉薬の開発に生涯を託す

東山五条坂五丁目

宇野宗甕《うのそうよう》（一八八八～一九七三）と私との関わりは、亡くなる二年前の八十三歳の時に泉涌寺東林町のお宅にうかがったことに始まる。その後、昭和五十年（一九七五）に、京都府立総合資料館で宇野宗甕の作品をまとめた初めての展覧会「宇野宗甕回顧展」が開催された。当時の総合資料館には陶磁器研究の第一人者の満岡忠成《みつおかただなり》が非常勤顧問に就任しており、その満岡が宗甕の仕事に高い関心と評価を持っていて、私はその下働きとして展覧会の企画に携わった。この時に遺族の宇野眞理恵《まりえ》（二代宇野宗甕）の協力でたくさんの作品を見ることができ、撮影したという思い出がある。

宇野宗甕は、明治二十一年（一八八八）に陶芸家初代宇野仁松《うのにんまつ》（一八六四～一九三七）の長男として生まれた。生家は東山の五条坂五丁目にある。幼少年時代を五条坂で過ごしたが、明治時代末期から大正時代になると五条坂は窯場としては飽和状態になっており、隣接する今熊野・日吉地域や泉涌寺地域に陶工たちが多数移住する事態が起きていた。その中で宗甕は二十二歳で今熊野の剣宮町、それから三十四歳で今熊野宝蔵町に、さらに五十二歳からは泉涌寺東林町に居住している。

宗甕が生まれた時期の五条坂五丁目には、京都の近代陶芸史を飾った作家が多数住んでいた。五丁目の中心には若宮八幡宮《わかみやはちまんぐう》があり、その向かいに初代宇野仁松の家と陶房があった。また、明治を代表する陶工の一人で陶芸家として最初の帝室技芸員となった三代清風与平《せいふうよへい》（一八五一〜一九一四）や、江戸時代以来の京焼名家高橋《たかはし》道八《どうはち》家の陶房もあった。そして清風家の南には、五代清水六兵衛《きよみずろくべえ》（一八七五〜一九五九）の家と陶房があるというように、京都のやきものの中心地に初代宇野仁松の家は位置していた。しかし、太平洋戦争の最中の昭和二十年三月に防火帯とするため五条通の南側一帯の道幅を強制的に拡張したために、五丁目南側一体の由緒ある住居と陶房も撤去となった。この時、宇野家は清風与平家、高橋道八家、清水六兵衛家などとともに打ち壊され、現在では宗甕の生家は残されていない。

京都市陶磁器試験場伝習生

宇野宗甕は、明治三十五年（一九〇二）に京都市立六原小学校を卒業し、地元の陶工の子弟が多く通っていた京都市立美術工芸学校絵画科に入学した。この京都市立美術工芸学校では当時の京都画壇のリーダーだった竹《たけ》内栖鳳《うちせいほう》（一八六四〜一九四二）が教諭を務めていた。宗甕の学校時代の遺品の中に、学校の授業で描いたと思われる「明治三七年六月一五日宇野宗太郎」銘の素描が残っているが、この素描を見るとこれは栖鳳のデッサンではないかと思うほど雰囲気が似ており、宗甕が学校時代に一生懸命に栖鳳に師事して絵を勉強していたことを想像させる。しかし、十七歳を迎えた明治三十八年八月に宗甕は美術工芸学校を中退し、同年九月には京都市陶磁器試験場のもとに組織された教育機関である伝習生となっている。この転校はおそらく父初代仁松の意向に従ったものであろう。

五条坂にあった陶磁器試験場は、明治二十九年に地元の京都陶磁器商工組合が主体となって京都市立陶磁器試験所（明治三十五年に京都市陶磁器試験場に改称）として設立されたが、ここでの陶磁器技術の研究、指導は京都のみならず日本の陶磁器の近代化に、非常に大きな役割を果したことで知られている。京都の窯業界は明治維新後の海外貿易の増加で一時期盛んになったものの、反面、一時的な成功によって新たな窯業技術の開発を行わなかったため、明治十年代後半からは急激な経営不振の時代を迎えていた。特に明治二十九年前後には幕末から明治初期の京焼を支えた名工たち、丹山青海《たんざんせいかい》（一八一三〜八七）、幹山伝七《かんざんでんしち》（一八二一〜九〇）、六代錦光《きんこう》山宗兵衛《ざんそうべえ》（一八二三〜八四）、永樂和全《えいらくわぜん》（一八二三〜九六）、四代高橋道八《たかはしどうはち》（一八四五〜九七）というような人々が相次いで亡くなっており、その傾向に拍車をかけていた。京焼が個人的な零細な規模に依存し、産業的基盤の弱い上に成り立っていたことが露呈してきたのである。このような背景のもと、地元の要望によって京都市立陶磁器試験所ができたのである。

宇野宗甕　青磁香炉　1970年

京都市立陶磁器試験所は設立後間もない明治三十一年より、職員を中国に派遣し、中国陶磁を参考品として収集することを始めた。明治三十五年には陳列所を新設して常時公開し、地元の京焼の関係者たちは、中国陶磁を実際に見る機会を得ることになったのである。また、明治三十二年には京都の窯業界の要望に沿って、新たに地元の京焼の次代を担う作陶家の育成を目的とした伝習生の制度を開設、さらに明治四十四年からは常設の教育機関として付属伝習所を新設し、伝習生を受け入れ、授業では学理に基づく新規の知識を伝授した。宗甕はこの初期の地元の京焼子息の通う伝習生制度の下で学ぶことになったのである。

宗甕は、伝習生として約三年間を過ごすが、その頃は試験場の黎明期、あるいは創成期の時代でもあった。この時期の試験場の研究、実験作業は「依頼試験受業」といい、業者の人たちの依頼を受け、その製法を実験するということを主に行っていた。宗甕が入った頃は、象牙色の磁器を作るなど、磁器や陶器の素地の改良実験、それからマジョリカやマット釉、釉下彩などの様々な釉薬や顔料の試験などが行われていた。この試験場での様々な試験目的は当時の京都の窯業界にとっても直面する課題と重複するものが多く、試験場が果たした役割も大きい。その一例として京都の陶芸界を代表した五代清水六兵衛の作陶がある。五代の代表的作風に「大礼磁《たいれいじ》」がある。これは器体そのものが象牙色に発色する独特な作風であるが、象牙色の素地に白色の盛り上げ模様が施されて品格の高い作風を示している。この大礼磁の白色盛の技法のヒントになったのは、試験場で試作が行われていた釉下白盛という技法であった。当時、五代六兵衛は試験場に足繁く通い、新規の陶技を学び、大礼磁の作風を完成させたのである。このように、試験場で試作されたものが京都の窯芸界に提供され、それを陶芸家たちは実際に作陶の表現手法にまで高めることによって、より一層京都の近代陶芸は名声を博していくことになる。

陶芸の基盤

宇野宗甕の陶芸を考える時、その陶芸を支えた三つの基盤がある。それは宗甕の作陶家としての歩みとも一致したものであるが、第一段階は、宗甕が父の初代宇野仁松からの技術、技法を基盤としているということ。第二段階は京都市陶磁器試験場で伝習生として科学的な技術を学んだということ。そして第三段階は晩年の宇野宗甕自身による独自の釉薬の開発という歩みである。

父親の初代宇野仁松は、明治維新前の元治《がんじ》元年（一八六四）に加賀国能美郡小松（石川県小松市）に生まれた。若くして作陶を志し京都五条坂に出て明治十二年（一八七九）に三代清風与平の工房に入り、そのもとで修行する。仁松の修業時代は清風与平が辰砂釉、天目釉、青磁柚といった釉薬の改良を行っていた時期にあたるが、仁松はおそらく、清風与平のこうした釉薬の改良を手伝いつつ、自らの青磁の開発研究をも開始していたと思われる。その後、仁松は明治十八年に二十一歳で独立し、主に海外貿易品を手がけている。しかし一方で、仁松は師の清風与平に習って進取な作家的生き方も志向していたようであり，明治二十二年、五条坂の陶磁器の生産者組合「巽組」が主催した「第一回秋季品評会」では一等の四代高橋道八、三代清風与平、二等の四代清水六兵衛、真清水《ましみず》蔵六《ぞうろく》など五条坂では名の通った作陶家に交って、二十五歳の宇野仁松が三等に入賞している。この頃からすでに初代仁松は地元の五条坂の中でも注目を集める新鋭であり、次第に頭角を現し、三十代から四十代になると初代仁松の手がける釉薬の幅は青銅釉、結晶釉などへと広がり、明治三十九年の京都新古美術展の総評には、「(仁松は)最近、欧米各国流行の艶消し袖、結晶袖を現実にし、かつ大なる作品においてその形容せざるはまた賞すべし」(「京都美術」四号、京都美術協会)と高い評価を受けている。初代仁松は若い頃に青磁に没頭していたが、その後、銅系の釉薬や結晶釉、艶消し釉などといった当時ヨーロッパから入ってきた新しい釉薬を数多く手がけていったことが明らかになる。

初代仁松の秀でた釉技については、大正五年から九年(一九一六~二〇)にかけて京都市陶磁器試験場の技師とし在籍していた濱田庄司《はまだしょうじ》(一八八六~一九七八)の当時を振り返った興味深い文章が残されている。「河井が住んでおりましたすぐ向かい側には諏訪蘇山《すわそざん》とか五条坂に宇野仁松とかいう、その頃の青磁や辰砂の名手がおりました。……この陶工たちのやり方は科学的というのとは違って、長年の経験と、勘の良さが、たいしたものでした。宇野老人はよく試験場へも遊びに来られ、私が特別室の正確な天秤で試験材料を計っておりますと『わしが指で摘まんで合わせてみるから一緒に焼いて較べてみい』とひやかすのです。ところが結果はその方がきまって生き生きとした釉なので驚きました。私たちのやり方が大きな的を当てに弓を引いて段々に中心へ攻めて行くのにたとえると、宇野さんは始めから小さい金的だけで修業しているような気がしました」(『無盡藏』、朝日新聞社、一九七四年）。これは初代宇野仁松が五十五歳頃のことである。息子の宗甕が試験場を離れてからも、初代仁松はよく試験場に通っていたようで、最新の釉薬のことなどを話題にして、若い濱田たちと交流をしていた様子がうかがえる。当時、試験場で濱田らが行っていたのは、成分のグラム数をきちんと計り、テストピースを何千と作成して、その結果に基づいて、どの色を出していくかという科学的計測であった。これに対して初代仁松のやり方は、いわば古い陶工たちのやり方、つまり経験と勘を第一とするものだった。この濱田の思い出のように、経験と勘を駆使して「青磁の仁松」とまで讃えられた初代仁松の仕事を幼い頃から見ながら宇野宗甕は幼少年期を過ごしたのであり、ついで、陶磁器試験場において彼自身は濱田庄司や河井寛次郎などに近い立場での学理に基づく近代科学的な釉法や技法を学んだのであった。

中国宋時代磁器の釉薬を現代に

このように宇野宗甕は近代京都の陶芸家の中で科学の英知を助手とし、独自の技法を開発した、極めて初期の人であるという位置付けができる。

試験場伝習生時代に宗甕が最初に学んだのは磁器素地の研究であった。試験場の試験研究項目を見ると明治三十八年（一九〇五）の重点試験には純白硬質磁器の記録が挙げられており宗甕はこの試験項目を伝習生として実習していたことがうかがえる。また、試験場では朱色の発色をもたらす辰砂釉《しんしゃゆう》の試験を明治三十六年以来重点試験として行っていたが、宗甕は磁器素地の研究の後には、この辰砂釉の試作にも参加していた。そして宗甕の試験場での伝習体験でもう一つ大事なのは不透明有色磁器釉の試験研究体験である。この釉薬の実験は後の宗甕の陶芸の代名詞となる青磁系釉薬につながるものであり月白釉《げっぱくゆう》などの鈞窯《きんよう》系の作品はこうした試験の中で基礎を学んだと考えられる。

しかし、二十五歳から二十八歳の頃に宗甕の作陶は大きな転換期を迎えている。当時日本の美術市場に流通し始めた中国宋時代陶磁に直に接し、大きな衝撃を受けたのである。後に書かれた宗甕の手紙の草稿には本場中国の青磁に出会った時の感想を「拙作（も）似て非なる点の多々あるに気に附く（に）至りました。……之れを便利（に）なった近（代）薬種で構成させてはどうしても合性酒（合成酒）的となる」（林屋晴三《はやしやせいぞう》「宇野宗甕論」『現代の陶芸』第八巻、講談社、一九七六年」所収）と書いている。科学的な釉薬の成分調合を試験場時代にすでにマスターしていた宗甕は、新たにこの時期に本歌《ほんか》の中国陶磁の釉薬の真価を実感したことで、さらに次の段階、独自の現代的釉薬技法の開拓に挑戦する目標を得たのである。

三十歳の時にはこれまでの知見をもとに青磁釉、天目釉の技術に着目し、三十四歳で銅系釉により多彩な色調の発色をもたらす「焔彩《えんさい》」を完成し、その後は呉須《ごす》、祥瑞《しょんずい》の研究を進めたという。このうち天目釉は、昭和三年（一九二八）に「仁松」銘の箱書で制作した「油滴天目茶碗」が東京国立博物館の所蔵になっているが、林屋晴三は「建窯の油滴天目に肉薄した現代陶芸家の油滴天目では最も優れた作風を示している」と評価している。

宇野宗甕は五十二歳の時に東山区泉涌寺東林町に移った。その後、昭和十七年、五十四歳の時に「焔彩」の技法で、商工省より新興技術保存の指定を受ける。そして戦後になり、国の無形文化財の指定制度が始まると、昭和二十七年、六十四歳の時に辰砂の技術で無形文化財保持者に選定された。その後、無形文化財制度が再度改正されると、今度は六十九歳で「青磁」および「辰砂」の技法で国の無形文化財に選定されている。

辰砂の技法について宗甕自身は、作品の出来は最後の窯の燃え口を閉ざす微妙なタイミングで決まると語っており、宗甕は経験が生み出す微妙な勘と科学的な力という相互の力をもって作品を作り上げていたことが分かる。最晩年には、鈞窯茜映《きんようあかねうつし》という新たな釉法を考案し、釉薬研究への意欲は最後まで衰えることはなかった。

鈞窯茜映は器体そのものは青磁系の月白青釉であるが、器を火から守る匣の内側に銅系釉辰砂を塗り、高温になることで銅の成分が気化して本体に映り、壺や花瓶の胴部にまんべんなく茜色が発色するという原理で生み出された釉法であり、宇野宗甕が生涯にわたり追求してきた釉薬研究の集大成といえるものであった。

＊初出は「初代宇野宗甕の陶芸」（講演会要旨、大阪市立東洋陶磁美術館友の会通信94号、二〇一〇年に所収）。本書の掲載にあたり一部を加筆した。

楠部彌弌――近代芸術意識を中心に据えて

「赤土」の結成

京都市陶磁器試験場は、明治三十二年（一八九九）に製陶家の子弟を対象に伝習生の募集を開始した。元来は京都の製陶家の子弟を対象にした技術の伝達を目的に設立された機関であったが、明治四十四年以降は常設の教育機関として付属伝習所を開設し、一般からも伝習生を募集、作陶家を目指す人たちにも門戸を解放していた。そうした伝習生として作陶を学んだ若者の中から新しい陶芸活動を展開しようとする動きが芽生えてきた。中でも、その先頭に立っていたのが、京都粟田焼で主に輸出向きのやきものを制作する「楠部陶器貿易工場」を営んでいた楠部《くすべ》千之助《せんのすけ》（一八五九〜一九四〇）の四男として生まれた楠部《くすべ》彌弌《やいち》（一八九七〜一九八四）であった。

楠部は、明治四十五年に十五歳で付属伝習所に入学し、大正四年（一九一五）に卒業している。この間の大正三年には河井寛次郎が東京高等工業学校を卒業して同試験場の技師となり、楠部は河井とも親交があった。その楠部が新時代の作陶家として注目を集めるのは、大正八年十二月に結成した作陶家集団「赤土《せきど》」の活動であった。赤土の同人たちは二十三歳の楠部彌弌をはじめ、河合栄之助《かわいえいのすけ》、河村喜太郎《かわむらきたろう》、荒谷芳景《あらたにほうけい》、道林俊正《みちばやしとしまさ》、八木《やぎ》一艸《いっそう》であり、いずれも陶磁器試験場の伝習所を卒業した二十歳代前半の若い陶芸家たちによって構成されていた。

赤土の結成前年の大正七年には土田麦僊《つちだばくせん》、村上華岳《むらかみかがく》らの京都画壇の若手による国画創作協会《こくが》の第一回展が岡崎の勧業場で開かれ、またロダンの彫刻やヨーロッパ名画の複製を展示した白樺社美術展が府立図書館で開催され、京都の美術工芸界は清新な気風に沸《わ》いていたが、楠部彌弌らの時代の先駆けたろうとする思いも、その中で育まれていた。

当時を振り返って楠部は、「若い者が何かをせなけりゃいられんような雰囲気が時代の中に流れていました」（雑誌『本』、昭和五十四年）と語っている。にもかかわらず現実は「（八木一艸）試験場を出たばかりの我々は若造《わかぞう》故に、全く一人前の扱いをうけていなかった。（楠部彌弌）我々若いものばかりが寄って、熱をあげていたのが、自然に或る一つのものに形づいてきた」（小野山五郎「工芸界漫歩――赤土社同人と語る」『都市と芸術』）という古い因習の残る製陶界が壁となっており、これに反発し、個人の表現として陶器を作らねばならないというロマンにあふれた思いが彼らの心を支配していたのである。そして、楠部らは翌大正九年二月に「赤土」の結成宣言文を発表し、溌剌《はつらつ》とした作陶精神を世間に示した。

忘我の眠りより覚めず、因襲《いんしゅう》的なる様式に拘泥《こうでい》せる陶工を謳歌《おうか》し、讃美するは、吾々の生涯として余りに悲惨なり。茲《ここ》に赤土同人は、自然の美の深奥を各自の愛を以って探求し、永遠に滅びざる美を陶器なる芸術に依《よ》って表現せんとする已《や》む能《あた》はざる真意の発動に神秘なる光を求めて生れたるなり。

その宣言文は短いものであったが、ここには陶工的職人意識から、陶芸作家への飛躍を真剣に目指す、若者の純粋で情熱的な気持ちが真摯《しんし》に表明されている。

作陶の転換

大正九年（一九二〇）三月、赤土の同人たちは第一回陶器作品展を大阪髙島屋で開く。そこに楠部彌弌は《黄昏《たそがれ》る》、《白木蓮《もくれん》の咲く》、《雨煙《けむ》る》など文学的な名称を付けた作品を発表し、世間を驚かせた。

そして、本格的な楠部陶芸の出発を飾る記念碑的な作品となった《池畔暮色《ちはんぼしょく》》花瓶を楠部が発表したのもこの時であった。この作品は夕暮れの大原《おおはら》の里で楠部が偶然に見かけた光景をモチーフとしたもので、淡い青磁釉で池を表現し、鉄釉で農夫が池畔で馬を洗っている様子が描かれ、周囲の辰砂釉《しんしゃゆう》の赤で夕暮れの情趣を表すという、いかにも若々しい情感豊かで抒情的な作品であった。

ついで第二回展（同年十一月）を京都岡崎の府立図書館で開催したが、第二回展では新聞も「若い芸術家が血のでるような苦心の数々が並んでいる」（『朝日新聞』京都付録、大正九年十二月一日付）と好意的な展評を紙面に載せ、彼らの作陶を支援した。

だが、世間から驚きと好感をもって迎えられた赤土の活動も、同人たちの経済的な行き詰まりの中、意欲のみが先行した作陶が次第に頭打ちになるとともに長続きせず、東京へ進出して開催した赤土の第三回展（大正十年六月）を頂点として、不出品者が相次ぎ、急速に勢いを失い、やがて大正十二年には自然消滅する事態に追い込まれてしまった。

楠部が友人の漆芸家黒田辰秋《くろだたつあき》を介して柳宗悦《やなぎむねよし》と交流を結び民芸運動に接近したのも、そうした時代であった。「美しさは、あくまで率直でありたい」と願った楠部の心が、柳の説く民芸品の素朴な力強さに魅せられていったのである。

しかし、楠部は陶磁器試験場時代以来、親しく交わっていた河井寛次郎とは異なり、ついに民芸運動の同人とはならなかった。「民芸は仕事に追われる中で自然に生まれた美しさで、美意識をもってそれを創ることとは矛盾する」という、職人的な無意識の美と明確な美意識をもって作陶を進める自分の陶芸の立場の差異を認識したからであったという（菊池芳一郎『楠部彌弌』）。以来、楠部は民芸からも離脱し、「あくまでも近代を感じさせる」芸術意識を制作の基本にすえた陶芸を完成するという目標を具現化する作品を、昭和二年（一九二七）に新設された帝展の美術工芸部、さらに文展、日展を舞台に発表することになる。

楠部の陶芸

昭和初期の作陶について楠部は次のように述べている。「このころわたしは『感覚だけではどうしようもない。技術の錬磨こそ基本』と、しみじみ思った。そして、青磁《せいじ》、鈞《きん》窯《よう》、染付《そめつけ》などの中国陶器や、仁清《にんせい》などの国焼もの、あるいは鶏《けい》龍《りゅう》山の韓国陶器と、それこそ手当たり次第に研究した。むさぼるほどの研究熱心さだった」（「陶芸との出あい」『楠部彌弌作品集』）。この言葉通り楠部は、中国の青華《せいか》（染付）、鈞窯、青磁などの他、鶏龍山などの朝鮮李朝《りちょう》陶器の研究、さらには仁清を初めとする京焼などの国焼の研究と、驚くほどの幅広い領域の釉薬、陶土の徹底した探求を行っている。

楠部彌弌 彩埏 花宴 花瓶 1977年 京都市美術館蔵

　楠部が技術を重視したのは、激流のように経過した赤土時代の体験の中で得た、陶芸の仕事は情緒や感覚だけに基づいていては持続的な発展は望むべくもないこと、豊かな創造には確かな技術の体得が欠かせないという認識に拠《よ》っていた。その成果は戦前の古典研究を援用した青華の藍《あい》の色彩と連続文様の対比の新鮮さ、あるいは伝統的な色絵のモチーフと斬新《ざんしん》な器形の調和などをみせる作品や、戦後の彫刻的な加飾と充実したフォルムの融合した作品などに結実する。

一方、晩年に至って、ことに格調高い陶芸美の世界に到達する彩埏《さいえん》の技法を楠部が試み始めたのも帝展、文展において俊英作家としてめざましい活躍をみせていた時代である。昭和十二年（一九三七）にはその最初の作品「彩埏釉裏紅蟠桃《ゆうりこうばんとう》文花瓶」などが発表されている。彩埏の手法は、素地の磁土に顔料を混ぜ、幾度となく筆で文様を塗りつけ盛り上がりの効果を出し、焼成によって色土《いろづち》を呈色させるものであり、「磁土に呈色材をあわせ彩土《いろづち》を作る。それを薄く溶かしたものを幾度となく盛り上げて文様をつける。この手法を彩埏と名付けた。埏とは土の意である」と楠部自身も語っている。

こうした磁土を堆朱《ついしゅ》のように幾層にも塗り重ねて盛り上げる技法の発想は、フランスのセーブル窯から十九世紀後半にドイツのマイセン窯、イギリスのミントン社などに伝えられ発達したPate-sur-Pate（パットゥ・シュール・パットゥ）技法と共通している。パットゥ・シュール・パットゥ技法も胎土と同質の磁土の上澄《うわず》み液状土を筆によって幾層も塗り重ね文様を浮き出したものであったが、楠部彌弌の創案した彩埏はこれにさらに藍、緑、黒などの彩土が加わっていた。

彩埏は、形と文様と色彩の統一的な調和という陶芸の根幹を成す課題に、楠部彌弌が意欲的に取り組んだ中で生み出されたものであったが、戦後の楠部陶芸は、この方向を自らが創案した彩埏によって一層深化させるものであった。そして、晩年に至るほどその作品の端正さ、丹念な色彩構成は完璧の域に到達し、それに伴い洗練された優雅さは一段と際立ったものとなっていった。

楠部彌弌は昭和五十三年、この彩埏の完成など陶芸活動の功績によって文化勲章を受章する。陶芸を絵画や彫刻と同じ近代芸術の水準に立たせなければならないと念願した板谷波山《いたやはざん》、富本憲吉《とみもとけんきち》、濱田庄司《はまだしょうじ》、荒川豊蔵《あらかわとよぞう》に続く陶芸家としては五人目の受章であった。

＊初出は「近代の陶芸家たち・楠部彌弌」（『茶道雑誌』一九九四年十二月号）。本書の掲載にあたり一部を加筆した。図版は『楠部彌弌遺作展』図録（朝日新聞社、一九八六年）より転載。

河井寛次郎――試験場の技師を経て釉薬の河井

釉薬の河井

河井寛次郎《かわいかんじろう》(一八九〇~一九六六)の陶芸の根底にあったのは、「すべてのものは、自分の表現」という信念である。この自分自身の追い求めるものを表現したいという強い衝動にも似た意欲を河井は終生持っていた。河井を作陶の道に進ませたのもある意味ではこの意欲であり、作陶によってまた、河井の意欲はより高い次元へと導かれていった。河井寛次郎の陶芸の特質は、燃えるような情熱と溢《あふ》れんばかりの感性によって、「自分を表現する」ことにあったが、その背後にはそれを可能にするだけの知識と技量があった。郷里の山陰の安来《やすぎ》から上京した青年時代の東京高等工業学校での勉学と、それに続く京都市陶磁器試験場での技師としての陶磁器釉薬の試験研究の体験がそれをもたらした。

河井が作陶を目指して東京高等工業学校窯業科へ入学したのは明治四十三年(一九一〇)、二十歳の時であった。ただ、陶芸家志望の河井の思惑と違っていたのは、この学科が窯業技師の養成を主目的にして設立されており、陶磁器の制作実習は二学年時に週二回開設されていたのみで、窯業の基礎となる化学・物理の理論、機械製図、築窯製図などが授業の中心となっていたことである。ために、河井にとって陶芸家への道のノウハウはすぐには適《かな》えられず、失望も大きかったようであるが、他方、窯業の基礎となる科学的知識を熱心に勉強したことは、後に「釉薬の河井」と称される素地を形成した。

大正三年（一九一四）、学校を卒業した河井は、秀でた窯業知識を持った藤江《ふじえ》永孝《えいこう》が場長を務めていた京都市陶磁器試験場に技師として入所する。その当初は、轆轤《ろくろ》の回し方も満足にできないと悩んだ時期もあったようであるが、生来の熱心な打ち込みようで製陶技術や釉薬研究に励み、その二年後に後輩の濱田《はまだ》庄司《しょうじ》が入所すると、ともに協力しつつ青磁《せいじ》、辰砂《しんしゃ》、天目《てんもく》など様々な釉薬の調合、焼成試験に没頭する日々を過ごしている。

河井寛次郎が初めて濱田庄司と出会ったのは大正二年の東京高等工業学校であった。技術者を志望する学生の多い中で作家としての陶器の勉強を志している先輩がいると聞いた濱田が寛次郎を訪ね、話を交わしたのが最初の出会いであり、意気投合した濱田は卒業と同時に河井の後を追って試験場の技師になったのである。そして試験場時代の大正六年に河井と濱田は相伴って沖縄へ初旅行を行っているが、この時の純朴な沖縄壺屋の印象は河井にとって生涯忘れられない思い出となったという。

他方、試験場時代の河井の釉薬研究に対する打ち込みようの激しさは衰えを知らず、「釉や絵具《えのぐ》で辰砂がまだうまくできない頃から、赤い色がほしくて、素焼の壺に唯《ただ》赤い絵具をべたべた塗っただけのものを枕元に置いて寝ていた。……辰砂はまた染付と合わせたり、青瓷へ吹きかけたり、釉に混ぜたり、絵具として塗ったり、古来の陶工の中でも河井ほど辰砂に深入りした人はないでしょう」という濱田の言葉（「河井との五十年」）にも現れている。

華々しいデビュー

そうした中で、河井がまず独自な才能を発揮したのは、中国の古陶磁器の解明であった。その当時、まだあまり見ることのできなかった中国陶磁器の知識を、書物を通じて得ていた河井は激しい衝撃を受けたが、その時期の思い出を濱田は、「その頃一番評判だったのは、ホブソンという人の中国の陶磁器に関する二冊揃いの本でありまして、原価数十円のものが日本の相場では四百五十円ぐらいいたしました。これでは毎月二十円ずつ払っても、とても買いきれるものではありません。しかし、幸い河井さんには山岡さんという面倒を見てくださる方があって、その本を買って頂き、到底試験場では買ってもらえないものを、私たちは熱心に勉強することが出来ました」と語っている（「河井との五十年」）。以来中国陶磁の形、釉薬、絵付などの解明に驚くべき情熱を注いだ河井は「ねてもさめても宋の陶器で、宋の太陽が輝いておったわけです。その眩《まばゆ》い太陽に魅入られて、造りたいものを造らせてもらったわけです」（「鐘渓《しょうけい》窯談話」『髙島屋美術部五十年史』）と当時をふり返り語っている。

大正十年（一九二一）の東京・大阪髙島屋で開催された第一回創作陶磁展は、前年に京都の五条坂に鐘渓窯を構え独立した河井が、最初の成果を世に問うものであった。総数百八十一点の作品は白磁、青磁、天目、絵高《えごう》麗《らい》、練上《ねりあ》げ、釉裏紅《ゆうりこう》（辰砂）、染付《そめつけ》、三島《みしま》、刷毛目《はけめ》などその作域も多彩で、しかも科学的知識に裏付けられた作品で構成されていた。それはまさしく、河井の独創的才能が発揮された前人未踏の新境地であった。こうした河井の作陶は、当時の鑑賞界にあった中国陶磁器への関心の深まりとも対応し、第一回展の作品の中から十点を選んで編集された『鐘渓窯第一輯《しゅう》』の序文の中で、東京帝国大学美術史講座の初代助手を経て特許庁技師、農商務省技師を務め、陶磁器研究会「彩壺会」を主宰していた東洋陶磁史学者奥田誠一《おくだせいいち》は、「天才は彗星《すいせい》の如く突然現れるものである……鐘渓窯は突如として陶界の一角にその姿を現した」とその才能を評価した。

しかし、世間の河井に対する期待と評価が高まるにつれ、河井の内部にはこれまでの作陶における漠然とした疑問が湧いてきた。それは「陶芸界の奇才」と称せられた作品と、自己の陶芸に託する河井の信条とのギャップであった。それはどれだけ精巧な技術、釉薬の知識を駆使しても、所詮《しょせん》は古陶磁を模範にしていたのでは、模倣の域から出ないのではないかという危惧であった。髙島屋での個展に際し、河井はすでに、「無心に何の意図もなく自然に私の頭の中にあるものが手に働いて形が生まれてこそ、その真の力が表れる」(「両手に土を握った時には」『髙島屋美術画報』)という信条を発表している。河井の作陶は次第に、その立脚点を移行し始めたのである。

民芸運動の中で

大正十三年(一九二四)、バーナード・リーチとともにイギリスに渡っていた濱田庄司が帰国するが、この帰国を誰よりも待っていたのは自己の作陶について悩んでいた河井であった。

濱田はのちに、「あんなにも友達から待たれたことは今までありません。当時河井の作品に対する世間の期待なりが大きかった丈《だけ》、作家としての悩みも深かったのでしょう」(「河井との五十年」)と語っている。この時、濱田はイギリスでの作陶の経験から純朴な生活陶の制作がいかに意義あるものかを確固たる信念として得ていたが、こうした制作の方向を巡っての話が交換されたのであった。その結果、河井の作陶にはこれまでの制作とは明らかな変化がみられるようになる。大正十四年十月に開催された五回展では技巧を抑えた角鉢、紅茶碗、番茶碗、ビール・ジョッキなどの生活陶が主流となり、文様にも波状の櫛目《くしめ》模様などが使われ始めている。その後、河井は、再度自己の作陶のあり方を見つめ直し、制作に対し確固たる信念を得るまで、恒例となってきた個展を中断する。

一方で、河井は濱田を介して関東大震災を契機に京都に転居してきた柳宗悦《やなぎむねよし》と直接的な交流を持ち、柳の民芸運動の共鳴者となり、日本民芸美術館の設立を目指し歩き始める。そして、民芸運動の中での陶器制作についての確信を持てるまで、ひたすら作陶に没頭し、あえて個展という形式での作品の公表を考えなかった。河井が髙島屋で再び個展を開催するのは昭和四年（一九二九）六月のことで、そこにはもはやかつての河井の作風とは外見も、感覚もまったく違った、民窯の一般的な釉薬と素朴な技術を用いた鉢、壺、蓋物、茶碗、皿など二百五十点余が出品されている。

こうして、河井の生活陶を意識した新しい制作活動はスタートを切った。河井の急激な展開についてはその期待が高かっただけに世間では惜《お》しみ、訝《いぶか》る声も多かった。だが河井は、ひとたびその方向を定めると、ひたむきにその道を邁進《まいしん》した。河井にとっては名声も、経済的な豊かさを失うことも、心の歓びの大きさに比べれば、さほど重要なものではなかった。そして、無名の工人たちの作った雑器から、個人的な美意識を超えた自然の生命感と豊かな美の世界を感受した河井は、自分自身の作陶もまた大いなる他力の中で育まれているという確信を抱き、やがて自他不二の境地に達する。

民芸の海から飛び立って

昭和二十年（一九四五）八月十五日、終戦を迎えた日の河井の日記には次のような書き込みがある。「万事休す、出直し、泣いていいのか笑って好いのか身体の置き場なし」。ついで翌日十六日には、「これから何事が起こるか予想できざる也。来たれよ来れ、仕事はこれから也、新しいき希望燃える也」。戦時下の体制から解放された河井の戸惑いと、ようやく迎えられた明日への希望を、河井らしい直截な文章で書かれている。

そして、その後の寛次郎の作陶には明らかな変化が現れた。自らを陶芸界の禁治産者のようなものだと称し、河井の作風にも民芸時代の技巧を抑えた作風は影をひそめ、青年時代の釉薬探求に見られた情熱的な河井の面影が再び現れてきた。昭和二十九年、新作陶磁器展（東京日本橋髙島屋）の会場に登場した打薬《うちくすり》、泥刷毛目《どろはけめ》の釉法はその代表であった。濱田庄司は河井の釉薬について、「河井ほどそれらが自己の性格的なものに昇華してしまう陶芸家は他にいない」と述べているが、打薬、泥刷毛目は濱田の言葉そのままに、河井ならではの釉薬であった。赤、黒、緑の色釉が自由奔放な躍動美をみせる打薬は、戦前にも少しみられたが、昭和三十年代から晩年にかけて多用された。マンガン、クローム、釉上赤などによる鮮烈な色彩は、ともすれば色調の深味を失う可能性があり、一般的にはさほど使用されていない。しかし河井は、化学釉薬の欠点を逆手にとって、まったく新しい色彩美の世界を出現させた。あたかも戦後のアンフォルメル、抽象表現主義の絵画を思わせる色彩の交差の中に、一瞬のためらいを許さぬ精神的集中がみられる打薬は、河井の加飾の中でも独特な地位を占めている。また、打薬とともに公表された泥刷毛目も晩年の代表的釉薬である。この技法は河井が筒描きを行っていた時、たまたま失敗し、そのために泥漿《でいしょう》を布で拭き取ろうとして偶然に拭い目の面白さに気付いたことから始まったといわれている。その痕跡も生々しい作風は独特で、フランスの作家アンドレ・マルローは河井寛次郎の泥刷毛目の大皿を見た時、「ベートーベン！」と叫んだと伝えられている。河井の生動する精神をそのままに表現した技法は躍動感に富み、見るものを新しい世界に導く力強さを見せている。

河井寛次郎　呉洲泥刷毛目鉢　1955年
河井寛次郎記念館蔵

　晩年の作陶を河井は、「仕事が見つけた自分。自分をさがしている仕事」、「仕事が仕事をしている仕事」と書いている。そして河井は、「私は私を形でしゃべる、土でしゃべる、火でもしゃべる、木や石や鉄などでもしゃべる。形はじっとしている唄、飛んでいながらじっとしている鳥、さういふ私をしゃべり度《た》い。こんなおしゃべりがあなたに通ずるならばそれはそのままあなたのものだ」と語り、扁壺《へんこ》、陶硯《とうけん》、陶板、陶彫《とうちょう》と心の赴くまま、自己の追い求める世界を表現したが、そこには民芸という枠《わく》さえ超越し、世評に拘泥《こうでい》することのない精神の絶対自由の陶芸が展開されていた。

＊初出は「近代の陶芸家たち・河井寛次郎」（『茶道雑誌』一九九四年八月号）。本書の掲載にあたり一部を加筆した。図版は『河井寛次郎と仕事』（河井寛次郎記念館、一九七六年）より転載。

第三章 ❖ 五条坂・茶わん坂の窯場で育まれた近代陶芸家

森野嘉光——窯変の神秘

日本画から作陶へ

日本陶芸の重鎮であり、日展参与、日本新工芸家連盟代表委員を務める森野嘉光《もりのかこう》（一八九九～一九八七）は、明治三十二年（一八九九）に京都市東山区五条坂八幡前に生まれた。父は森野峰楽、母はかね。嘉光は長男で、後に妹が生まれている。作家の生家である五条坂八幡前は、陶器神社の俗称で知られる若宮八幡宮《わかみやはちまんぐう》の正面にあたり、そこを流れる音羽川の両側には江戸時代以来、清水焼の陶家が軒を並べていた。森野邸の隣家は河井寛次《かわいかんじ》郎《ろう》邸であり、この界隈は五条坂でもやきものの中心地である。嘉光の父峰楽も清水焼陶家として名を知られた人物であり、ことに染付、赤絵等の食器制作では一家を成していた。しかし、父も母も嘉光が家業を継承することには消極的であり、むしろ日本画家として成功することを希望していたという。その原因は芸術家肌で、進取の気風に富んでいた父の気質によるものであったが、他方では当時の京焼界にみられた因襲を守る保守的な体質では、新しい時代は生きぬくことができないという考え方にもよるものであった。

ために森野嘉光は、尋常小学校を卒業すると、その頃の陶家の子弟としては珍しい京都市立美術工芸学校日本画科へ入学し、卒業後はさらに京都市立絵画専門学校日本画科へ進学して、竹内栖鳳《たけうちせいほう》、山元春挙《やまもとしゅんきょ》、西山翠嶂《にしやますいしょう》、菊池契月《きくちけいげつ》らの当代の京都画壇を代表する画家たちより日本画の教授を受けている。ことに師事した竹内栖鳳の感化は大きく、自らも日本画に打ち込み、画家になる決意を固めていった。一方、森野嘉光の画才をいち早く認めていたのも栖鳳であり、絵専在学中にすでに「君の絵は、模倣でない君の画風だ」と評せられるほどであった。

大正十年（一九二一）、森野は絵専を卒業、同研究科に進む。そして卒業制作に描いた日本画「比叡の山麓」が同年の第三回帝展に初入選するなど、森野の画家としての船出は順風の中で迎えた。だが、同年十月に研究科を休学して志願した兵役は、森野の人生に転機をもたらすことになる。翌十一年七月に森野は雨中の訓練で肺尖《はいせん》を患い、病院生活を余儀なくされたのである。死と直面した約三ヶ月の入院後、森野は除隊し、療養生活を過ごしている。その中で森野は雑誌『白樺』を熟読し、ロダンやセザンヌなど掲載されていた名画写真に魅せられ、次第にその主張に傾倒していった。中でも森野が触発されたのは李朝陶磁の特集であった。「これを見た時は非常に感動しました。李朝の陶磁などかつて見たこともないものです。絵付や器形の新鮮さに驚き、白磁の素朴な美に心を打たれました」と李朝陶磁との出会いを森野は語っている。そして、これを契機に日本画に傾いていた森野の志は、大きく作陶の道へと回心をとげていったのである。

陶芸界へのデビュー

大正十四年（一九二五）、父峰楽が没し、森野嘉光の作陶への意欲は一段と本格化する。作陶の第一歩である土練りから始め、轆轤《ろくろ》を学び、白磁《はくじ》、青磁《せいじ》、辰砂《しんしゃ》、染付《そめつけ》、赤絵《あかえ》など多彩な陶技、釉法を精力的に研究し深化させたのもこの時期のことであり、これまで学んだ美術の思想と作陶を融合した創作陶芸の道を模索した時代でもあった。その森野にとって昭和二年（一九二七）、帝展に新設された第四部美術工芸部は絶好の活躍の舞台となった。ここには新時代の陶芸を志向する若い作陶家たちも競って応募したが、森野もまたその一人であった。

森野が新設された第八回帝展美術工芸部に応募した作品は、「青流草花文花瓶」である。この作品は厳しい審査を経て、見事に入選した。そして、会場に陳列された花瓶の張りのある器形、草花文の彫文様の斬新さは出品作品の中でも一際注目を集め、雑誌、新聞の美術評でも「新進だが森野嘉光氏のものは、かっちりとした堅実さを誇っているのがひとり目に立つ。特に白磁に素純さと力感味の溢れているのがうれしい」（「アトリエ」渡辺素舟の評）、「あの独創的な青流しなどは全く前人未踏の感覚である」（「中央美術」村松梢風の評）などと絶賛されたのである。森野は帝展美術工芸部への初入選を「伝統的なやきものもいいが、ともかく創作的なやきものを追求したいと考えていました。入選を聞いた時は嬉しかった、しみじみ一人でいたかった」と話しているが、三十歳代前半で早くも陶芸界の寵児の名声を得た森野に、いかにもふさわしい陶芸壇へのデビューであった。

塩釉と緑釉窯変の発見

その森野の名を陶芸界に不動のものとしたのは、塩釉《えんゆう》の発見だったといってよい。ドイツで土管やジョッキなどの化粧釉として使用されていた塩釉が、わが国に招来されたのは明治時代中期のことであるが、森野はこれを陶芸の世界に初めて導入したのである。この塩釉は作品の焼成の最終段階で千三百度にも上昇した窯の中に塩を投入し、揮発した塩分中のナトリウムと土の成分を結合させガラス質を形成し、釉下の絵付、胎土の効果的な発色をもたらすものであるが、作品にまんべんなく塩分がかからないと効果を失うという、窯での偶然性が作用する領域の大きい釉法であった。

昭和四年（一九二九）に、自宅工房に独自の塩釉専門の窯を築いて研究に取り組んだ森野は、翌年、かつて『白樺』で見た李朝白磁の美に通じる質朴な白色を呈した初期の作品「塩釉草花文飾壺」を発表する。そして昭和十年代に入ると、塩釉を自己の芸術表現の特色にまで高め、第四回文展で特選を受賞した「塩釉枇杷図花瓶」、第五回文展無鑑査出品の「塩釉鴛鴦陶額」などの持ち前の画才に新技を見事に融合させた秀作の数々を制作している。

その後、森野の塩釉作品は次第に具象的な表現の世界から抽象へと移り、その中でより森野の心象にふさわしい造形と芸術の領域への開拓へと進んでいく。昭和三十年代に至って発表された第五回新日展出品作「塩釉三足花瓶」や、昭和四十年第八回新日展出品作「塩釉花瓶」などの作品では、器肌のマチエールと造形との完成された統一がみられ、森野の思考と土と炎の奏でる天恵のリズムが調和した独自の芸術世界が展開されている。森野陶芸はここに一つの頂点を極めたといってよく、昭和三十八年には一連の塩釉による創作陶芸活動が評価され、先の「塩釉三足花瓶」に対し、日本芸術院賞が授与されたのである。

森野嘉光　緑釉窯変花瓶　1967年

だが、森野の陶芸の真髄を窮める創作意欲は、たんに塩釉作品にとどまるものではなかった。昭和三十四年、六十歳を迎えた森野は永年の釉薬研究をさらに発展した緑釉窯《りょくゆうよう》変《へん》の研究に着手する。

緑釉窯変は古くから幾多の陶人が良質な発色に心血を注いできた銅釉を基礎釉としたもので、窯の中で空気を十分に与えた酸化焰焼成では緑色を呈し、不十分な還元焰焼成の場合には赤色、さらに強還元焰焼成では黒色を呈する特性を応用したものである。昭和五十年、第七回日展出品作「緑釉窯変赤黒花瓶」、第十回日展出品作「緑釉窯変花瓶」などの森野の緑釉窯変の特色は、シンプルな器形に炎の変化に伴い無限に反応する三色の色調を渾然一体化させ、まことに幻想的で魅力的な色彩のハーモニーを醸し出しているところにある。この色調の渾然一体化は、焼成時の窯での炎と通風の偶然性によるところが大きく、これを安定させ陶芸の表現手法とするには危険度の方がはるかに高いと思われる。しかし、芸術的思考と優れた感性に支えられた研究の蓄積によって、森野はこれをも自己の芸術として完成させた。その森野が追求してきた塩釉、緑釉窯変の美は、まさしく人間の創造性をも超えた陶芸の魅力であり、窯変の神秘というにふさわしい。

＊初出は「森野嘉光」(『創作陶芸の展開Ⅰ』現代日本の陶芸・第五巻、講談社、一九八四年に所収)。

浅見隆三――名匠の心と技

祖父との作陶

浅《あさ》見《み》隆《りゅう》三《ぞう》（一九〇四～八七）は、明治三十七年（一九〇四）に三代浅見五《ご》郎《ろ》助《すけ》の次男として五条坂に生まれた。本名は柳三。生家の五郎助家は家号を祥瑞五郎介と称し、嘉《か》永《えい》五年（一八五二）に初代が、二代清水六兵衛（一七九〇～一八六〇）の門より独立し一家を創した京焼陶家で、土物、特に高級飲食器の制作で知られている。

浅見隆三《白い壺》1962年
京都府蔵（京都文化博物館管理）

父三代は隆三の幼児期に没し、兄も夭逝したため、五郎助家では祖父二代五郎助が家業を主宰し、幼少年期の浅見隆三は祖父のもとで育てられていた。浅見が小学校を卒業後、京都市立美術工芸学校図案科に進学したのも祖父の意向に従ったもので、陶家の子弟として幅広い教養を身に付けるためであった。美術工芸学校時代には西洋絵画に親しみ、絵葉書によって初めて知ったゴーギャンに憧れ、美術展覧会に繁く足を運ぶ一方で、京都、奈良の古寺を訪れ仏像の美に心をときめかせた、大正ロマン主義を身に付けた学生であったという。

その浅見が作陶の基礎を学んだのも祖父であった。荒土の水簸《すいひ》、土揉み、轆轤《ろくろ》挽き、成形、登り窯の窯詰、窯焚と浅見はあらゆる分野について名工気質の祖父から仕込まれている。特に作陶の基調である轆轤挽きの修業は徹底していたという。中でも印象深いのは、寸法合せ、整形のため器肌をヘラで削り込んではならないと教えられていたことである。器面を削ることにより轆轤水挽きの瑞々しさが失われるからである。また祖父は、急ぎの制作の場合でも、夜間には決して轆轤仕事を行わなかったといい、ランプや電灯の下での成形は、光源によって器形の影を見紛うからだと教えられていたという。祖父二代五郎助は、浅見が二十四歳の時に没したが、この間に祖父より身体をもって教授された貴重な体験の中で、浅見は土の素顔の瑞々しい美しさを知り、自然の光の中に置かれて初めて真価を発揮する器形の美の何であるかを学んだのである。それは浅見陶芸の原点であり、終始貫徹された。陶芸は土との豊かな語らいの精神の中から生まれるという浅見の美の哲学、作陶の信念は、こうした祖父との作陶を通じ次第に強固なものとなっていった。

作陶の本質を求め

昭和三年（一九二八）、浅見の作陶家としての成長を楽しみにしていた祖父が没する。これを機に浅見は生家を姉婿に託し独立する。以来、新進陶芸家として浅見は商工省工芸展、ついで新設間もない帝展美術工芸部に作品を応募し、商工展第十四回展褒状、同十六回展褒状、同十九回展褒状、第十回帝展入選、第十二回帝展入選とたて続けに入選、受賞を重ね陶芸家として順風な船出を果たしている。一方、世評も、「近来、帝展京都新進作家として斯界に飛躍し、世人の信望を高めつつあり、大いにその将来を嘱望されている。其の作品は創作的で斬新、京都陶磁界の一異彩なり」（昭和八年『工芸大観』）と浅見の創作陶芸へ期待を寄せていた。

しかし浅見は、昭和六年以降は帝展への出品を中止した。その原因は、審査に確固とした基準が感じられず、納得がいかなかったからである。当時の帝展陶芸の動向をみると、重厚な器形に写実的な彫刻や絵付を施したいわゆる帝展様式が全般に浸透し、これに伴い応募作にもこの風潮に追従する傾向が顕著になっていた時代であった。会場芸術としての陶芸と、浅見が理想とする陶芸の間にある種の異和感が生じてきたのであろう。加えて、浅見は世評での評価が高まるにつれ、作陶への危惧の念を抱いたのである。それは直面する展覧会への応募、入選、受賞という道を盲進することにより、大切な作陶の根本を見失う危険性であった。「このコースを盲進したら、やがて技術が付いてゆきません。陶芸と言いつつ、土も釉薬も知らずでは。だからと言って三十代、四十代になり、もう一度土、釉薬をやろうかと思っても、とても出来るものではありません」と浅見は当時を語っている。以来、浅見は主要な美術展への出品を断念し、在野にあって世俗的な評価にとらわれず、ひたすら実力の向上に努めていったのである。

現代陶芸界の名匠

浅見にとって飛躍の場となったのは、戦後の陶芸界の再出発の動きであった。その中で、浅見は長年の研鑽に裏付けられた実力派の作家として、現代感覚に満ちた作品を次々と発表し、現代陶芸界の代表作家の地位を確立する。

昭和二十年代には素地に彫り込み模様を刻み、これに異質の土を埋める象嵌《ぞうがん》の技法が、浅見の陶芸表現の主体となっていた。昭和二十一年（一九四六）、第二回日展で特選、昭和二十六年、第七回日展で再度特選を受賞し、現代陶芸界に新風を吹き込んだのも、象嵌による「朝・胡瓜図象嵌皿」、「鶏頭図花瓶」の優作であった。また、昭和三十年代には器形のマチエールと造形性を強調する方向に進み、視覚的な造形効果の探究と、長い間、陶芸界の主流となっていた絵付主義からの脱却を試み、轆轤挽きに際して生じた亀裂による文様表現、泥漿《でいしょう》による器肌の装飾という現代的な加飾の美の開拓へと関心が向けられている。轆轤の遠心力を利用した亀裂により、器肌にからたちの枝を想像させる割れ目が印象的な《朝》（昭和三十一年日展出品作）、三つの輪を重ね艶消しマット白釉を施し、あたかも白亜の三重のStupa（塔）を思わせる《白い壺》（昭和三十七年日展出品作）などの傑作が、この時期に作られている。

そして、こうした方向性の中から、泥漿を塗った作品が創造されてくる。磁土と水とを混ぜ、液状にした泥漿を、轆轤挽きで瞬時に器形に塗り付ける泥漿の技法は、胎土と泥漿の固さ、接触点がよほど近くなくては乾燥によって剝離する危険性を持つ技法であり、水墨画を描くように一瞬の躊躇も、やり直しもきかない手法である。しかも、泥漿作品の場合には、完成した造形をあらかじめイメージとして把握する必要がある。その意味で泥漿技法は極度の緊張感の中で確かな技と造形思考が渾然一体化し、初めて成功するものといってよい。浅見は昭和三十二年の第十三回日展に初期の泥漿作品「白瓷壺」を出品してより、一連の秀作を発表し、昭和四十二年には泥漿作品《爽》によって日本芸術院賞を受賞する。

以来、泥漿といえば浅見陶芸、浅見陶芸といえば泥漿とまで称せられる独自の陶芸を確立したが、その中でも、後年には泥漿によって造形された自己の心象により高い精神性が表現されている。そして、これに伴い、轆轤水挽きの瞬時の行為に自己の芸術的表現のすべてを賭け、それによって生じる器体そのものの美を追求する姿勢が一層顕著になっている。海流の心象風景を表現した《潮騒》、南海の海にモチーフをとる《涛》、水の流れを象徴した《淙》、清浄な塔にイメージを求めた《浄》など、強靭な造形力の凝集性をみせる作品はその好例といってよい。ここでは造形と泥漿が浅見の精神的境地と一体化した世界が形成されており、これまでの近代陶芸史上にも類例を見ない芸術表現の新分野を完成させた。

名門の京焼陶家に生まれ、名匠の心と技を体得した浅見。その浅見が六十年余に及ぶ作陶を振り返りつつ最後に静かに語った、「奇麗な仕事は出来ますが、美しい仕事はなかなか出来ないものですね」という言葉は、ともすれば人目をひくことにのみ終始する当時の陶芸界への警鐘として、私の心の中で今も、いぶし銀のような光彩を放っている。

＊初出は「浅見隆三」（『創作陶芸の展開Ｉ』現代日本の陶芸・第五巻、講談社、一九八四年に所収）。

藤平伸——詩情あふれる作陶

河井寛次郎との出会い

藤平伸《ふじひらしん》（一九二二〜二〇一二）は、兵庫県の明石から京都に移り、大正五年（一九一六）に東山区馬町《うままち》に藤平陶器所を開設した藤平政一《ふじひらまさいち》の次男として生まれた。兄は昭和初期に河井寛次郎の陶房に入門し、藤平製陶所を五条坂に開設し、昭和五十年代に五条坂陶栄会会長を務めた藤平長一《ちょういち》（一九〇八〜九三）である。父政一は藤平陶器所時代から、「河井さんは窯主、わたしのところはその窯の一部二間《ふたま》を借りていました」（『五条坂陶工物語』藤平長一、北沢恒彦著）と、陶磁器の本焼きを河井寛次郎の登り窯で借窯しており、河井家と藤平家は懇意の間柄であった。藤平自身も「伸」の名前は河井寛次郎が名付け親であり、幼年時代から藤平は河井には可愛がってもらったと語っていた。

藤平は釉薬の辰砂《しんしゃ》は河井から学んだとも語っていたが、釉薬への関心のみならず藤平陶芸にみる約束にとらわれぬ自在さと、既存の陶磁作品にとらわれぬ着想の自由さには河井の影響を感じることができる。例えば昭和四十年（一九六五）前後から発表された、鳥をモチーフとした彫り込み模様のある大胆な装飾法は、現代陶芸に一つの新しい加飾の道を開拓した。その加飾は胎土に厚く白化粧を施し，針・釘・竹串などで鋭く絵柄を彫り込み、いったん素焼した後に、描線に黒釉を塗り込め、余分な絵具を拭き取り、そこに上釉を掛けるという、

藤平伸《二人からくり》1990年
京都府蔵(京都文化博物館管理)

実に手間と緻密な技術を必要とする手法がとられている。こうした器肌に絵を彫り込んでいく手法によって、藤平は従来の絵付では表現不可能な、銅版画の線彫のような硬質な線と緻密な線を生み出したのである。このような着眼点の鋭さは、製陶技術の一つであった布目の手法を積極的に作品の装飾手段として活用したところにも表れている。一九八〇年代後半には布目に鳥や植物の貼り付け模様が結合した仕事を精力的に行ってきたが、この時期の一連の作品には、加飾と造形とが一体化した現代的な作陶感覚が貫かれている。

その中で藤平は、手捻りによる不定形の器物を志向した時期から、器物としての用途性をも意識した軽妙な作風へと展開した。「やきものの本来あるべき姿を再び見直し、また自分の来し方の足跡もたどり、次の前進のための道標ともしたかったからである」と後に述べている(「わたしの一品への思い」[『やきもの探訪展』図録、NHK、一九九七年])。それに伴い鋭利な線彫に加えて藤平の純粋な感動や情緒を込めた童画風な絵模様が表現されるようになり、藤平陶芸の世界はさらなる飛躍を迎えた。

詩情あふれる作品

平成元年(一九八九)に髙島屋美術部創設八十周年の一環として開催された「藤平伸展」は、いまだに私の心に強く残る個展であった。その個展のカタログの中で藤平伸は、「かどで」と題する短文を寄せている。内容は、子供の頃に抱いた、不思議な色や形を伴った炎への思いや、職人の指先からするりと変身する土のありさまへの驚嘆であった。「かどで」とはそうした子供の日々の延長線で陶芸への道を歩み始めた思い出を語った文章である。だが、私には「かどで」は単にそれに止まらない、その時点での藤平の新たな陶芸への門出の宣言のように受け取れた。それは京都市立芸術大学を退官し、自由な境地で新たな陶芸世界を開拓したいという藤平の思いが込められていると感じたからであった。

事実、藤平伸の陶芸のその後はほのぼのとした情緒が軽妙なフォルムを伴い、闊達自在な世界を切り開いてきた。そして、藤平の作陶に対して詩的な情感、軽やかな着想、メルヘンの世界と生命の躍動などと、その仕事を賛美する言葉が数多く寄せられている。確かに、この時期以後の作品にはそれが少年時代の鮮烈な印象、見知らぬ土地との出会いの印象であれ、郷愁の思いが作品化のモチーフになってきたものが多くみられる。

その中にあって藤平の作品は、形状の観点からすれば一見したところ小さく目立たない。だが陶芸作品ならではの温かなマチエールと個性的な造形によって際立った存在感を見る者に与えてきた。それを支えるのが軽やかな着想であり、秀でた陶技である。陶芸の仕事ならではの、手捻りの成形による自由な造形、布目タタラ作りの手法、さらに布目へのV状・湾曲の彫りが重なってもたらされた変化に富んだ器肌の創出や、白化粧地に緑釉、鉄釉、辰砂の重ね掛けがもたらす色彩の階調表現という、藤平陶芸の独特の作風制作のための、丁寧で熟達した陶技が駆使されていることをみることができるのである。

晩年、藤平が好んで引用する一文に、十二世紀の『梁塵秘抄《りょうじんひしょう》』の今様歌《いまようた》があった。「遊びやせんとや生まれけむ、戯れせんとや生まれけん、遊ぶ子供の声聞けば、我が身さへこそ揺がるれ」。ここには子供の楽しげで、無垢な遊戯の世界が現され、それらがわが身と心を揺るがすという心境が語られている。藤平の抱いた郷愁の思いは次第に「遊戯三昧《ゆげざんまい》」の広大無辺な徳、知恵の仏教を感受させてくれる、仏教的な遊びの精神と重なりつつ転変していったのである。

＊初出は『陶芸の絵模様――現代編』（求龍堂グラフィックス、一九八七年）、および『陶説』五四四号（一九八八年）を基に新たに作成した。

伊東慶——端正なフォルムとマチエール

作陶への軌跡

伊東慶《いとうけい》(一九二四〜二〇一七)の実家は、陶器神社の俗称で知られる東山五条坂の若宮八幡宮《わかみやはちまんぐう》のすぐ西側にあった。伊東慶の父である陶芸家伊東翠壺《すいこ》(一八九四〜一九八〇)が、昭和六年(一九三一)に粟田《あわた》焼陶家であった養父伊東陶山《とうざん》から独立して以来、五条坂に移住し作陶を続けた場所である。父翠壺は昭和五十五年に八十六歳をもって没したが、日展系陶芸家として評議員、参与を歴任した京都の陶芸界の重鎮であった。

幼少年期の伊東慶(初めは奎、のち慶に改める)の生活は、こうした父の作陶三昧のかたわらで続けられていた。その中で、伊東もいつしか門前の小僧のことわざにも似て、陶土と親しみ、やがて京都の陶芸家の多くの子弟がたどる道——なだらかに父の仕事を息子が継承するという道を歩んでいった。小学校を卒業後、京都市立美術工芸学校に進学した伊東は彫刻科に在籍した。当時、窯業、陶磁関係の学科のなかった美術工芸学校では、彫刻科に陶家の子弟が入学することは珍しくなかった。走泥社《そうでいしゃ》を結成する八木一夫《やぎかずお》も、彫刻科に進んだ伊東慶の先輩の一人であった。そして、昭和十六年に美術工芸学校を卒業した伊東は、さらに京都市立絵画専門学校の図案科に入学する。卒業生の中には彫刻科の設置されていた東京美術学校(現東京藝術大学)へ進学する者もいたが、すでに太平洋戦争に突入しようとする状況下では東京へ行くことを断念せざるを得なかったのである。むしろ、市立絵画専門学校の図案科に進むことによって日本画、洋画、デザイン、染織などの幅広い知識と実技を学ぶことが、父の希望でもあり、伊東自身も父の意向に沿った進学であった。

伊東の絵専時代の前半は、校風にもよるが比較的自由な学生生活であったという。だが、戦争の余波が次第に色濃く影を落とすようになり、上級生になってからは軍事教練が続き、やがて学校を離れ勤労奉仕に駆り立てられることになった。昭和十八年に学徒兵動員が実施され、翌十九年に伊東も学徒として兵役に召集されたのである。

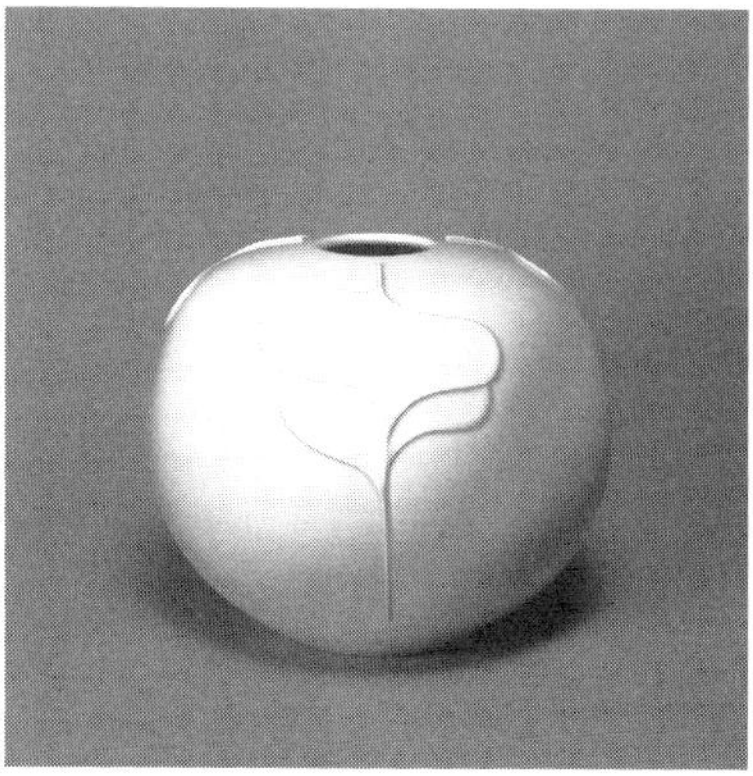
伊東慶　花瓶《静韻》 1977年
京都府蔵(京都文化博物館管理)

そうした騒然とした昭和十八年の第六回文展に伊東は初めて作品を出品した。「向日葵蓋物」で初入選を果たしている。その頃の絵専では、最上級生になると官展への出品が許されていたのである。だが、この文展への出品は、伊東にとり、制度上のルールに従って出品したという以上の特別な意味を持っていたという。伊東の言葉によると、「その時、ふと自分の歩みを振り返ると、この世に私というのは何も残っていないと思いました。せめてこの作品を残したい。それを出して兵隊に出かけたのです」と語っている。陶芸家の子弟として、それまでの伊東には、作陶への道は何らの決断を要するものでない自明の道であり、陶器を制作することそれ自体も厳しい動機は必要ではなかったのである。しかし、文展への出品は伊東にとって自己の存在そのものを印す、ぎりぎりの状況下での出品だったのであった。「大きな作品ではありませんでした。黄地と瑠璃色の濃い色調の作品で、しかも当時は轆轤《ろくろ》もそれほど挽けませんでしたので、厚く挽いておいて、後で削り出して合わせたものでした」

と入選作品について伊東は話しているが、あるいはこの時の作陶が、伊東にとって陶芸と自己との関連――作陶へ進む自覚的動機を実感した最初であったのかもしれない。

マチエールと造形の世界へ

昭和二十一年（一九四六）四月、伊東は中国大陸での兵役を終わり、京都に戻った。その伊東を待っていたのは、敗戦を契機として新しい陶芸を創造しようという動きであった。その中で伊東もまた青年作陶家として情熱を燃やしていた。昭和二十一年九月に結成された「青年作陶家集団」に伊東が参加したのも、伊東が作陶の理想を求めてのことであった。青年作陶家集団は戦後の第一回日展で特選を受賞した気鋭の陶芸家中島清《なかしまきよし》（京都に生まれる。昭和二十一年、戦後第一回日展において、「白磁牡丹図花瓶」で特選受賞する。以後、京都日吉ヶ丘高等学校美術コースの教諭となる。京展審査員を務める）を中心に、伊東や八木一夫《やぎかずお》、山田光《やまだひかる》など十名のメンバーによって構成されていた。この新世代の作陶家たちによる青年作陶家集団は、やがて昭和二十三年の日展への出品問題に端を発した作陶上での考え方の相異から解散するが、戦後の陶芸革新運動の先駆けとなった運動を通じて、伊東の陶芸観も次第に明確なものとなっていったのである。

陶芸家として本格的な作陶に進んだ伊東にとって、最も大きな影響を受けたのは楠部彌弌《くすべやいち》であった。楠部彌弌は父翠壺と長年にわたり親交があり、その関係から伊東は作陶上の指導、助言を受けるようになったのである。昭和二十八年には楠部を主宰者とする陶芸研究団体「青陶会《せいとうかい》」が組織され、伊東もその創立メンバーとして会員となっている。青陶会では、毎月のように会員間で作品の批評会が開かれ、伊東も研鑽に励んでいた。楠部からは数多くの事柄を学んだが、特に陶芸制作に対する真摯で厳格な態度には尊敬の念を抱いたという。そのことは、「先生から作品についてもいろいろ批評を受けましたが、ことに作家としての制作態度については、これは厳しかったです。いいかげんな形だけがあって、後で絵付をしたりすると、先生は何故これを作るのかと、かならず原点に帰っての指摘を受けました」という言葉からも知られる。そして、伊東の作風も次第にマチエールと造形性を強調する方向へ進んでいくことになる。

伊東の初期の作風は写生に基づく絵付を主体としたものであった。「朝顔の図花瓶」は昭和二十四年、第五回日展に出品されたものであるが、この他に「染付菖蒲文花瓶」(第八回日展)、「海芋之図花瓶」(第九回日展)、「百合ノ壺」(第十回日展)、「白い花の壺」(第十一回日展)など、昭和三十年代前半までの伊東は染付、色絵作品を手がけていた。それが、昭和三十四年の日展に出品された「旋翔瓶」、翌年出品した「飛耀瓶」を境にして、器肌のマチエールを生かし、造形的な作風へと発展をとげている。特に、昭和三十年代後半から昭和四十年代にかけて発表された織部釉のグリーンを基調とした作品群は、グリーン色の器肌と抽象的なフォルムの調和した優れた作風を示していた。轆轤で挽いた端正な器形とグリーン色の器肌上に鋭い稜線でアクセントをつけた《爽心》。器形の下半分を轆轤で挽き、上部を手捻りで成形した《蒼潭》などは、この時期の伊東の作風の特徴をよく表現した秀作である。このうち《蒼潭》は、昭和四十年、第八回日展で特選・北斗賞を受賞した《蒼容》についで、昭和四十二年、第十回日展の菊花賞受賞作となっている。

白磁への挑戦

昭和四十四年(一九六九)、伊東は幼年以来過ごした五条坂の実家を離れ、山科の清水焼団地に工房を移した。そして名を、「奎」から「慶」に改め、新たな作陶に立ち向かっていった。その中で生まれてきたのが、これまでの陶器制作から白磁の世界への挑戦であった。伊東によると、すでに以前より偶然性に左右されることのない白磁への魅力は強く感じていたというが、新たに創作の場を得て、念願が実現することになったのである。昭和五十年の改組第七回日展に白磁《湖映》が初出品されて以来、伊東は意欲作を続々と日展、日本現代工芸美術展に発表している。

その中で、伊東は無限ともいえる白の色調の中から自己の作陶思考に適した白磁の美しさを見出す努力を続けている。「本当の白になる少し手前の白」と語る、独自の気品ある伊東の白磁の色は、この白磁美の真髄を探求する中で発見されたものであった。そして、白磁の器形には伊東の心象風景ともいうべきモチーフが、大胆かつおおらかに表現されている。それは、ある時は伊東が旅したフランスの静かな林の印象であり、タイの美しい朝焼けの風景の印象であり、また雨のしたたりの一瞬をとらえたものである。こうしたモチーフは年々深まりをみせており、近年では日本の四季の移ろいを花に托して表現する作品へと発展をとげている。父翠壺譲りの端正で気品のある作風を展開する伊東慶。その陶芸は現代京焼の本流を歩むものといってよい。

＊初出は「伊東慶の陶芸」(『創作陶芸の展開Ⅱ』現代日本の陶芸・第六巻、講談社、一九八四年に所収)。

小川欣二（五代小川文斎）――鎮魂の作陶

名門の陶家

京都の五条坂界隈には、現在でも代々にわたって陶業を営む伝統ある陶家が何軒かある。さしずめ清水六兵衛《きよみずろくべえ》家などはその代表格であろうが、小川欣二《おがわきんじ》（一九二六～二〇一二）もそうした陶家の後継者の一人である。生家は京都で「文斎《ぶんさい》さん」と呼ばれ親しまれてきた小川文斎家であり、昭和元年（一九二六）、四代文斎の次男として生まれている。幼年期の思い出として、工房の一隅で祖父三代文斎が手に乳鉢を持って黙々と釉薬の調合にあたっていたのを記憶しているというのも、いかにも名門の陶家に生まれた小川欣二らしい話である。

しかし、長男が家業を継承するのが通例となっていた京焼界では、次男が作陶の道に進む必要もなく、少年期には医者になるのが小川の希望であったという。近隣の陶家の子弟が数多く通っていた京都市立六原小学校を卒業後、京都府立第二中学校へ進学したのも医師への道を目指してのことであった。

その小川にとって人生の転機を迎えたのは、家業を継ぐべき長兄が、京都市立絵画専門学校在学中に学徒動員で兵役に駆り立てられ、特攻隊員として沖縄の海で戦死したからである。同じく兵役にあった小川が昭和二十年に生家に戻った時、父文斎から兄の悲報を聞かされ、これを契機に亡兄に代わって作陶に進むことになったのである。

作陶の軌跡

小川が作陶に進む決意を固めた戦後間もない頃の京焼界は、「作るに土なく、焼くに薪なく、売るに陶器なし」の時代であったという。昨今の陶芸ブームを知る者にとっては隔世の感がある。その中で小川の本格的な陶技修練が開始される。父文斎より製陶を学びつつ、京都市工業技術員養成所窯業科に第一期生として入所した。そして、昭和二十三年には京都市工業研究所の窯業技師となっている。ここでは地元の業界からの依頼研究を進めるかたわら、自ら一年に一つの陶技課題を設定し、その解明にあたった。呉須《ごす》の研究を一年間続け、約千種類にも及ぶ分析を行い、翌年には上絵付の調査に進む。また、一年は各地の陶土を取り寄せ成分の解明に励み、さらには窯での焼成方法の改良に一年を費やすという、地味ではあったが貴重な体験の連続であったという。今日、小川の作品に接する時、いつも感じる技術的な完成度の高さは、こうした若き日々の工業研究所時代に培われた陶技と知識が生かされているに違いない。

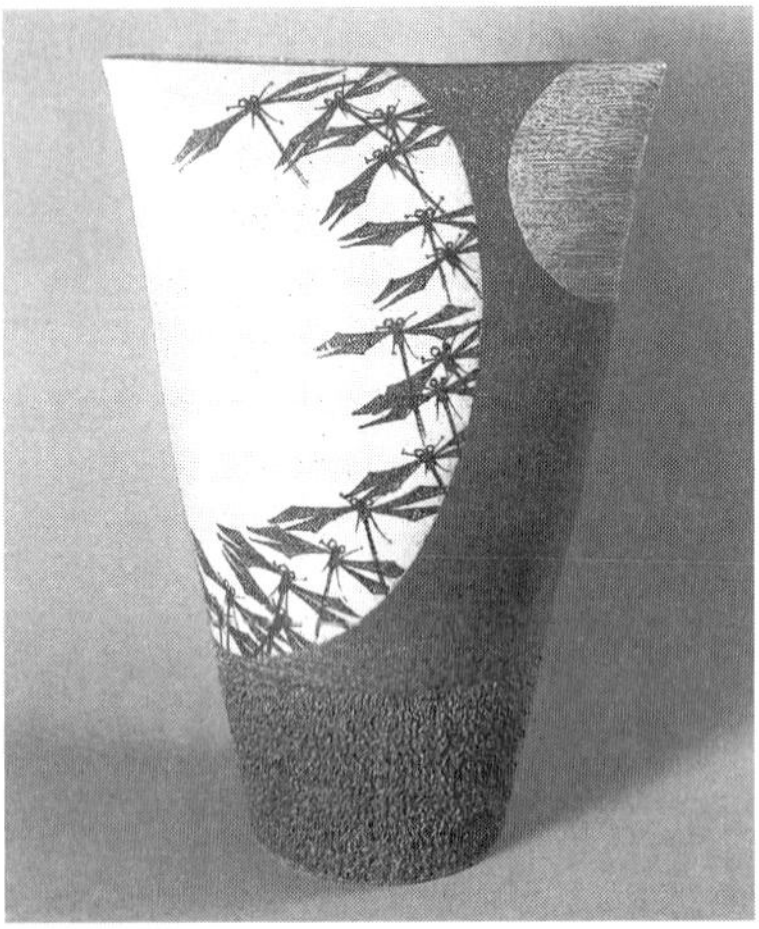

小川欣二《月に舞う》1980年

そして、昭和二十三年よりは技術的な修練とともに、陶芸家として歩むべく六代清水六兵衞のもとに通い、作品指導を受け、主宰する「京都陶芸家クラブ」が結成されるとその会員となり、作品の研鑽に励むことになる。昭和二十五年には日展に初入選し、昭和二十七年には窯業技師として勤務してきた京都市工業研究所を退所する。「日展に連続三回入選して、ようやく気持ちがこの道で行こうと固まったのですなあ」と、小川は当時を振り返って語っている。その当時の作品には、陶土を盛り上げ焼成によって発色をするものや、呉須絵付を施したもの、蠟抜きの手法に基づき装飾したものが多かったという。工業研究所時代に小川は余暇をみつけて南画家、矢田百溪に南画を学んでおり、その影響もあったのか絵付に最も興味を抱いていた時代であった。

そうした絵付の時代を経過して、小川の作風が次第に造型的な要素を強調するようになったのは、日展において特選・北斗賞を受賞し、陶芸家としての地位を確立した昭和三十年代後半からのことである。呉須、伊羅保釉、織部釉などを用いても、けっして陶土の材質感を損なうことのない器肌を基本に、独創的な造型美の追求へと展開をとげていく時代だといってよい。中でも、この時期の作品として強く印象に残っているのは、昭和四十八年の京都陶芸家クラブ結成二十五周年記念展に出品された「流れ」、昭和五十年第七回日展に出品された「伸」である。そこには題名の示すような伸びやかで流動的な器形が的確な造形力をもって表現され、小川の陶芸の一つの精華をみる思いが強くしたものであった。

欣求の道

昭和五十年（一九七五）、小川の陶芸家としての成長を心より願い、作陶の最もよき理解者でもあった父四代文斎が没した。小川は名実ともに、名門の陶家を背負って作陶を続ける日々を迎えたのである。そして、この時期を境に小川の作品には、しばしば「蜻蛉」や「魚」の具体的なテーマが登場するようになる。その当初は、それまでの現代的な造型と土の素材感を生かした器形に一部装飾的に取り扱われていると思われたこれらのテーマが、次第に重要な作陶そのものに関わったモチーフだと感じ始めたのは、昭和五十三年の日展に「翔陽」、昭和五十四年の日展に「游蜻」が出品された以後であった。それはある時には単独の形として、またある時は群れる姿として表されている。

そして注目したいのは、これ以降の小川の作品には、あたかも人間の喜怒哀楽が作品に反映したかのように、それぞれが表情を持って登場していることである。例えば「うたう」、「想い出海に遊ぶ」、「だんらんする家族」、「仲間たち」のような楽しげな気分をみせる題名や、「眠る」、「化石魚」、「とんぼ塚」など悲しげで厳粛な雰囲気を覚える作品などである。しかもこれらの作品では、装飾的な色彩はほとんど使われておらず、モノトーンな彩調によってモチーフが強烈に印象付けられている。こうした小川欣二の陶芸をみる時、何よりも知りたく思うことは、独自の作家的エスプリの横溢した作陶の軸となっている「蜻蛉」「魚」のモチーフと小川の陶芸との有機的関連性であるに違いない。

これについては、小川の昭和五十六年の個展に寄せた一文が思い出される。それは、

日本画を勉学途中に学徒出陣した兄が沖縄の海に散華して、はや三十六年の歳月が過ぎ去りました。併し、私の心の中では魚になった兄が、常に元気に泳いだりお酒を飲んだりして、楽しく生活しています。この個展が兄の思い出のよすがになればと願います。

というものであった。これを読んだ時、小川にとって「魚」というモチーフへの接近が、単なる装飾的効果という陶芸技巧の域を脱するものだったことが判明した。それは、まさしく〝亡兄に捧げる鎮魂歌〟といってよいものであった。「兄の死については特攻機で出発した事実しか知らないのです」と語る小川にとって魚の兄は化身であり、どこかで今なお生きつづけていると思われてならないという。そして、これに関連して「蜻蛉」は小川自身の化身でもあるという。兄の死を契機に陶芸に進み、亡兄に見守られながら作陶をつづける自らの心象を、太陽の光を浴びながら高く低く舞う「蜻蛉」に託したのであった。

＊初出は「小川欣二の陶芸」（『創作陶芸の展開Ⅱ』現代日本の陶芸・第六巻、講談社、一九八四年に所収）。図版も本書より転載した。

今井政之――象嵌技法を極めて

はじめに

陶芸という芸術分野は作り手と素材との関わりが深い。かつてのように、陶磁器といえば生活の器という時代は過ぎさったが、素材となる土の特性と制約の中で制作が行われる点において、陶芸は絵画や彫刻とは異なる独自性を持っている。そのため陶芸においては、作者が表現したい造形・意匠と、素材の特性に立脚した技術的裏付けという二つの側面は、いわば車の両輪のように存在する。その一つを欠いても、真の高次の作品は生まれない。作者がいかに個性的であろうとしても、それを支えるだけの技術の蓄積が欠落したのでは、作風の持続性や将来の展開はおぼつかない。無論、技術のみを知っていても創作を生命とする作家たり得ないのであるが、この創作を支える技術力が近年、若い作家たちの間で低下しているように思われる。確かに長い歴史を持つ日本の陶芸であるから、技術的側面を取り上げても、先人がそのほとんどを試行してきたといえよう。だが、それにしても自己の全人格的な表現のため、意欲的に技術力を獲得しつづける作家は少なくなってきている。

そうした風潮の中にあって今井政之《いまいまさゆき》（一九三〇～　）は、青年時代から素材の土と対話し、技術力を蓄積し、象嵌《ぞうがん》を中心とした作陶によって、「象嵌の今井」と世に称賛される個性的な作風を展開してきた。今井陶芸の代表作の一つである「象嵌彩窯変　雲心月性　盒瓶」（昭和五十七年日展出品作）をみても、窯変の古典的な自然美と洗練された盒瓶の器形、清楚な雪椿の風情が今井の現代的な感覚と融合し、見事な創作陶芸の世界を形成している。こうした器形と意匠と感性が渾然一体となった今井陶芸の特質は、その底流に高い技術的蓄積があって初めて可能な世界であり、その意味で創作力と技術が見事に一致した貴重な例証であるといえるだろう。

土との対話

今井政之は昭和五年（一九三〇）十二月二十五日に、大阪市東区で出版印刷業を営んでいた今井隆雄、こすみ夫妻の長男として生まれた。大阪市立今里国民学校に入学して小学生時代を過ごした今井は、戦争の本格化した昭和十八年に疎開によって父の故郷の広島県竹原市に移り、以後は竹原で過ごしている。そして、同地の広島県立竹原工業学校金属工業科に進学し、学徒動員などを経験する中で陶芸の釉薬の基本となる銅、鉛、コバルト、金などの溶鉱を学び、同二十二年三月に卒業した。だが、敗戦の混乱で明確な就職先となく、そうした中、やきものや古美術を愛好していた父隆雄の勧めにより作陶の道に進んだのである。幼年の頃より絵を描くことが好きであった今井の資質と、金属工業科在学で得た経験を考慮してのことであろう。

当初、父は今井を京都の五条坂に行かせることを希望していたが、京都では食糧難と材料難で、作陶の火は消えたも同然の状態にあり、そこで同じ山陽道の備前《びぜん》へ赴くことになった。備前では当時、京都の五条坂から制作地を伊部に移していた平野芳山《ひらのほうざん》の窯場に入り轆轤《ろくろ》を勉強している。この時期、京都から備前へ出かけて作陶する者も多く、今井と同工房で絵付をしていたのが河島浩三《かわしまこうぞう》であった。また、先輩陶芸家として今井の修業を助けた鈴木黄哉《すずきおうさい》、西川清翠《にしかわせいすい》も京都とは関わりが深く、西川は陶芸家河村蜻山《かわむらせいざん》の弟子にあたり、鈴木は陶芸家楠部彌弌《くすべやいち》のもとでデコ師（細工物作り）を務めた人物である。

昭和二十四年、作陶の基本である轆轤《ろくろ》制作、焼成の一通りを学んだ今井は、倉敷市山手に新設された岡山県工業試験場の窯業分室に勤務することになり、ここでより広く釉薬の研究や陶土の科学的分析を行う生活に入った。今井が備前を中心とした山陽路のやきものを研究したのは昭和二十六年までであったが、備前での作陶時代の中で、今井が強く意識したのが陶土の問題であったという。この点では、素材としての土そのものが作品の完成度と直接的に関わっている備前焼を作陶修業の第一歩としたことと無関係ではない。一般に修業時代の体験が、その後の長い作家生活の最も根底となる基礎を形成する場合がみられるが、今井の場合もその例外ではなかった。日々、身近で備前の土にふれるにつれ、「ねっとりとした土肌」を持つ素朴で力強い土質に強い共感を抱いたのである。

「私が仕事を始めたころ備前に勉強に行っていた時代があるんですけれど、備前のあのねっとりとした土肌が非常に好きになりましてね……その土の持っている特性というか、土そのものの性格というんですかね、土そのものの持っている良さというものを追求してゆきたいというのが基本にあったわけです」と、当時の土への共感を今井は語っている。こうした貴重な体験を経る中で、今井には次第に一つの作陶観が確固なものとして生まれてきた。それは「やきものの生命は土であり、素材の土を生かすことによって、自分なりの作品を表現できるのではないか」という、土との対話を基調とした作陶であり、その方向で自己の個性を発揮する陶芸の道だった。

作風の開眼

しかし、備前の土には大きな魅力を感じていた今井であったが、窯場の現状そのものにはさほどの魅力を抱かなかったという。なぜなら、これほどまでに良質の土がありながら、宝瓶や鉢など量産品の生産が主体であり、それを使って個性的な作陶を展開しようとする雰囲気が乏しかったからである。当時、備前では昭和二十三年（一九四八）に金重陶陽《かねしげとうよう》、山本陶秀《やまもととうしゅう》、藤原啓《ふじわらけい》が国の技術保存作家の資格を受けて作陶を行っていたが、作家的生き方を目指す人々はこれらに限定されており、その方向は桃山茶陶の再現を第一としていた。ために、今井の志向した自己の個性を発揮する陶芸は備前では不可能ではないかという気持ちが次第に高まり、ついに備前の地を離れる決意を固めたのである。

今井政之が京都に移ったのは昭和二十七年、二十二歳の時である。その際、仲介者となったのは西川清翠で、西川より京都の勝尾青龍洞《かつおせいりゅうどう》（明治三十九年生）を紹介され、京都市東山区五条坂の勝尾の内弟子となった。勝尾青龍洞は東京美術学校洋画科を卒業し、京都で絵付の才を生かした作陶を行っていたが、出身が岡山県であったことも弟子入りには幸いした。そして、翌二十八年には鈴木黄哉との縁もあり、日展審査員を歴任し日展参事となっていた楠部彌弌に師事する。この年六月に、楠部は若い陶芸家たちの声に応え「青陶会《せいとうかい》」を結成したが、今井も創立メンバーとなったのである。発足当時の青陶会には伊東慶《いとうけい》、市川通三《いちかわつうぞう》、市川広三《いちかわこうぞう》、米沢久《よねざわひさし》、林《はやし》平八郎《へいはちろう》ら十六名の新人陶芸家が結集し、同世代の作陶家としてお互いに切磋琢磨する中で、作品の勉強会が続けられていた。

今井が日展に作品を初めて出品するのは、青陶会が結成された昭和二十八年で、見事に初入選を果たした。作品の「躍鳥　扁壺」は白化粧地の扁壺にドベ塗りの鳥模様が大胆に配されたもので、いかにも若々しい作風であった。だが、新時代のモダニズムの流れに即応するあまり、今井の持ち味は十分に発揮されていないきらいがあった。今井が翌年の日展で落選の憂き目にあったのも、気持ちに比して表現力や技術の裏付けが、いまだ確たるものとなっていなかったからであろう。こうした中、師の楠部彌弌は青陶会の若い陶芸家たちに対して、創作の重要性は説きつつも、それは時流に合わせた単なる思いつきで変わったものを制作することではないことを説いている。

今井政之が自己の作風に開眼するのは、師の楠部の助言を受けて、作陶の内面的な必然性を考えるようになる昭和三十年代のことである。その最初の成果は、昭和三十四年の日展に出品した「焼〆　盤」であった。この作品は備前時代に体得した備前の田土の土味を前面に打ち出したもので、盤は轆轤で一気に挽き上げられ五十センチにも及んでいる。そして、盤の内外には生乾きの状態のもと、円筒状の凹みが大胆に施され、凹みには直線的な線刻が加飾として彫られていた。加飾の鋭くスピード感あふれる現代性が、素朴で力強い茶褐色の備前土と見事に融合した作風であり、今井はこの作品によって特選・北斗賞を受賞した。土との対話の中から、自分の個性を生かす作陶を念願していた今井は、備前の土と京都で身に付けた新鮮な装飾感を一体化させることによって、自己の陶芸を開花させたのである。

昭和三十年代後半から昭和四十年代前半にかけて、今井の陶芸はこうした備前土を主体とした赤褐色の焼き締め（その陶肌の色調には赤褐色〜茶褐色までのバリエーションがあったが）に、現代的で鋭い浮き彫りを施す作風を中心として展開をとげていくが、その中で今井の関心は次第に浮き彫りのモチーフの選択と、器形の探究の二つに収斂されていった。

この時期、今井が装飾のモチーフとして好んで用いていたのは、故郷の山陽路で親しんできた海魚、甲蟹、蝦《しゃ》蛄《こ》、海老など瀬戸内海に棲む生物たちであった。こうした海生動物たちを主題に取り上げた理由について今井は、「私は幼い頃から海岸に育ったものですから、よく泳ぎにいったり、釣りをしたりしていました。いわば魚たちとともに生活していたわけです。そうした身近にいた生物を対象にモチーフとしたわけです。モチーフの表情が生き生きとしているとしたら、実際に海に潜ったりして生きている様子をよくスケッチしていたからでしょう」と述べていた。昭和三十七年の日展出品作「釉彩貝文花壺」、同三十八年の日展出品作「泥彩　壺」、同三十九年日展出品作「泥彩　蝦蛄　壺」などは、この言葉通り瀬戸内海に棲む貝、甲蟹、蝦蛄が浮き彫りのモチーフとなっているが、対象の本質に迫る的確なデッサンに基づく浮き彫りは躍動感に満ちており、あたかもそれぞれが海の中で生きているかのような表情を示している。そして、これら一連の作品の中で土の可塑性を直截に表現する浮き彫りを追及した今井は、俊英陶芸家として世の注目を集めるところとなり、日展においても昭和三十八年の蝦蛄をモチーフとした作品で再度の特選・北斗賞を受賞した。

一方、今井はこの時期、現代的なフォルムを完成させるため器形の探究にも積極的に取り組んでいる。その主舞台となったのは、昭和三十七年に始まった日本現代工芸美術展である。日本現代工芸美術展はその第一回展において、「現代の工芸という言葉は自ら過去の工芸という言葉と対照される。……現代を呼吸し消化し生きた生命を感じつつ制作した作家の所産を現代工芸と名づく」と主張しているように、現代に生きる作家の美的創作力を反映した作品の発表を主眼としていた。この現代工芸美術展の主張は、かねてから個性的な作風を展開する場を求めていた今井の信条とも一致し、今井は器形の探究を主とした作品を続々と発表したのである。第一回展では円筒状の器形を基本とした「象嵌彩の壺」。第二回展では青銅器を連想させる上円筒・下円球の器形を基本とした「鼎壺」を出品し、会員賞を受賞。第三回展では上盃形・下円球の器形を基本とした「苔泥彩壺」。第四回展では上細口・下円筒の器形を基本とした「彩壺」。第五回展では上円筒・下円筒の重ねの器形を基本とした「苔泥彩　壺」と、様々な形のバリエーションが登場する。そしてこれらの作品では、具象的な模様はひかえられており、鋭い刻線による直線、曲線、円など抽象的な装飾が施されていた。おそらく今井は、端正で幾何学的な形体の持つ緊張感には、抽象的で鋭利な線刻が最もふさわしいと考えたのであろう。

ところで、こうしたフォルムの探究の中で今井が色彩の加飾として導入したのが、苔泥彩《たいでいさい》と呼ぶ独自の新釉である。苔泥彩とは、渋い深みのある緑色の釉薬のことであるが、土を主体とした色土の釉薬であるため、一般の釉薬のような光沢はなく、苔を敷きつめたようなざらっとした肌合いを持っている。昭和三十八年の日本現代工芸美術展に出品された「鼎壺」、同三十九年の日展の出品作「泥彩　蝦蛄　壺」は苔泥彩の使用された早い例であるが、やがて部分的使用から応用範囲も拡大し、昭和四十二年の日展作「泥彩　回想　壺」では器面の主要な加飾表現へと展開をとげている。この苔泥彩の登場によって、線刻、浮き彫りの装飾効果は一段と高まり、これまでの焼き締め調の器肌には渋みのある緑の色調が付加され、今井陶芸はより個性的な表現を獲得する。

象嵌の仕事

昭和四十一年（一九六六）、三十六歳となった今井政之は、イスラエル政府の招きにより日本代表として国際シンポジウムに参加する。そして同年、日展会員となり、翌年には日本現代工芸美術協会の評議員に就任する。一方、四十一年にはアトリエをこれまでの京都市東山区五条本町の浄雲寺《じょううんじ》境内から、新しく建設された京都市山科区清水焼団地町に移すなど、作陶を巡る環境も次第に充実したものとなっていった。そうした中で、今井は浮き彫り、線刻からさらなる新しい作陶へと踏み出していく。それは象嵌の仕事である。

象嵌の技法は、成形した胎土が生乾きの状態にある時、胎土の一部を凹ませ、その部分に胎土と異なる土を埋め込み模様とするものである。象嵌といえば、十二世紀中期に全盛をみせた高麗象嵌青磁などが知られており、器肌そのものと一体となった装飾が得られる特色がある。日本でも高麗象嵌青磁の影響を受け象嵌の手法は導入されていたが、今井の象嵌にはこれまでにない特色がみられる。それは、従来の象嵌が線の象嵌を基調としていたのに対し、今井の象嵌は面の象嵌を基本としていることである。こうした独創的な面の象嵌への挑戦について今井は、「土というものはみんな収縮度が違うものですから、それなりに収縮をうまく合わせて違う土と組み合わせていけばどうなるかを考えた」結果であると語っていた。

その際、今井の象嵌のヒントになったのが金属象嵌の技術であった。金属では素地に文様や文字の形を彫り、そこに糸状の細い金属を嵌めこみ表面を平らにする糸象嵌の手法と、素地の面を平面的に彫り、板状の金属を嵌めこんで表面を平らにする平象嵌の手法があるが、このうちの平象嵌に今井は注目したのである。しかし、今井が金属象嵌からヒントを得ても、これを陶芸の技法として応用するには、解決しなければならない困難な問題があった。まず、第一の問題は、土は金属とは違って焼成すれば必ず収縮するという絶対的な性質を持っている点である。その収縮をコントロールすることが不可欠な条件となる。そのため、種々の土を対象として焼成テストが繰り返された。しかも、土といっても胎土の土と埋め込む土では用い方が異なる。また今井は、自然の土からは得られない青や黒の発色を出すためコバルト（青）、クロム（黒）などの化学顔料を土に混入しており、そのため土の性質は一層複雑になっていた。高麗象嵌青磁でさえ、象嵌は白象嵌、黒象嵌に限られていたのは、象嵌土の収縮率を把握するのがいかに難しかったかを物語っている。第二の問題は、胎土に埋土を嵌め込むタイミングである。胎土の乾燥度を計算してここぞという時に柔らかさを保った埋土を嵌め込むのである。この際、胎土の凹みの深さも重要となり、今井の場合には最深では五ミリもの彫り込みが施されたものがある。第三は今井の象嵌が線象嵌ではなく、面積の広い平象嵌であるため、埋め込む土が作業の途中で割れたり、乾燥時にひび割れを起こすことであった。そのため、象嵌する各段階で湿度を与えるため室《むろ》に作品を置き、乾きの状態を一定に保つ努力をはらわねばならなかった。無論、こうした技術上の問題が一度に解決されてきた訳ではない。今井といえども完成に至るまでは試行錯誤の連続であった。この時期の日展、日本現代工芸美術展などに出品された代表作品をみても、そのことは明瞭である。

今井が象嵌手法を導入した早い作例として、昭和四十三年の日展出品作「彩輪」がある。続いて、昭和四十五年の日本現代工芸美術品展には、イスラエル国際シンポジウムに出席した時の印象を形象化した「シャローム」（イスラエルの挨拶語）が発表されている。さらに翌四十六年の第一回日本陶芸展には「掌典　壺」が、翌四十七年の日展には「象嵌彩鳴想　花壺」がそれぞれ出品された。こうした昭和四十年代の作品をみると、今井の象嵌は、轆轤の流れに即応した線的な象嵌（彩輪）から、独立した装飾となった象嵌（シャローム）へと移り、面的構成への志向が強く出始める象嵌（掌典、鳴想）へと進んでおり、作品の表現と象嵌技法のより高次な段階への移行が一致していたことが明らかになる。今井の象嵌が技術的にも完成の域に達するのは、昭和四十八年の日展出品作「象嵌　茄子　花瓶」である。この作品が注目されるのは平象嵌の技術がほぼ過不足なく表現されていることである。

そして、この時期から象嵌のモチーフに茄子という具象的模様が登場してきたのは興味深い。なぜなら、茄子という具体的な模様は誰が見ても一見して判断のつくモチーフであり、装飾とするためには正確さが要求されるからである。これを表現したところに平象嵌を自由に駆使できる技術力を獲得した今井の姿がうかがえる。ところで、こうした主題の変化について今井は、「あれはもう何年も前から考えつづけてきたテーマなんです。実はある日、田舎道を歩いていて偶然に畠に実っていた茄子を見たんです。ところがその茄子がボテッとしてとてもたくましく、しかも茄子の内から湧き出てくる生命力というか、充実感というか、それをじっと見つめているうちに、私自身の心の中まで充実感が伝わってきましてね。よし、これだって考えました。この充実感を何んとか作品上に表現してやろうと……」と語っている（昭和六十年、対談者鈴木健二）。この対話から、茄子の模様が単なる外見上の描写ではなく、対象から得た心象の描写であったことが知られるが、同時に表現に到るまでには長い発酵の時間が必要であったことも明らかになる。この今井の言葉はおそらく主題のテーマの選択に止まらず、それを作品に具体化できる象嵌技術を完成させるまでの道程についても語ったものであるに違いない。

事実、昭和五十年代を迎えると、今井の象嵌の仕事は、あたかも奔流が堰を切って流れだすように一気の開花をみせている。その中で、加飾のモチーフも抽象から具象へと転換し、かつての海生動物に加えて植物の茄子、柿、柘榴《ざくろ》、竹、カトレア、動物の鹿、蝶、かまきり、川に棲む鯰など新しい題材が登場している。そして、これら生き生きとした表情をみせる動・植物の雰囲気を陶芸の装飾として表現し得た象嵌の仕事によって、今井の目標としてきた陶芸の理想は一つの豊かな結実をみせたのであり、以後〝今井政之といえば象嵌、象嵌といえば今井政之〟と称せられる時代が到来する。

窯変への挑戦

多彩な象嵌の作品によって今井政之は、現代日本の陶芸界に揺るぎない地位を築いた。昭和五十一年（一九七六）には四十六歳の若さで日展の評議員に就任し、昭和五十三年には日本新工芸家連盟の創立に参加し、世俗的にも多忙さが増してきた。しかし、この間も今井の陶芸にかける情熱は強く、さらなる作陶の飛躍がもたらされた。これまでの象嵌の仕事に、窯での自然の炎の影響を導入した窯変《ようへん》への挑戦である。同年の故郷竹原市高崎西の谷での登り窯と穴窯の築窯は、その契機となった。

今井が登り窯、穴窯を築き、窯変に作陶の目標を定めたのは、象嵌の仕事を遂行する中で、より高次な効果的な土の可能性を追求するためにはガス窯や電気窯では得られない自然の炎の作品への作用が不可欠と考えたからであるという。その意味では、窯変は象嵌の延長線上に位置する課題であった。そのため、窯変とはいっても今井の場合は、他にみられるような、ひたすら炎の偶然性に作品をゆだねるものではなかった。「登り窯というとややもすると偶然性にたよるということがありますが、そうではなく炎そのものを自分がコントロールしてゆくことで、自分の陶芸が表現できてゆくということです」と語っている。あくまで計算され制御された自然美なのである。

京都の築窯師駒井《こまい》兵次郎《へいじろう》に依頼して造った登り窯が、今井が京都五条坂でかつて親しんだ京式登り窯を基礎としながらも、京式そのものの再現ではなく、新工夫がこらされているのは、さらなる作陶の前進を目指してのことであった。「窯の中の作品を入れる場所に応じて自分の目指す作風のものを置き、焼き方によって作る側も変えてゆく。一点一点の作品の持つ良さを出してゆかないと、自分のものにはなってゆかない」と今井はいう。そして窯を築き、赤松を燃料とした焼成テストを繰り返した今井は、陶土によって火色を吸収する土と、火色を吸収しない土があることを発見し、象嵌に火色を付けるためにはそれに適した土が必要であることを知った。ために、新たな陶土の発掘につとめ国内外を探訪している。今井が韓国の馬山（全羅南道）に良質なカオリンがあることを聞き、現地に出かけ土を入手したのも、火色を受けても純白に近い白土を得られるからであり、窯変による表現の妙を高めるためであった。

象嵌彩窯変《ぞうがんさいようへん》は、そうした焼成の試行、陶土の探究の中から生まれた今井の新作風である。その特色は何よりも、炎の作用によって器肌、象嵌に微妙な火色がもたらされたところにあり、白土、赤土、ブルー、黒などの色土の色調もこれまで以上に鮮麗さを増している。そして、器肌の一部には炭化《たんか》したような変幻自在な窯変がしばしばみられるが、これは焼成に際して作品のかたわらに炭を置き、炭が高温の炎の影響を受けて生じたもので、知的な象嵌の意匠と好対照の加飾となっている。こうした窯変の導入によって今井の象嵌には精緻な人工味を越える生彩が加わった。それとともに陶芸でなければ表現できない独自の複雑なマチエールが作品に生まれ、作品一点一点にそれぞれ異なった固有の表情が与えられることになった。象嵌彩窯変の作品は、昭和五十四年、日展に「赫日」が発表されて以来、今井の主力作風となっているが、この間には数多くの今井陶芸を代表する作品が誕生している。

そして象嵌《ぞうがん》志野《しの》は、昭和五十七年、毎日新聞社主催「今井政之作陶展」で初めて発表された窯変の手法である。象嵌志野は、鉄分の多い土で模様を象嵌したのち志野釉（長石）を器面全体に厚く掛けた作品であった。象嵌彩窯変や、焼成時に塩を窯に投入し、塩化ガスによって器肌に金属的雰囲気の出た象嵌彩塩窯などとは違い、半地上式の穴窯でしか作品は取れない。ところで象嵌志野で注目されるのは、象嵌の仕事に初めて本格的な釉薬（志野釉）を導入していることである。器形に釉薬を掛ける施釉は一般的なやきものの化粧法ではあるが、今井のように象嵌の装飾が下地にある時には冒険といってよい。象嵌が釉薬によって消されてしまう可能性があるからである。今井が釉薬を導入するにあたり志野の作風をヒントにしたのは、下地の鉄絵が長石釉を透かして器肌に浮き上がる特性を考慮に入れてのことであろう。今井は作風の試作にあたって、美濃の荒川豊蔵《あらかわとよぞう》、瀬戸の加藤唐九郎《かとうとうくろう》らの制作の実際を研究している。だが、志野と象嵌志野では一方は鉄絵を筆で描き、他方は鉄分を含んだ土を嵌め込むという手法の違いがある。陶土もざっくりとした粘り気の少ない土と、焼き締まった土と異なっている。それらの差異を乗り越えての挑戦である。

今井政之 象嵌彩窯変 象牙彩朝顔花壺 2014年
京都府蔵（京都文化博物館管理）

平成の時代になって今井の象嵌志野は火色も安定し、鉄象嵌の加飾も自由、大胆なものになってきた。今井政之にとって陶芸とは、青年時代に備前の土と出会って以来、常に歴史の過去にも現在にもない、新しい作風を創造するものであることを、象嵌志野の仕事は改めて教えているように思われる。

生き物への賛歌

平成十五年（二〇〇三）に日本芸術院会員に就任し、平成二十三年には国の文化功労者として顕彰された今井は、現代陶芸界の頂点の地位にある。象嵌模様としてこれまでも定評を得てきた身近な鳥類、魚介類、植物模様に加え、平成二十六年の個展（あべのハルカス近鉄本店）では渾身の陶技を込めた直径七十センチの大皿の作品十一点が初めて一堂に展示された。また、象嵌の模様にも新たな色土の開拓により表現が可能となった華麗な色彩の琉球諸島の海の魚たちが登場している。こうした鮮やかな色調を伴った南国の生き物たちを作品に表現することにより、今井政之は南北に長く連なる日本列島の自然や風土が持っている豊かな生命力と生き物たちの美しさを改めて我々に啓示しているように思える。

＊初出は『土の華・今井政之展』図録（毎日新聞社、一九九〇年）。本書の掲載にあたり、寄稿文「生き物への賛歌・今井政之展」（毎日新聞大阪本社、二〇一四年六月十八日夕刊）を付加した。

第四章 ❖ 日本伝統工芸展と近代陶芸家

石黒宗麿――孤高の陶芸家

はじめに

石黒宗麿《いしぐろむねまろ》（一八九三～一九六八）は、昭和二十七年（一九五二）に天目釉《てんもくゆう》の技法によって無形文化財に選定され、続く昭和三十年、六十二歳で鉄釉陶器によって新しく制定された重要無形文化財の保持者（人間国宝）に認定された。この時、石黒とともに第一期の人間国宝に認定された陶芸家は富本憲吉《とみもとけんきち》、濱田庄司《はまだしょうじ》、荒川豊蔵《あらかわとよぞう》であった。

だが、他の作家たちに比較して石黒宗麿の名前を知る人は少なく、一般には広く知られた存在ではなかった。その原因の一つを、石黒に最も近く接し、生涯の知友であった陶磁研究家小山富士夫《こやまふじお》は、「石黒さんは生前個展らしい個展をひらいたこともなく、古く商工展に一、二度出しただけで、どの流派にも属さなかったので、石黒さんの名を知る人は少なかった」(「石黒宗麿論」『現代の陶芸』第四巻、昭和五十年)と語っている。この言葉通り、生前の石黒宗麿は孤高の陶芸家というイメージが強い。

石黒が戦前、国内の公募展に出品したのは、昭和十七年の第一回日本輸出工芸連合会工芸品展だけであるという。しかも、この公募展への出品も、当時の時代背景を考えると、「作家たちが芸術競技、または輸出振興のために出品する場合に特に必要資材の特別給付をおこなう」という戦時下の資材提供にしたがった、作陶継続のための便宜的な出品のように思われ、石黒としてはさほど積極的な意義を見出していた訳ではない。だが、この公募展で石黒は独力で研究、完成させていた中国宋時代の柿釉《かきゆう》に範を得た「柿釉大鉢」、「柿釉丸形無文鉢」を出品し、ともに第一位の商工大臣賞、日本工藝賞を受賞している。当時、石黒は京都洛北の八瀬《やせ》の地にあり、人家も疎らな山間に茅葺《かやぶ》きの家と陶房を構えていた。日常の付き合いは限られた人に留め、世間から離れた隠者のような作陶三昧《ざんまい》の生活を過ごしていたが、作品を競う官展などに公表せずとも、作陶家としての実力は劣るものでないことを、彼は痛烈に世に示したのである。

中国宋時代の陶磁器に魅せられて

石黒宗麿が作陶に入る動機となり、終生追い求めた陶磁器の理想は、大正七年(一九一八)、石黒が二十五歳の時、偶然の機会を得て東京の美術倶楽部で見た稲葉《いなば》家伝来の曜変天目茶碗《ようへんてんもく》(国宝、静嘉堂《せいかどう》文庫美術館蔵)に表現されていた虹色に輝く変幻多彩なやきものの美であったという。「大正七年頃に東京美術倶楽部においての入札《にゅうさつ》に、稲葉天目というのが出まして、それを見て実はびっくりして、こういうものが陶器にあるのかと思い、なんとかしてこれを日本でできないものだろうかと考え、それから陶器に打ち込んでまいりました」と語っている(石黒宗麿「私と曜変天目」『月刊文化財』、昭和三十九年)。以来、一念発起して作陶を志した石黒は、大正十年に結婚した、とう夫人と貧乏暮らしの中で東京の本郷、埼玉の小川町、富山の呉羽山《くれはやま》、金沢の法島《ほうしま》など転々と借家住まいを続け、飲食器、楽焼などを手がけて日々の生活を過ごしている。

その石黒が、本格的に中国陶磁器の技法を研究するのは、昭和三年（一九二八）春に金沢から京都市東山の窯業地、俗に蛇ヶ谷《じゃがたに》とよばれた今熊野南日吉町に住まいを移して以後のことであった（小野公久『評伝・石黒宗麿、異端に徹す』淡交社）。かねてから、中国陶磁に関心を抱いていた石黒は、当時、路地を隔てた借家に居住していた小山冨士夫と急速に親交を深め、たまたま小山が前年中国を旅行して買い求めていた陶磁器に接し、長年の思いに火をつけられたのである。

石黒が最初に試みた作風は、白濁《はくだく》した青味がかった釉が厚くかかり、その一部に紫赤が呈色した鈞窯《きんよう》である。小山の所蔵していた中国の北宋時代に作られた鈞窯に感動した石黒は、自分なりの調合法を工夫し、温かみのある作風を生み出している。ついで今熊野の登り窯の一部を借りて石黒は、唐三彩《とうさんさい》の試作にかかった。作品としては壺や盃《さかずき》、型物の馬、ラクダなどが知られているが、小山冨士夫によれば胎土、釉調あらゆる点で石黒のそれは、中国や日本で試みられたいずれの唐三彩の写しより本歌に近い作風を示していたという（「石黒宗麿——人と作品」『石黒宗麿作陶五十選』）。そして唐三彩について、中国宋時代に華北で制作された磁州窯《じしゅうよう》の作品を研究している。白化粧掛けの上に黒の絵模様を施した白地鉄絵（絵高麗《えごうらい》）の作風であるが、これもまた釉調など古器をじっくりと観察し、迫真の技術で再現が行われている。

一方、昭和十年には、二ヶ月にわたり滞在した唐津でも作陶を行った石黒は、十二代中里太郎右衛門のもとで緑褐釉《りょくかつゆう》、白濁釉《はくだく》、梅華釉《かいらぎ》などの唐津焼の釉法を学んでいる。石黒は日本のやきものの中では唐津焼の作風を最も好み、自らも熱心に取り組んでおり、ここでの試作経験はのちに洛北八瀬での絵唐津、斑《まだら》唐津、朝鮮唐津など多彩な唐津風作品を生む基礎となった。

八瀬での作陶

昭和十一年（一九三六）、四十三歳の時、石黒は京都の左京区八瀬に茅葺きの家を得て、敷地内に一台の蹴《け》り轆轤《ろくろ》を据えた陶房を構え、念願の自分専用の登り窯を築いた。そして、これまでの時期の研鑽《けんさん》を踏まえて石黒宗麿の作陶は以後、堰《せき》を切ったような奔流《ほんりゅう》となって流れ出る。

曜変天目を目指す過程で試行したという柿天目、木の葉《こは》天目や、河南天目に類似した柿釉に黒の斑紋が現れる鷓鴣斑《しゃこはん》などの天目系をはじめ、絵高麗、宋赤絵《そうあかえ》、千点文《せんてんもん》（飛白文）などが、この八瀬の陶房で試作され完成されていった。このうち、柿天目（柿釉）は鉄釉をベースにした釉薬であり、中国宋時代の華北地方の諸窯で焼造されていたが、しっとりとした柿色の釉調を得るのは至難の技とされていたものである。また木の葉天目は、本場の中国でも製法の絶えていた幻の技法であったが、石黒は試作を重ねて、ついに椋《むく》の葉を用いてその再現に成功した。

小山冨士夫によれば、石黒の柿天目は昭和十四年頃に、また木の葉天目は同十五年に完成したというが、当時の石黒の作陶への没頭ぶりは、同十五年の春に石黒宗麿のもとに弟子入りした清水卯一《しみずういち》の「先生は焼きとうて焼とうて、やる気十分の時期で、月に一、二回も窯を焼くという熱中ぶりだった。その頃は磁州窯風の作品が多く、絵高麗や赤絵や天目などを手掛けられ、時には、自分の目的とする天目や千点文の作品を数点だけ窯詰めして、あとはカラで焼くこともたびたびあった。結果を早く知りたくて、一窯分の作品が揃うのを待ち切れずに、作ったらすぐ焼いてみたかったのだろうが、経済的にも大変であり、労力その他の面を考えても、今から思うと相当無茶なことをしたものだ」（「石黒宗麿先生について」『淡交』平成元年増刊号）という回想によってもうかがうことができる。

自由な精神

この逸話からも明らかなように、石黒宗麿の陶芸の特色は、一つの技法、釉法に取り組んで、それをじっくりと極めていくというものではなかった。課題とする手法に、ある時期とことん没頭してこれを極めるというのが通例である。そして、次々に別の課題に移り、新しい手法の研究、試作に没頭するという繰り返しであった。その点では、青年時代に出会った曜変天目の美しい輝きの再現という高い理想を追及し続けた、求道者の作陶といえるかもしれない。石黒自身も死を前にして自分の作陶を「結局、一生色味ばっかりやってきた」と語っていたという（前掲「石黒宗麿先生について」）。

石黒宗麿　彩瓷柿文壺　1959年
東京国立近代美術館蔵

だが、戦後の昭和二十年代に次々と公表された石黒の独特の技法によるチョーク描き（楽焼の上絵具にふのりを加えチョーク状にして絵付をし、クレヨン画のような色彩調子を出したもの）や、白化粧の器肌に低火度の赤や黒の絵具で様々な模様を描いた彩瓷《さいじ》、さらには鉄釉に臘抜《ろうぬ》きの手法で絵模様を表現した黒釉臘抜きの作品などにみられる、自由闊達《かったつ》な陶芸世界をみれば、石黒の作陶が古典の再現に終始していたとは思えない。むしろ、功を成したことによる世俗的な名声にとらわれて陶芸家としての自由な精神の束縛《そくばく》を石黒宗麿は嫌ったのである。

　こうした、石黒の信念を端的に表したのが終生座右《ざゆう》の詩としていた自作の漢詩である。「異説利名疎、作品伝百世、山間可安分、可必用通慧」（説を異にし利名に疎《うと》し、作品は百世に伝う、山間の分に安んず可《べ》し、何ぞ必ずしも慧《けい》を通ずるを用いん)。ここに表現されている陶芸家の価値を決定するのはいかなる世間的な利益や名声でもない、自己の陶芸をひたすら信じ、永遠の生命を保つ作品こそが陶芸家の唯一の拠り所である、という詩意こそ、孤高の陶芸家、石黒宗麿の信じる道だったのである。

石黒宗麿は東洋陶磁の古典に学びながら、その作品に倣古《ほうこ》性を帯びず、常に自己の精神と創造力を込めた作風を発表し続けた、強靭《きょうじん》で自由な精神の持ち主であった。だが、孤高の陶芸家らしく、生前の石黒は個人的な展示や昭和二十九年から開催された第一回無形文化財日本伝統工芸展(第二回からは日本伝統工芸展)、朝日新聞社主催の現代日本陶芸展(昭和二十七年に第一回展。当初は招待制、五回展より公募制を導入)などに若干の作品を出品するのみで、自らの陶芸の全体像を顕示することはなかった。石黒の陶芸の全体像がまとまった姿で世に紹介されたのは没後二年を経た昭和四十五年、京都国立近代美術館で開催された三百余点に及ぶ大規模な「石黒宗麿回顧展」が最初であった。

＊初出は「石黒宗麿」(『茶道雑誌』一九九五年八月号に所収)。図版は『近代日本の陶芸家』(中ノ堂一信著、河原書店、一九九七年)より転載。

清水卯一――未知の陶土と釉薬の可能性を探求

石黒宗麿のもとで

陶芸家の仕事は、絶え間のない不断の研究と創意工夫の積み重ねによって前進する。未知の陶土、釉薬の秘めたる表現の可能性を引き出す作陶に精進してきた清水卯一《しみずういち》（一九二六～二〇〇四）の陶芸には、こうした日常の努力を重視する姿勢が貫かれていた。この信念は、清水の生家が京焼の中核を成した東山五条坂でやきものを扱う卸問屋であり、幼年期から近隣の幾多の焼物師たちの仕事ぶりを見てきた体験から生まれてきたものであろう。しかし、清水卯一の場合にはそれだけではなく、作陶の道に進んだ当初に師事した陶芸家・石黒宗麿《いしぐろむねまろ》の影響も無視できない。

清水卯一が、家業の卸問屋を継承するため通っていた商業学校を中退して作陶を志した時、「名も無いが、八瀬でええ仕事をしている人がいる」と勧められて、京都洛北の八瀬の地に陶房を構えていた石黒宗麿のもとへ赴いたのは昭和十五年（一九四〇）の春のことで、清水が十四歳で、石黒が四十七歳の時であった。辺り一面のくぬぎ林の中に囲まれた石黒の陶房には、四部屋の焼成室からなる登り窯があり、この窯場で二昼夜焼き続けたやきものが夜明けに焼きあがり、比叡山の山並みを眼前にした谷川で顔を洗った時の清々しさは、弟子時代の懐かしい思い出であると清水は語っていた。

そして、ここで石黒の日常の生活や、作品に接した清水卯一は大きな感化を受けたという。中でも清水の生家のある五条坂でのやきもの作りは、轆轤《ろくろ》職人、窯焚職人などがそれぞれ分業して行っていたのに対し、八瀬で見た作陶は土の精選から成形、焼成のすべてを石黒が唯一人で行っており、これには新鮮な驚きを与えられたとも語っていた。この頃、石黒は中国宋時代の磁州窯《じしゅうよう》の絵高麗《えごうらい》の研究や天目、赤絵の仕事に没入しており、八瀬で卯一少年が初めて轆轤を挽いた茶碗の中から、石黒が一碗を取り上げて絵高麗風の絵付を施した師・弟子合作の作品も清水の手元に残されていた。清水が石黒のもとに通って修行した期間はさほど長いものではなかったが、その中で、清水は陶芸家を志す以上は作陶の全工程に精通しなければならないことや、作陶は常に高い境地を目指し、それによって新境地を開拓しなくてはならないことを学んだのである。

陶芸界の俊英

昭和十六年（一九四一）四月に清水卯一は伏見区深草の国立陶磁器試験所に伝習生として入り、窯業研究者として知られた日根野作三《ひねのさくぞう》、水町和三郎らの指導を受ける。ついで翌十七年、下京区九条の京都市工業研究所窯業部の助手となったが、当時は戦時下のため専ら軍需品の陶磁器の制作研究に従事していたという。清水が自宅での作陶活動に戻ったのは、昭和二十年八月の敗戦を契機に研究所助手を辞して以後のことであり、他方、陶芸家としての本格的な歩みを開始したのは昭和二十二年、陶芸家仲間であった木村盛和《きむらもりかず》、林康夫《はやしやすお》らと新グループ創設を計画、宇野三吾《うのさんご》をリーダーにして「四耕会《しこうかい》」を結成してからのことである。以来、昭和二十四年には地元の清水五条坂地域の陶芸家団体「京都陶芸家クラブ」結成に参加し、青年陶芸家として京展、京都工芸美術展、日展などに作品を発表し入選、各種受賞を重ねている。

その中で清水卯一の存在が全国的に知られるようになったのは、昭和二十七年に設立された当時最大規模の陶芸展であった現代日本陶芸展（朝日新聞社主催）での活躍であった。現代日本陶芸展に第一回展から招待出品した清水は、第二回展で「掛分けの鉢」が朝日新聞社賞、第三回展でも「白地花壺」、「壺」が朝日新聞社賞、第四回展で「みどり壺」がまた朝日新聞社賞、さらに第五回展で「壺」が朝日新聞社賞第二席をそれぞれ受賞するという連続受賞の快挙を成しとげている。これによって清水の陶芸家としての名は一躍脚光を浴び、昭和三十年には財団法人日本陶磁協会が新たに有望な現代陶芸家を対象に開設した第一回日本陶磁協会賞を受賞した。

この頃の清水卯一の作品について陶磁研究家の小山冨士夫《こやまふじお》は、「清水卯一君はわが国陶界のホープである。すでになんどか日本陶磁協会賞、朝日新聞社賞などをもらい、新進とはいえないかも知れないが、わが国で最も将来のある陶芸作家の一人である。清水君は色白のハンサムで一見よわよわしそうな青年のようにみえるが、つくるものは荒々しく男性的で、線が太い。作品が純潔で迎合的なところがないのがうれしく、いつも堂々とした重厚なものをつくっている。轆轤は小さい時から鍛えただけに達者だし、つくるものの形が美しい」と書いており、その将来に大きな期待を寄せている。

清水卯一　淡青釉花瓶　1984年

一方、昭和三十年には、清水のその後の主な作品発表の場となる日本伝統工芸展に、石黒宗麿の推薦を得て出品し（第二回展）、ここでも以後の第五回展で「壺」が奨励賞、第七回展で「鉄釉大鉢と小鉢」が日本工芸会総裁賞、第九回展で「柿地黒線文鉢」が朝日新聞社賞と受賞を重ねる活躍をみせ、日本伝統工芸展陶芸部門のプリンスと評されるほどの実力派の作家に成長した。

この間、清水の陶芸は、昭和二十年代の初期の灰釉による自然釉に近い作品、チタンを使った艶消しの白釉作品、ガラス釉の釉子肌の作品など工業研究所時代以来の多彩な作風から、次第に黒釉、柿釉、天目釉、青磁など中国古陶磁器への研鑽のあとをみせる作風へと変貌をとげている。中でも清水の柿釉《かきゆう》の作品は、中国本歌《ほんか》の柿釉とも異なる柔らかな赤味を呈した独創的な発色で知られていた。古くから柿釉は、窯の内部を酸素不足の状態にした還元焔《かんげんえん》の状態で焼成するものとされてきたが、二十五歳頃より柿釉の釉技研究に取り組んできた清水は、鉄釉にリン酸（骨灰）を加え窯の内部に酸素を充満した酸化《さんか》焔の状態で焼成するという常識をくつがえす手法を用いて、温かみのある発色を出すことに成功したのである。そして、昭和三十年代後半からの清水の作風はこれまでの前半生の陶技、釉法研究を踏まえつつ、後に重要無形文化財保持者（人間国宝）に認定される「鉄釉陶器」の技法へと次第に収斂されていった。

蓬萊での作陶

清水の作陶が、次に大きな展開をみせたのは、昭和四十五年秋に陶房を京都東山五条坂から琵琶湖を眼下に望む滋賀県志賀町の蓬萊山《ほうらいさん》の麓《ふもと》に移して以後のことであった。やきもの作りとして一人前になったら自分の窯をどうしても築いてみたいという、青年時代以来清水が抱いていた願望が蓬萊窯の開窯によって実現したのである。そして、従前から持ち味としていた陶土と釉薬に対する関心は、蓬萊窯での作陶の中でさらに深まり、やがて独創的な陶芸の作風が次々と生み出されるようになる。

その最初の成果は、蓬萊の陶土を用いた青瓷《せいじ》である。昭和四十五年の暮れに登り窯を完成させた清水は、新たなやきものの可能性を探求するため近隣の山をくまなく歩いて様々な土を調査しているが、その中で鉄分をふくみ赤色を呈した赤土を採集し、これを器胎として長石系の釉薬を施したのが青瓷であった。清水の青瓷の最大の魅力は、「窯出しをしたときは大したことはなかったが、放っておいて二日ほどして見たら、きれいな、今までに見たこともないような貫入《かんにゅう》が入りまして、それでびっくりしたんですよ」と清水自身が語った、鱗状の魅力的な氷裂《ひょうれつ》（貫入）にある。また昭和四十八年頃には滋賀県高島町で新たな磁石を発掘し、これをもとにして温和な色調が印象的な青白磁系の蓬莱磁《ほうらいじ》を発表している。

さらに昭和五十年代に、蓬莱燿《ほうらいよう》の名前で発表された鉄釉天目も、清水が陶房の近辺の川原で発見した釉石をもとに創案されたものであった。器肌の全面に広がる銀色の二重の輪状結晶の作品は、清水の釉薬に関する豊かな知識と研鑽の成果がもたらした現代の天目の最高峰に位置し、その輝く光彩と端正な器形は、かつての中国産の油滴《ゆてき》天目の名器にいささかもおとらぬ品格をみせている。

清水はその後も、この蓬莱の鉄釉の上に石灰をベースにした波の白い泡を彷彿とさせる白釉を掛け合わせた鉄燿《てつよう》白流、蓬莱掛分《かけわけ》などの作風を発表しているが、その作風は鉄釉の肌に白釉を部分的に掛けたものから、次第に白釉の面積が多くなっており、同時に器肌に指で加飾する指頭描きの手法と「春夏秋冬」などの文字が加わり、これにより力強さと奔放さを増した作品へと展開をとげていった。

清水卯一の作陶の最大の特色は、こうした未知の陶土、釉石の秘めたる表現の可能性を引き出すため、失敗をも恐れず実験を繰り返すという陶芸の心にある。その旺盛な探求心は平成六年（一九九四）から挑み始めた蓬《ほう》莱赤土彩《らいせきどさい》にも継承されている。この停滞を知らない挑戦の気迫には驚嘆すべきものがあり、それは若き日に作陶を学んだ師、石黒宗麿の作陶姿勢に底流において通じるものがあるように思われる。

＊初出は「清水卯一——作陶の軌跡」（『人間国宝八人展』図録、朝日新聞社、一九九五年に所収）。

第五章 ❖ 富本憲吉、京都市立美術大学と近代陶芸家

富本憲吉——模様より模様をつくらず・作陶生涯の足跡

楽焼の開始

富本憲吉《とみもとけんきち》（一八八六〜一九六三）が法隆寺に近い奈良県生駒郡安堵村《あんどむら》の生家に京都より購入した簡易な楽焼の道具を揃えたのは明治四十五年（一九一二）の七月であり、さらに進んで裏庭に楽焼の窯を築き、楽焼制作に従事するようになるのは翌大正二年（一九一三）二月であった。富本は親交を結んだ友人のバーナード・リーチとともに明治四十四年二月に東京で即興の絵付をしたが、これを積極的に制作する意向は抱いていなかった。むしろ楽焼に熱中していたのはリーチであった。リーチは十月には石井伯亭《いしいはくてい》の紹介で、東京の下谷の六世尾形乾山《おがたけんざん》（本名浦野乾哉《うらのけんや》）のもとに入門し、この時、通訳として同行したのが、リーチの本業としていたエッチングを

習うため一時彼のもとに滞在していた富本であった。ところがその後も六世乾山とリーチは言葉の疏通《そつう》がうまくいかず、結局両者のやり取りは安堵村に帰っていた富本への手紙での質問によって解決するより方法がなかった。富本が楽焼の簡易な窯を業者から購入して、追々に火の加減や、土の用法を会得するのは彼にとってはこうした外的要因が大きかった。

だが実際に窯を揃え、楽焼の制作を始めるとそれが面白くなっていった。この辺りに制作意欲が旺盛で一徹に熱中してしまう富本の性格の一端がうかがえる。富本は次第に積極的な姿勢に転じ、大正二年二月十八日の南　薫造《みなみくんぞう》宛の書簡には「今春から大いにビジネスの方向に」進む、「その第一歩としてリーチと同じサイズの楽焼窯を築く事にした」と楽焼の制作を本格的に始める決意が表明されている。この時、富本が築いた楽焼窯は丸たき窯と云い本焼きでは色絵の焼き付けを行える錦《きん》窯の形式のものである。楽焼を焼成する円形の内窯とレンガ積みで焚き口が角型の外窯の二重構造の窯であった（富本憲吉『楽焼工程』、一九三五年）。

模様より模様をつくらず

富本の楽焼は通常、赤土に白化粧を施し、その上に明るい色彩の赤・緑・青・黒の絵具が使用され、これに留学中のスケッチ、帰国後の木版画に基づく模様が施されている。また器形ではジョッキやコップなどに斬新《ざんしん》な胴の中央部が内側に凹まされた胴締《どうじめ》形を多用しており、模様、器形、色彩ともに在来の日本の楽焼にはないモダンな要素を導入している。リーチの英国風の落ち着いた色調の軟質《なんしつ》陶器に近似した作風との比較では、富本の楽焼は留学中に実見したペルシャの軟質陶器からの影響が強くうかがえる。当時の記述にも「ペルシャ陶器の薄い緑がかった白色の地色」、「透き通った青や緑」、「点々と打たれた濃い赤色」、「シャープな筆致」、「自由で豊富な模様」、「正しい外形の美々しさ」等、ペルシャ陶器を構成する形、模様、模様の筆致《ひっち》、色彩それぞれの美しさ、それを総合する陶器としての魅力が書かれている（「工芸品に関する私記より」一九一二年）。この他に、富本の楽焼の模様手法には型押し（木版に模様を線彫し陶土を押す）や、泥状の色土をスポイトに入れ模様を描く英国式のスリップ（日本ではイッチン）が導入され、模様の領域を広げる英語・漢字などの文字模様の創案などの新工夫がこらされ、楽焼のモダンさを一層強調している。

だが個性的でありたいという思いの中で、留学によって得た知識、体験が逆に過剰な意識となり、富本はやがてカルチャーショックの状態に陥ってしまった。大正二年の「春以来、私は如何も古い模様に囚われて困ると思い出しました。如何かして新しい模様を作りたいと思って、小さい模様旅行をしたり、本を読んだりして見ました。春から夏へかけて一枚の模様も出来ず、モウ一切美術家となることはよそうかと思った位苦しみ抜きました。全く古い模様を忘れて、野草の美しさを無心で見つめて、古い模様につかまれずに、自分の模様を拵《こしら》へ様《よう》とアセリました。が一時的に忘れる事は出来ても、ウッカリすると直古いものと新しいもののねじくれたものになって仕舞って実に困りました」（「模様雑感」一九一四年）と後に語っている。

それ以来、富本は一人で、また親友のリーチとともに野外へスケッチ帳を持って出て、自然界の中で模様のヒントを得ることを心掛けた。後にリーチは、当時のことについて「われわれは桜、桃、梨の花咲き乱れる春、この穏やかな田舎をあたり構わず徒歩や自転車で巡り、絶え間なくスケッチブックに走り描きをした。この時に描いた羊歯《しだ》類《るい》や花、雲、鳥、建物などの集約した走り描きは、非常に単純化されたものであったが、二人共後年になって陶器の絵付に使ったいろいろな図案のもとになった」（『東と西を越えて・自伝的回想』、一九七八年）と語っている。富本が自然、風景の中より自分が得たもので陶器模様を構成しようと決意を固めたのは、この苦しみからの出口を模索する中であった。「模様より模様を造るべからず。この句のためわれは暑き日、寒き夕暮、大和川のほとりを、東に西に歩みつかれたるを記憶す」（「製陶餘言」一九四〇年）という有名な言葉は、イギリスでの留学体験の影響から脱し、自己の方向性を模索していた、この時期前後の様子を富本が述懐したものである。ちなみに風景模様の代表となる「竹林月夜《ちくりんげつや》」が公表されたのは大正六年（一九一七）六月の東京での「富本憲吉夫妻陶器展」であった。

近藤悠三を助手に白磁の制作

富本が楽焼から、より堅牢で丈夫な本焼き陶磁器の制作を始めるのは大正四年（一九一五）である。やきもので生計を維持することを考慮した時、楽焼は強度に弱点があり器種、用途に制約があること、加えて量産には不向きであることが要因であった。尾竹一枝との結婚を機会に、富本は生家の東の畑地に新居を建築し、そこに本窯《ほんがま》（登り窯）を構えた。九月に本窯は完成し早速にやきもの焼成を繰り返し、十月の中旬には二百個余りの製品を完成し、十一月の東京三越での展観に青磁《せいじ》、染付《そめつけ》などを出品している。以後、作品の頒布会を計画、東京での展覧会を頻繁に開催するなど、制作と作品頒布に旺盛な意欲を発揮している。

本窯での陶器作りに必要な陶土は地元安堵村の下池《しもいけ》の底に溜まったものを富本は使用している。鉄分が含まれており還元炎《かんげんえん》で焼けば薄緑、酸化炎《さんかえん》では赤味を帯びたが、これを利用して灰釉《かいゆう》を掛け青磁の味わいを出した壺、花瓶、刷毛目《はけめ》などの白化粧を施した細口瓶などを制作し、鉄絵、染付、象嵌《ぞうがん》、イッチンなどの手法で模様が表現されている。しかし当時は楽焼の延長にある模様と写生模様が混在し、スケッチをそのまま模様としたもの、形も以前の楽焼の胴締形の延長にある口部と裾の広がった花瓶などが見られ、全体には試作途中という感じが強い。

一方、白磁は大正六年、「富本憲吉夫婦陶器展」（東京）に作品が出品されており、陶器と並行して試作が進められていた。当初、富本は中国宋時代の透明感のある白磁を目標としたが、試行の結果は思わしくなく、使用された白磁原料は京都の陶料会社から取り寄せた柔らかで比較的耐火度の低い既製の素地で、釉薬は既製の艶消しの不透明釉が使用されている。白磁は焼成温度が高くなると透明感を増すが、一方で冷たく硬い印象を与える。富本は白磁の完全さより、結果的には余韻のある柔らかい感触の白磁を選択した。

そのために富本は京都からの陶料会社が運んだ白磁の原料を使いこなすために、知友の陶芸家濱田庄司《はまだしょうじ》に依頼して轆轤《ろくろ》に長けた青年を京都より派遣することを依頼している。結果、大正十年に京都市陶磁器試験場付属伝習所の轆轤科を卒業した青年陶芸家近藤悠三《こんどうゆうぞう》（一九〇二〜八五）が濱田の推薦を得て安堵村に赴任、富本の作陶を手伝うことになった。大正十年以前、富本は自己流で白磁を制作していたものの、形はいまだ「ぶきっちょ」であり、富本の理想とする造形への実現には至っていなかったからである。近藤は伝習所を卒業後、試験場の轆轤助手として濱田のもとで実技指導と研究にあたっており、イギリスに渡るため試験場技師を退職した濱田の依頼に応じ、大正十三年まで安堵村の富本の陶房で助手を務めたのである。その結果、富本の白磁には一定の方向性が出始め、やがてその延長線上に首の低い独特の「マイヨール」と呼称された形体と柔らかなマットの釉調を持った白磁壺が登場したことは有名である。この他、面取《めんとり》、鎬、押型などの加飾手法や、筆による染付・赤絵金彩、さらには染付の地に線彫など様々な手法が試みられており、制作の進行の中で作陶領域の拡大を富本が目指していたことを示している。

作陶の転機

そうした中、富本の陶芸家としての精神面、心情に飛躍的な転機をもたらしたのが大正十一年（一九二二）の九月から十月にかけての朝鮮半島への旅行である。この旅行でソウルや各地の窯場を訪ね現地のやきものに触れた富本は、作陶家として改めてやきものの美とは何かという問いを抱き、自らの陶芸の方向性を明確に意識することになったからである。李《り》王家博物館を訪問した富本は高麗《こうらい》王朝、朝鮮李王朝時代の名品に接し、やきものの真髄を会得《えとく》するため、イギリス留学中と同様にこれらの古陶磁のスケッチに励み（「京城雑信」一九二二年）、また染付の水滴を手にして、「磁器としては火度は低くとも、美しさに何の害とならず、かえってそれを増す位におもへる」と磁器の美を確認し、「この水滴の正六面体に近き強い外形は簡単な四脚に安定よく、水滴としての用途と外観とを兼ねて、図案として最上の線上にまで行っている」と実用がもたらす器形の美の確かさを思い、「名もなき花の写生であっても、此の種の花を現すに充分な説明、花弁の細き線、ダミのさしかた、茎、葉の筆致」と筆の描写がもたらす写生美（「李朝の水滴」一九二二年）について語っている。ここでも富本は釉薬、器形、模様それぞれが構成する美の要素を分節的に把握して、作品としての魅力を探る努力を行っている。

富本の作品が形体、模様の両面において、飛躍的とも思える発展をみせるのはこの朝鮮半島での高麗、李朝のやきものとの出会いが契機になっているように思われる。それは現地でのスケッチによる「染付京城南大門」という染付作品や、「竹林月夜」「老樹《ろうじゅ》」「曲がる道」などこれまで手がけた安堵村の風景を描いた染付作品のこれ以後の陶器模様としての完成度の向上や、微妙な曲線の弧を口部から底にかけて表現する白磁壺の登場と、白磁の形状と絶妙の均衡を保つ面取の線を持つ白磁面取花瓶の発表など、この時期以後、精力的に展開された一連の作品自身が何より雄弁に物語っている。

転機といえば富本の陶磁器の年代銘が、西暦から「富」の一字署名に転換するのが朝鮮半島訪問の翌大正十二年からであったことも、見逃せない心境の変化を暗示している（年々の変更をみせながら没前年「富」まで続く）。加えて制作技術の深化を踏まえ、作陶の実際に即した富本の陶芸観が文章として発表されるのもこの時期からである。「釉薬だけ、素地だけ、或いは模様だけ、その一つずつを離して陶器を勉強しようとする人がある。無理も甚だしい。何処に素地だけの陶器があろうか。それらは陶器としての耳であり足であり鼻である」（「窯邊雑記」一九二四年）。「陶器。手ざわり、釉光、釉色、形、線、面のふくらみ、等、その他に忘れてならぬ用途」（「千九百貳拾四年」）などその指摘は制作の具体的な部分に及んでいる。

また、安価な作品の量産に対する意欲を具体的方策とともにこの時期に表明していることも重要であろう。「日常用陶器を安価に数多く造る決心を数年前からしだしたが未だその時期に至らぬのは残念である。……一つの私の図案から多数に造られた安い陶器を多くの人の手に日常使用される日が来たらば一層喜ばしい事と思ふ」（「窯邊雑記」）。この日常品にも優れた製品を提供したいという富本の思いは東京に移住した後の昭和四年（一九二九）、信楽《しがらき》での土瓶、湯呑茶碗、皿など量産品への絵付を行う仕事、翌五年の九州波佐見《はさみ》・二川《ふたがわ》、さらに同七年の瀬戸《せと》で日常食器の制作で実現し、晩年の京都での食器デザインまで断続的に続けられている。

陶芸の深化

昭和元年（一九二六）十月、富本憲吉は長女を成城女学園に入学させるため十五年間の安堵村での作陶活動を閉じ、東京の郊外千歳村《ちとせ》（世田谷区祖師谷）に移住する。ここでも作品焼成のための本窯を築いたが、築窯は難航し昭和三年八月にようやく最初の焼成を行っている。この東京時代、なかんずくその前半期には、富本の関心は白磁壺を頂点とするやきものの形体の完成に向けられた。そこでは均衡のとれた形体を基本としつつ、微妙な変化を持つ様々な壺、蓋付壺、鉢が制作されている。

富本の東京時代と大和時代の安堵村での制作を比較する時、一つの明瞭な差異は、陶器を考案する際に図（スケッチの場合も、頭に描く場合もありうる）をもって形を決定するか否かという点にある。美術学校時代から建築を平面製図で表現する訓練を重ねてきた富本は、やきものの制作においても平面から立体を展開させることができた。だが、陶芸の深まりとともに、立体である陶磁器を平面で考えることには無理がある。近藤悠三と轆轤をともに行うようになった大正十三年（一九二四）頃からは、そのことを痛感して、平面図から壺などの立体は造らないという姿勢を確立する。「私は近頃では轆轤で壺をこしらへる場合にも、紙に図を描いてその図によって壺の形を出すことを一切やめた」（「竹で寝台を造る」一九二五年）と語っている。そして、図に代わって富本が重視したのが、轆轤を挽く瞬時の直感、手の感覚であった。東京時代以後の白磁壺、蓋付壺はいずれも口縁部の立ち上がりの低い独特の様式を持っているが、にも拘らず弧の曲線それぞれから受ける印象には微妙な違いがある。その違いをもたらしたのは他ならぬ日々の轆轤の繰り返しの中で独自に体得した手の感触であった。富本はそれを「柔らかい陶土を思ふままに、或いは凹ませ、自由に伸び縮みさせながら空間に一つの立体を生み出す作業」（「形と色」一九四〇年）と書いている。この時期以後の富本の白磁壺、白磁鉢が、作者の呼吸をも感じる生き生きとした表情を見せる要因はそこにある。富本はこの空間に生み出された立体＝壺を尊重した。「私は轆轤で形を造る時一切の下図を用意せず、只坐って思うままに形を造る事として居る。……そのうちより最も形の整ったもの約三分の一を白磁に、次ぎの三分の一を線彫や染付に、最後の三分の一を色絵の素地とする習慣をもっている。……白磁の形は……一切ゴマカシの無い純一なものでなければならない」（「陶技感想二篇」一九四七年）という有名な白磁に関する信条は、こうして創造されたのである。

一方、富本は模様における「間」の感覚を晩年の京都時代まで大切にしているが、それを完全に体得したのも東京時代である。皿の模様では間取りと呼ぶ中央の円形に模様を配置し、さらに口縁部にも線を描き、線描と暈《ぼか》しによってアクセントをつけ模様を際立たせる工夫を行っている。また角箱《かくばこ》、飾箱《かざりばこ》では角々に陵と等間隔に引かれた染付の線・白磁の白の塗り残しにより箱の面の模様を際立たせる工夫なども行っている。これらはいずれも模様、器の形体を強調する優れた富本のデザイン感覚の深化を示しているが、角箱、飾箱の陵線と模様の面には建築の柱と装飾壁に対応する造形の美がある。このように東京時代の前半期に富本の作陶は「裸形の美」と譬えた白磁においても、「衣服の美」と譬えた模様においても練達の域に達した。

九谷での色絵磁器研究

そして、富本が次に挑戦したのが「私はその研究を最後に残しおき、この複雑多岐な技法の数知らずへの戦いを今から凡そ十年ほど前に始めた」（「陶技感想」一九四七年）と書いている色絵磁器《いろえじき》の研究と制作であった。

富本が色彩について並々ならぬ関心を抱いていたことは彼の楽焼を見ても明らかである。そのため、白磁に色絵を施す試みはかなり早くから行われていたとみられる。白磁に赤化粧して金彩で薊《あざみ》・柳・春夏秋冬の文字を描いた作品や、簡素だが赤・緑・鉄による柘榴《ざくろ》・薊を描いた作品は大正八年（一九一九）以後の安堵村時代にすでにある。だが、複雑で濃い色を使用すると上絵《うわえ》の絵具が滲む、剝落するなど釉薬と絵具の一体化ができず、本格的な色絵は昭和十一年（一九三六）五月から十月にかけての石川県九谷《くたに》の北出塔次郎《きたでとうじろう》窯での研究、制作に始まる。北出窯は九谷焼でも優秀な磁器素地と絵具を作ること、塔次郎が伝統の九谷でも革新派の陶芸家として知られていたことが富本の選択にあったのだろう。ここで富本は素地および紫・黄・青・緑・赤の九谷の色絵具の調合、色絵窯での焼成などを研究している。そのため初期色絵の作品には北出窯の型打（型成形）の丸皿、角皿、鉢が多く使用されており、色絵も基本はほとんど北出窯の調合がそのまま用いられている。北出塔次郎は富本が描く創作模様の構図の的確さや、新鮮な色使いから多くのものを得ているが、逆に富本が得たものも多く、赤絵を除き色絵模様の釉下に輪郭線が描かれていること、単色で面を塗る地塗《じぬり》の作品では地塗に点描（七《なな》子《こ》地文）が施されていることなどは九谷焼の伝統的技法から富本が得たものの具体的例証である。ただ全体として富本は色絵技法を自己の陶芸の発展のために研究したことは間違いなく、「この方法で最も陥り易い欠点は、余りに自由な豊富な彩の為に模様として濃艶な絵画的効果に走り過ぎ、出来上がったものが下品、饒舌にうるさい感を与える事である」（「美術陶器」一九四〇年）と模様化するにあたっては富本自身の視点を大切にしている。

九谷滞在の後、富本の作品は色絵が主流となり「模様の作家」と呼ばれるようになる。東京時代の後半期の模様も自然の写生に基づく創作模様であるが、前代以来の風景、野草などに加えて、しばしば出かけた写生旅行のスケッチをもとにした葦《あし》、高原の薊などの植物模様や、身辺を飾っていた洋蘭《ようらん》、芥子《けし》、椿、撫子《なでしこ》など一層多彩、モダンな感覚にあふれた模様を制作している。

東京から京都へ

東京時代の後半は、仕事のうえでも色絵が登場して、富本が最も充実した時間を過ごした時代であった。そして、陶芸家としての評価が高まるにつれ、富本の生活は対外的にも次第に多忙なものとなっていった。

昭和十年（一九三五）六月、富本は帝国美術院の新会員に任命された。権威主義的な官展に対し、これまで在野の陶工として距離を置いていた富本だったが、美術界の一致体制を整えるため改組された帝国美術院に協力を要請され、これに応じたのである。帝国美術院は、その後、同十二年に帝国芸術院に再改組されたが、富本は引き続き芸術院会員にも就任した。また、昭和十九年には母校の東京美術学校図案科の教授に任命され、同校の工芸技術講習所主事を兼任している。しかし、東京美術学校教授に就任した時期は、すでに戦争が激化しており、兵役につく学生も多く、講義も実技も十分にはできない状況であったという。そのため、富本は工芸技術講習所の学生らを飛騨高山に疎開させ、東京と高山を往復して作陶指導を行い、昭和二十年五月からは自らも高山で学生たちと寝食をともにする生活を八月の敗戦まで続けている。

富本は敗戦後もしばらくは高山に残留したが、昭和二十一年二月に帰京した。そして六月に家族を東京に残し、単身で故郷の安堵村に移住した。敗戦による精神的な動揺や疎開生活による疲労もあったといわれている。しかし、帰郷した生家にはやきものを焼成する窯はもはやなく、十月に富本は作陶を再開するため、京都での仮住まいを開始する。公的な地位の象徴であった帝国芸術院会員や、東京美術学校教授などの公職を辞任して、一介の陶工としての再出発であった。

京都での作陶は富本に私淑していた東山地区の福田力三郎《ふくだりきさぶろう》、山田喆《やまだてつ》（今熊野南日吉町）、松風栄一《しょうふうえいいち》（清水二丁目）、鈴木清《すずききよし》（泉涌寺東林町）らの陶芸家の協力で彼らの工房を借りて行われた。この京都時代に制作したやきものに富本が鉄描銅彩《てつびょうどうさい》と呼んだ一連の作品がある。陶器（土焼）に鉄釉、銅釉で茶褐色・緑色の模様を描いたもので、桃山時代の織部《おりべ》、江戸時代の二彩唐津《にさいからつ》の系列を引くやきものであった。鉄描銅彩は酸化炎焼成でのみ可能なやきものであり、東京時代に量産品制作の目的で訪れた瀬戸、九州の窯場で手がけたものであったが、東京の自宅の還元炎焼成の窯では制作できず、そのままにしていたものである。京都時代の富本は、速筆で安堵村の風景模様や白雲悠々などの文字模様を描いた量産作品を数多く制作している。

富本憲吉　鉄描柳模様皿　1946年

晩年の金銀彩作品

一方、磁器作品では、これまでの染付、色絵に新しく金銀彩《きんぎんさい》の手法が加わって、富本の飾壺、飾皿、飾箱は一層華麗さを増していった。金や銀をやきものに使用することは古くから行われており、富本も東京時代に赤地に金彩、銀彩を個別に絵付する手法は試みていた。しかし、京都時代の金銀彩は、この二つを同時に焼き付けるという意欲的な作品である。最大の難問は溶解度の異なる金、銀をどのように一致させるかという技術上の解決であった。富本は研究に四、五年をかけ昭和二十六年から二十七年（一九五一～五二）に銀に白金を混ぜると金と同等の溶解度が得られることを発見して完成させた。

こうして完成した金銀彩の作品に富本は四弁花模様、羊歯《しだ》模様、菱四弁花模様など独自の創作模様を描き、格調高い陶芸世界を確立する。このうち京都で創案された羊歯模様は東京時代の四弁花模様とともに富本の色絵模様の代表とされている。ところで、この金銀彩の模様を描く時は、一筆一筆丹念に筆を下ろすという、極めて手間のかかる作業を要求される。しかし、金銀彩作品には型にはまった手順通りの仕事をこなすという惰性に流れた様子はいささかもみられない。富本の筆の跡を丹念に追うと、そこにはかつての白磁壺と同様に、正面から陶芸に立ち向かう彼の息づかいと手の感触の跡が鮮やかに刻まれていることを発見することができるのである。

このように、晩年まで旺盛な創作意欲をたもち、清麗な精神を生涯にわたり貫いた富本憲吉は、昭和二十五年、新設された京都市立美術大学陶磁器科教授に迎えられ、長年の作陶経験から導き出された自らの陶芸思想を学生たちに熱意をもって教示した。写生を模様の根幹に置き、模様より模様を作らない創作性を信条とし、内側から満たされる充実感にあふれた造形と加飾の色彩と文様の一体性、いわば総合的造形物としてのやきもの作品という富本憲吉の陶芸思想である。その影響は極めて大きく、富本の門からは多くの優れた学生や影響を受けた後進たちが陶芸家として巣立っている。他方、富本は昭和三十年、「色絵磁器」の技術によって重要無形文化財保持者（人間国宝）に認定され、同三十六年、陶芸家として板谷波山《いたやはざん》についで二人目の文化勲章受章者となる。そして昭和三十八年六月八日に七十七歳の生涯を閉じたが、その遺書には「墓不要、残された作品をわが墓と思われたし」と書かれていたという。

翌日、富本憲吉の訃報を聞いた河井寛次郎《かわいかんじろう》は、新聞記者の問いかけに対し、「陶芸の世界に〈写し〉という言葉があるように、従来の陶芸はみな前代からのヒモつきの仕事にすぎなかった。富本さんは、それを断ち切って自分の身辺をながめ、ギリギリに個人をうち出した最初の人だった」と答えている（『毎日新聞』昭和三十八年六月九日付夕刊、『朝日新聞』同十日付朝刊）。名匠よく名匠を知るとの思いがよぎる感慨深いコメントである。

＊初出は「富本憲吉・作陶譜」（『色とかたちが奏でる美・富本憲吉のやきもの』小学館、二〇〇三年に所収）。本書の掲載にあたり一部を加筆した。

近藤悠三——雄渾な染付の名手

轆轤の名手

近藤悠三《こんどうゆうぞう》（一九〇二～八五）は多くの観光客で賑わう清水寺近隣《きよみずでら》に生まれた。生家は江戸時代より清水寺の寺侍を務めた家系で、父は御所や桂離宮を管理する宮内省の官吏であった。清水寺界隈は、清水焼の窯場があった所で、近藤家の周りにも陶家や陶器を扱う店が建ち並んでいた。それゆえ、幼年よりやきもの作りを身近に感じて近藤は育ったという。小学校を卒業した近藤が作陶に進んだのもやきものの町で生まれ育った環境と無縁ではなかったようで、父も三男坊の悠三（幼名雄三）には人間関係の複雑な役所勤めなどより、「自分の作った物を自分で売って食って行く職あきんどになれ」（「陶趣対談」『近藤悠三作品集』）と自己の才能が発揮できて食いはぐれのない職業につかせることを望み、陶器作りの道を指示したのである。

近藤悠三が大正三年（一九一四）、作陶修行のため進学したのは生家から清水坂を下ったところにあった京都市陶磁器試験場に付属する伝習所であった。明治二十九年（一八九六）に設立された京都市立陶磁器試験所（後、明治三十五年に京都市陶磁器試験場に改称）では本来の試験研究機関としての役割の他に、明治四十四年からは作陶を目指す子供たちの教育機関として付属伝習所を設けており、近藤は大正三年、同所の轆轤《ろくろ》科（三年制）に入学したのである。入学当時の気持ちを近藤は、「自分には才能もなにもないが、頑張る力だけはある。だから人の倍やったらいいじゃないか。着る物がぼろぼろになっても、やってやりまくる」覚悟だったと振り返っている。事実、轆轤科に入った近藤は生来の負けん気の強さを発揮して、伝習生の中でも群を抜く力量の持ち主となった。

当時、陶磁器試験場には秀でた窯業化学者、窯業技術者が職員として勤務していたが、その中には東京高等工業学校出身の青年技師である河井寛次郎《かわいかんじろう》、濱田庄司《はまだしょうじ》らも含まれていた。濱田庄司によると、轆轤技術に長けた近藤少年は強い印象を試験場技師たちに与えていたようで、「轆轤のけいこに早くかかりたいと思っていた(私は)、たまたまある日、試験場の庭先で、付属伝習所の轆轤科の生徒だという元気な少年を知った。ちょうどいいから手ほどきをしてもらうことにし、伝習所の轆轤を借りて手揉みから始めた。少年の名前は近藤雄三君」(『窯にまかせて』)と試験場時代の初期、濱田が轆轤による成形技術の手ほどきを、生徒であった近藤悠三から受けたことを記している。後年、「轆轤の近藤」と称せられて豊かな才能をこの分野に発揮したが、その片鱗はすでに伝習生時代に培われていたことを示す逸話であろう。

富本憲吉との出会い

近藤悠三が生涯にわたり強い影響を受けた富本憲吉《とみもとけんきち》との出会いも、こうした中で始まった。その頃、奈良県安堵村で作陶を行っていた富本のもとから濱田庄司を介して土をあつかえる助手の派遣依頼がやってきた。その理由は轆轤作業の助手を必要としているものだった。というのは富本憲吉の作陶史をたどると明らかになるのだが、大正四年(一九一五)、登り窯を築いた以後も富本は自己流で本窯の青磁、白磁などを制作していたものの、形はいまだ「ぶきっちょ」であり、富本の理想とする造形への実現には至っていなかったからである。これを受けた濱田が推薦したのが、伝習所を卒業後は試験場助手として濱田のもとで成形実技研究にあたっていた十九歳の近藤悠三であった。

そして大正十年、安堵村の武家屋敷のような富本の生家に住み込んだ近藤は、卓越した轆轤技術で富本の作陶の理想の実現につとめ、また富本自身の轆轤技術の向上に寄与したのである。一方、この富本のもとでの作陶は、近藤青年の陶芸にも決定的な指標をもたらした。例えば戦後、急速に呉須《ごす》、染付の作風へと収斂されていく近藤悠三の作域の出発点にあたる初期の呉須、染付の使用は富本の作陶から学んだものであり、昭和初期の呉須と掻落としを併用した手法やイッチン筒書きによる手法などは富本との共同作業時代を抜きにしては考えられない作風である。また、富本が信条としていた「模様より模様を造らず」の創作精神を体得した近藤は生涯、自らが野外において写生した草花、果実、風景をもとにした創作模様のみを使用している。大正十三年、近藤は富本の工房を去り、京都の清水新道の自宅に仕事場を構え、本格的な陶芸家としての活動を開始するが、その独立に際して富本憲吉が語ったという、「土を伸ばすことは、もう十分に出来るのだから……これからは陶器以外のことを、うんと身に付けなさい、陶器以外のことが、身に着けば着くほど、君の陶器が立派になる」（「陶趣対談」）という指針は、いかにも富本らしいはなむけの言葉であった。

近藤悠三　山染付陶板　1972年

陶芸の特色

独立した近藤の活動は自己の見識を広げることから始まった。デッサンを京都岡崎にあった関西美術院洋画研究所に通い習得するかたわら、岡崎の府立図書館に通い内外の美術書、文学書を精読し、また文人画家津《つ》田《だ》青《せい》楓《ふう》塾のもとで洋画、漢詩の勉強を行い、そこで得られた素養はその後の近藤の独創的な陶芸を生み出す確固たる基礎となった。

その後、帝展に美術工芸部が新設（昭和二年）されたが、近藤は翌三年に応募した「呉須あざみ絵花瓶」が初入選している。以後も帝展、文展に続けて入選を果たし、三十歳後半で早くも特選（昭和十四年）、無鑑査（同十六年）となっている。当時の作品評によれば、「近藤氏の捻り出した作品を見るに、その線の強き迫力は京都陶磁器界、いや帝展においても、第一人者と推して憚らない」（「都市と芸術・京都工芸大観」）などとあり、近代的造形と創作模様がみせる力強い作風にはすでに定評があったことがうかがえる。

戦後、近藤悠三は京都で作陶を再開した富本憲吉と再び行動をともにすることが多くなる。昭和二十二年（一九四七）以降は富本が主宰した「新匠美術工芸会」の結成に参加、中心的陶芸家として活動。昭和二十七年には富本が教授に就任していた京都市立美術大学陶磁器科の助教授（同三十三年教授）となり、昭和三十年、富本憲吉、石黒宗麿《いしぐろむねまろ》らとともに「社団法人・日本工芸会」の結成に参加した。以後、美術大学での教育に広い視点でたずさわり、富本を補佐するとともに、新匠会、日本伝統工芸展を主舞台に作品を近藤は発表するが、その作品の力強さに一層の磨きがかかったのが昭和三十年代からの染付模様の壺、鉢、大皿であった。自己の陶芸領域を収斂させて悠渾な筆勢と思い切った構図で描かれたザクロ模様、ブドウ模様、梅模様、山噴煙模様など、そこには呉須、染付に長い伝統を持つ中国、朝鮮半島、また日本の過去のいかなる古い作例にもない、他の追随を許さぬ独自な世界が展開されていた。

＊初出は「近代陶芸の巨匠たち」（『淡交』増刊号「美術館やきもの散歩」、淡交社、一九九八年に所収）。

森野泰明――「現在語」としての造形

作陶の底流

森野《もりの》泰明《たいめい》（一九三四～　）は昭和九年（一九三四）に京焼の中心地である五条坂《ごじょうざか》鐘鋳町《かねいちょう》に生まれた。父は陶芸家森野嘉光《かこう》（一八九九～一九八七）で、泰明はその長男である。父嘉光は昭和二年に帝展に美術工芸部が新設されると、これに応募し初入選を果たし、以来、創作陶芸のリーダーの一人として現代陶芸の揺籃期から今日までをたゆまず歩んできた陶芸界の重鎮である。

幼少年期の森野泰明の生活は、この父の作陶三昧のかたわらで続けられている。小学校時代には生家の周辺に散在した陶家の登り窯が遊び場であったというのも、いかにも京都の陶芸家の子弟らしい思い出である。その中で、知らず知らずのうちにも森野は父の影響を受けていたという。それは、父の陶芸家としての真摯な作陶への姿勢であり、その後の森野の作陶の底流を形成する資質ともいえる部分での養分であった。もちろん、それらの影響は、親から世襲的職業を継承するといったような目的意識の中で育成されたものではない。むしろ少年時代の森野は、絵を描くことを夢見ていたのであり、父もそれを否定することはなかったという。父嘉光も青年時代には日本画家を目指した人物であり、作陶に進んだ後も幅広くアートとしての陶芸を志向し続けた作家であった。

この父から子へと継承された陶芸家としての資質、すなわち幅広い視野で陶芸を見つめ、その本質を追求し、それを自らの「現在語」的造形として表現する姿勢は、森野泰明が土との結びつきを決定的なものと感じる京都市立美術大学陶磁器科への進学後、次第に明瞭な姿となって現れてくる。

造形への傾斜

昭和二十九年（一九五四）、京都市立美術大学の陶磁器科に入学した森野は、富本憲吉《とみもとけんきち》教授、近藤悠三《こんどうゆうぞう》助教授に師事し本格的な作陶を学ぶ。当時は陶磁器科が新設されて間もない時期であり（昭和二十五年に新設）、学生数も少なく、厳しい中にも家庭的な雰囲気に満ちていたという。大学で富本から陶芸原理論や、近藤悠三から土に対する技術的な処理、作陶の工程、火に対する経験的熟練という陶芸の基本的な事柄を習得した森野は、在学中の昭和三十二年、日展に焼き締めの壺を出品し、初入選した。そして、陶磁器科を卒業後は、専攻科に進み、さらに非常勤講師として研究室に残って、陶芸研究を続けている。

そうした中で、森野の陶芸家としての将来の方向に大きな影響を与えたのは、一九五〇年代に日本でも紹介され始めたアンフォルメルであり、美術界全般に強まっていた前衛的な作風であった。折しも森野の周辺では、彫刻科教授の辻晉堂《つじしんどう》が土による抽象形体の陶彫制作を開始し、陶土による巨大なやきもの造形の可能性を追求して陶芸界に衝撃を与えていた。また、森野が陶磁器科の三年生の時に、東京美術学校時代に富本憲吉の教えを受けた藤本能道《ふじもとよしみち》が専任講師として就任した。当時の藤本は走泥社《そうでいしゃ》に属し、前衛的なオブジェ制作に専念していた時期であり、藤本研究室の教室に入って陶芸を続けるかたわら、辻晉堂の陶彫の焼成を手伝っていた森野が、その影響のもとに走るのはむしろ当然のことであった。

こうした時期の森野の作風をうかがわせてくれるのは、一九五〇年代後半に制作したオブジェである。そこには辻晉堂の陶彫にも通じる、土塊をモニュメンタルな造形として構築していく志向がみられ、若々しいエネルギーの発揮を感じる。そうしたエネルギッシュな仕事は、森野が大学の専攻科を修了した昭和三十五年の第四回日展に出品し、特選・北斗賞を受賞する、力感あふれた大作「青釉花器」に結びついていき、森野の作陶史の一つのステップをみせている。

次に森野が新たな作陶へと進む契機となったのは、米国シカゴ大学美術学部から陶芸講座の講師として招聘され、昭和三十七年から翌年（一九六二〜六三）と、同四十一年から四十三年（一九六六〜六八）の二度にわたったシカゴ大学での教員としての作陶体験であった。シカゴに渡った森野は、この間、ストレートに自己を表現することを本質と考えるアーティストたちと交流し、当時アメリカにおいて全盛であった抽象表現主義陶芸の実際に接している。その中で森野は、陶芸の伝統を持つ日本と、伝統のないアメリカの差を、身体をもって知り、それに由来する造形についての認識の差、素材に対する姿勢の差を実感した。そして、土の仕事を遂行する作家のエネルギーと体力的な差についても考えさせられたという。その結果、抽象表現主義陶芸に代表される活動がいかに魅力あるものでも、それはあくまでアメリカ的芸術であり、自己の陶芸と体質的なところで別であると認識したという。この認識は、アメリカ国内でも、欧州陶芸の伝統をすでに持っていた大都市シカゴに、森野が滞在していたことにもよるが、いずれにせよこうした実感は、日本にいてはおそらく経験できなかったことであったに違いない。これを転機に、森野の作陶は、直接的な心情、エネルギーを造形化する方向から、日本陶磁の伝統の上に立ちつつ、土の質感を生かした固有の造形の開拓へと進むことになる。

やきものの美感と抽象造形

森野が、その視座に置いて探究したのは、円筒、球体、立方体などの幾何学的な形体を基礎にした土の造形美であり、加えて、造形と装飾的な色彩との有機的な結合であった。手捻りによって造り出された方体、球体、円筒と色彩文様の構成美は、森野の作品の特色となっている。こうした新たな作陶を森野が試行したのは、シカゴ大学で教鞭を執っていた昭和四十二年（一九六七）頃からである。森野によると契機となったのはアメリカ人の友人との「陶芸のフォルム」を巡っての語らいであったという。当時、土による立体構成の原理について考えていた森野は、友人と話を進める中で、「例えば立体を、実際にはそうはならないのですが、ズーと縮めてゆくと薄くなります。それを立てると壁のような二次元的な形になり、逆にこれを楽器のアコーディオンみたいに膨らますと方形になる。そういう動的なイメージの立体構成をもった」と語っている。この着想は土という可塑性のある素材を熟知した森野ならではの造形感であった。以来、森野は、土の質感を生かす作陶の手法を駆使し、現代感覚に満ちた作品を生み出していく。

昭和四十三年、シカゴでの生活を終えて帰国した森野は、同年の第十一回日展に、箱状の立体に青、紫、緑の水玉をデザインした《海の光》、ついで翌年の第十二回日展にトランプ記号を装飾デザインとして用いた《祭祀》などの秀作を発表し、現代陶芸界の次代を担う有能なリーダーへと成長をとげていく。以後、現代陶芸の第一線で活躍する森野の作品は、昭和四十五年頃より、従来のデザイン的装飾がさらに深められ〝立体から生まれる文様、文様から生まれる立体〟を志向し、形体と波状文様のより緊密な関連性をみせる《揺75-7》のような仕事へ進む。

《Work 83-1》に始まる壁状の作品群は、この形体の探究の中からもたらされた多様なバリエーションとみることができる。その中で森野は、一九八〇年代に焼き締めの土肌とブラックステイン（黒色顔料）による色彩の対比を基調とした造形作品や、低火度焼成による緑色、銀泥文様の立体化を志向する造形作品、半円筒状の突起と波状の虚空間の出会いを陶面のマチエールによって強調する造形作品《Work 83-11》など、さらに魅力的な土の造形の世界を探究し続けている。こうした作品にみられる立方体と突起状の球体・円筒の絶妙な対比のバランスは形体構成の基礎となっている。もちろん対比のバランスといっても、当初の四角な箱のような立方体から、以後の二次元的な壁のような立方体への移行があり、そこに配置された球体・円筒の位置も様々であり、《Work 86-13》のように形体に虚空間を空ける手法も導入されている。しかし、こうした中でも、立方体と球体・円筒による形体の構成美を追求する姿勢は、森野の仕事の中で今日まで一貫している。

ついで、森野の陶芸を特色づけるのは装飾的な文様である。この点では従来の陶芸の文様といえば、器面をキャンバス代わりにして鉄釉やコバルトさらには色絵によって絵を描く、絵画的な絵付手法が主流を成してきた。これに対し森野の文様は円、水玉のパターン、あるいはアルファベットやトランプ記号の組み合わせによって構成されている。こうしたシンプルな文様の繰り返しや連続を多用する手法もまた森野の陶芸の特色であり、この文様の方式は昭和四十三年に発表された初期の《海の光》での青、紫、緑の水玉の装飾にすでに登場している。

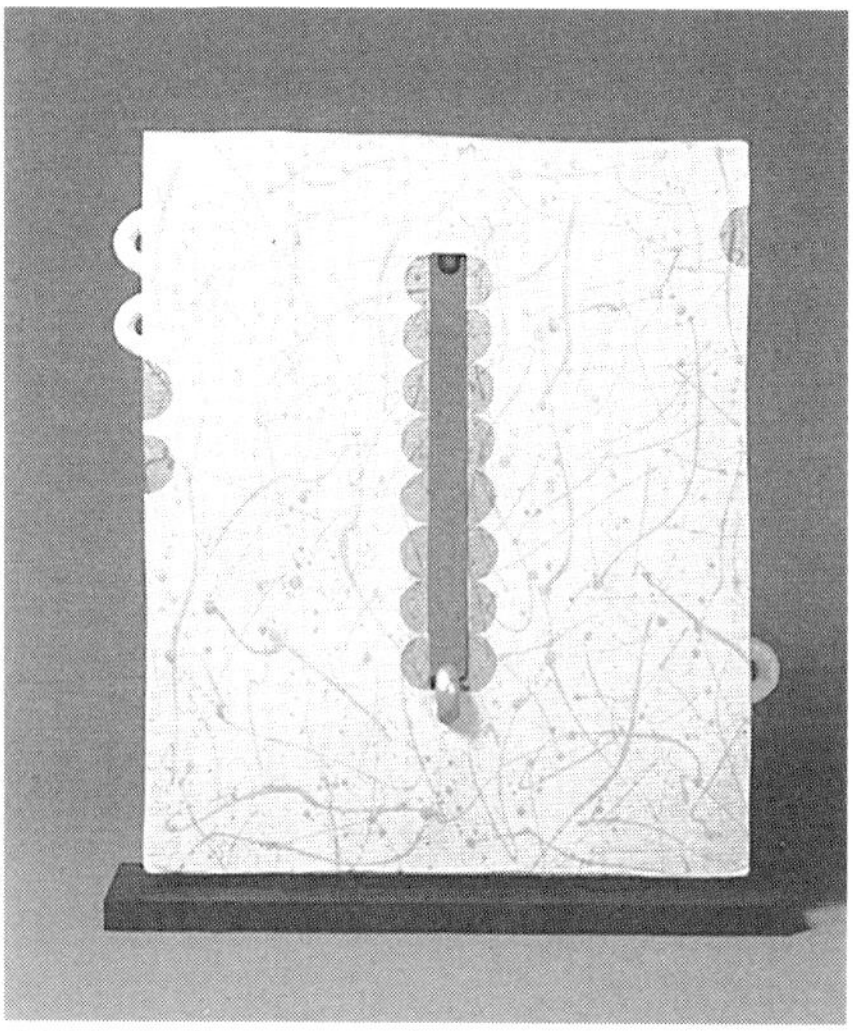
森野泰明 《Work 86-13》 1986年
国立国際美術館蔵

ところで、こうした文様の装飾方式を森野が一貫して守ってきた背景にあるのは、これまでの陶芸作品にしばしばみられた、形は形、装飾は装飾、という形と文様の分離状態を克服し、両者の密接な一体化の中にこそ陶芸の美はあるという思考である。森野はこれを「立体から生まれる文様、文様から生まれる立体」という言葉で表現している。

そして、この陶芸における立体と文様の一体化という問題で思い浮かぶのは、近代陶芸に傑出した足跡を残した富本憲吉の存在である。富本は陶芸の模様について、早くから独自の思想を持っていた。それは、「普通には通用せぬことではあるが、私は模様という語のうちに立体的なもの及び外形などをも含ませて考えている。壺の形なしに模様を考えることができず、建物における壁間の装飾は、側面や空界線（スカイライン）なしには考えられない。形は身体骨組であり、模様はその衣服である。形と模様は相互に関連して初めて一つの生命を造る」というものである。森野泰明は京都市立美術大学の陶磁器科に入学して富本憲吉に直接に学び、装飾性豊かな陶芸の世界を直接的に体感したという経歴を持っている。師富本のこの思想は、おそらく森野がアメリカでの体験を経て、自己の陶芸の将来を考えた時、大きな拠り所となったに違いない。

＊初出は「森野泰明」（『土と火の奇想』現代日本の陶芸・第十四巻、講談社、一九八四年に所収）。本書の掲載にあたり一部を加筆した。図版は『国立国際美術館月報』51号（一九九六年十二月号）より転載。

坪井明日香――華麗なオブジェの協奏曲

京都に住する女流陶芸家

坪井明日香《つぼいあすか》（一九三二〜　）は京都で活躍する陶芸家である。しかし、京都の陶芸家の多くが祖父、父の代より作陶を行っていたのとは異なり、坪井は専門的な訓練を受けることなく、素人として陶芸の世界に入った。坪井自身に確かめたところでも、昭和二十八年（一九五三）に卒業した東京の自由学園では、絵画や彫刻の授業はあったが、やきものに関しては知識を得る機会はなかったという。ただ、在学中から作陶への興味はあったようで、卒業を前にして彫刻を学んだ清水多嘉示《しみずたかし》に今後の進路を相談し、清水を介して京都の東山区の泉涌寺東林町で陶磁器を制作していた株式会社釉彩工芸に入った。ために坪井の作陶知識は、その後にほとんど独力で習得したものであり、それだけに努力を要したことと思う。また、作陶に進んだ時代は今日とは違い、女性で陶芸家を目指す人はめずらしく、独り立ちするための苦労は並大抵ではなかったはずである。坪井が昭和三十二年に、全国に散在していた同志によびかけ、「女流陶芸」を結成したのも、女流陶芸家の地位向上が目的であった。

だが半面では、文字通り素人から陶芸に飛び込んでいっただけに伝統という重圧や職人的な技巧主義への偏重に陥ることはなかったという。素人として作陶を始めたことが、かえって過去の常識にとらわれない自由で個性的な陶芸を可能にしたのである。

パステル画風の装飾

陶芸家坪井明日香の第一歩は、富本憲吉《とみもとけんきち》を代表者とする新匠会《しんしょうかい》（昭和二十二年結成、当初は新匠美術工芸会）で踏み出された。富本は、「模様より模様をつくらず」を信念とした創作精神に満ちた陶芸家として知られているが、新匠会はこの富本の主張する個性と創作を重視した工芸団体であり、坪井が新匠会と接触を持った時代にも、作品本位の態度を貫く雰囲気は会の全般に満ちていた。坪井は、釉彩工芸に入った昭和二十八年（一九五三）の秋、その新匠会の第八回公募展に初出品し、初入選を果たした。出品作の《蘭の花の図皿》は、大阪の四天王寺の植物園に足繁く通い、朝から夕方まで熱心にスケッチをした蘭を皿にデザイン化したものであった。描かれた蘭の図はいまだ意匠として十分に消化されたものではなかったというが、未熟であっても自分の創意を率直に表現したことが富本憲吉の目に留まり評価されたのである。その後、坪井は新匠会に毎年応募し、昭和三十一年に新匠会会友、同三十四年に会友努力賞を受賞し、会員となった。

ところで、坪井の新匠会時代の作風を同展図録などで振り返ってみると、壺、皿、花瓶などの器物が主流となっており、昭和三十六年の第十六回、翌十七回展では、透彫りのやきものを二枚折り木製屏風に嵌め込んだ作品もみられ、初期の作陶では坪井は生活工芸（クラフト）を志向していたことが分かる。だが、そこに施された装飾はパステル画調の色彩が大胆、奔放に描かれており、あたかもやきものの器肌を絵画のカンバスのように見立てて、創作意欲を表現したものが多くみられ、陶磁史研究家の満岡忠成《みつおかただなり》が「坪井明日香氏のデザインは新輾転の悶えを表しながら、新匠会の幅広さを物語っている」（昭和二十九年五月、読売新聞）と評したように、新匠会の中でもかなり個性的なものであった。こうした当時の作風から推測して、坪井明日香は陶芸とは自己の思いを率直に土に表現するものだと信じていたようであり、この点では、後の作陶に通じる姿勢や装飾感覚が早くから明瞭に形成されていたことが明らかになる。

そして、こうした坪井の体当たりのひたむきな作陶をあたたかく迎え入れたのは富本憲吉であった。富本は坪井に対して作陶のイロハを教えることはなかったが、彼自身が世に認められるまでの苦しい時代の経験については、機会あるごとに話して聞かせたという。おそらく、女人禁制の風潮の強かった陶芸界で男性と伍していかねばならない坪井の将来を心配してのことであろう。富本憲吉は昭和三十八年六月に没したが、坪井がいまなお富本を師として尊敬しているのは、男、女を区別しない富本のヒューマンな人柄によっている。

イマジネーションの乱舞

富本の死後、坪井は精神的にも自立して自己の陶芸の道を歩むことになる。そうした坪井に新たな飛躍をもたらしたのは、昭和四十一年に訪中日本京都工芸美術家代表団の一員として訪れた中国での体験であった。この旅行で坪井は、北京、西安、広州をはじめ各地の美術館や窯場を見学し、数々の陶磁器の名品と対面した。その中で、これらの名品が長年にわたる中国陶磁の創意と技術の結晶であることを知った。だが、中国陶磁器の完璧さには感嘆しても、どこか静止したような表情には共感できない部分があることを痛感した。ために、「中国では、ものすごく自分の陶芸とはなにかを考えつづけた」という。その結論として坪井が見出した回答が、土の選定、成形の技術、釉薬の知識のすべてにわたり、これをたった一代で成しとげることは不可能である以上、自分の作陶はあくまでも現代に生きる自己の存在を証明するものでありたいという決意だった。

五十日間にも及ぶ訪中から帰国した坪井は、以後、これまでの作陶でこだわってきた、用途によって規制される器物の制作から離れていく。そして、この解き放たれた情熱を造形的な仕事へと向けたのである。

昭和四十三年の第二十三回新匠会展に器物制作から離れた初期の仕事、《はこA》《はこB》を出品した坪井は、翌第二十四回展に新路線＝オブジェへの移行を宣言するかのように、《飛翔へのこころみ》を公表する。そして、昭和四十五年から四十八年にかけて、あたかも内包していたイマジネーションの激流が堰を切ったように話題作が続々と発表されたのである。昭和四十五年の《ふろしき》（「現代の陶芸――ヨーロッパと日本展」に出品）。昭和四十六年の《笛師の戯れ》（「現代の陶芸――アメリカ、カナダ、メキシコと日本展」に出品）に加え、第一回日本陶芸展招待作品「袖シリーズ」。昭和四十七年の《女のおしゃべり》（第二十七回新匠会展）などの作品で、女性の感性をストレートに表現する陶芸の世界を世に表示した坪井は、さらに昭和四十八年の《禁断の木の実》、《歓楽の木の実》（女流陶芸公募展）。《パラジウムの木の実》（第二回日本陶芸展）。《チャッターボックス》（カルガリー・カナダ国際陶芸展）で女性の自己存在を明確に陶芸作品として造形化し発表した。こうした一連の作品の中で、坪井は主題のイメージを象徴するシンボルとして布、笛、袖口などからのぞく重ねの衣、キリスト教の男女の原罪を表す乳房とリンゴなどを大胆に表現し、作家が内包する奔放なイマジネーションを、色彩も華麗なオブジェとして定着させたのである。

これらのオブジェは、当時の陶芸界に衝撃を与えた。だが、これまでに女性の仕事としては前例のない肉体のテーマを大胆に陶芸に持ち込み、鮮烈な赤、金、銀、緑などの色彩を作品に打ち出したため、一部の評者からは、「お得意のなまめかしい前衛作家」などとよばれ、女流陶芸家であるための苦労も味わっている。確かに、坪井のこの時期の仕事は官能的であり、女性を意識させるエロティシズムの要素を持っている。が、それは単にテーマや色彩装飾のみならず、作品の根幹となったオブジェの造形構造そのものにも由来していた。例えば、《禁断の木の実》、《歓楽の木の実》は、その好例である。そこにみられる乳房相互、また乳房とリンゴの重なりは造形的に静止しているのではなく、重層的にはてしなく増殖する構造でなりたっている。ために作品は、構造上からすれば焼成のための窯の容積さえ許せば、もっと大きくなる可能性を持っている。この「増殖」するオブジェという構造こそ、坪井の昭和四十年代後半の陶芸を本質的に規定している特色だったのであり、同様の傾向は「袖シリーズ」の袖口の衣の重なりにも登場する。そこに坪井が願う生命讃美の思いが込められていたように思われる。

京の美感を具現して

坪井陶芸のオブジェは、人間に対する直截《ちょくさい》な興味と共感の中で開花した。しかし、坪井の陶芸の世界は、これに終止するものではなかった。昭和五十年代に入ると、さらなる構想のもと、坪井は作風の展開をはかっている。その出発となったのは、昭和五十一年の個展で発表された「地図皿シリーズ」である。このシリーズの特色は、地図という表現手法から古伊万里《こいまり》の染付の地図皿が思い浮かび、金銀彩の色彩からは雅な京焼の色紙皿を追想させるというように、いままでの坪井のオブジェには表面に姿をみせることのなかった伝統的世界との交流を示唆し、同時にそれぞれの伝統的手法の導入、応用がみられるところにある。特にオブジェが醸し出す雰囲気は、色彩の金銀彩と色絵付によって雅さにに満ちており、一見して、いかにも京都という風土から生まれた作品という印象を強く与える。私はこの「地図皿シリーズ」の作品を京都の個展会場で見た時、一種の驚きを感じたことを記憶している。「京

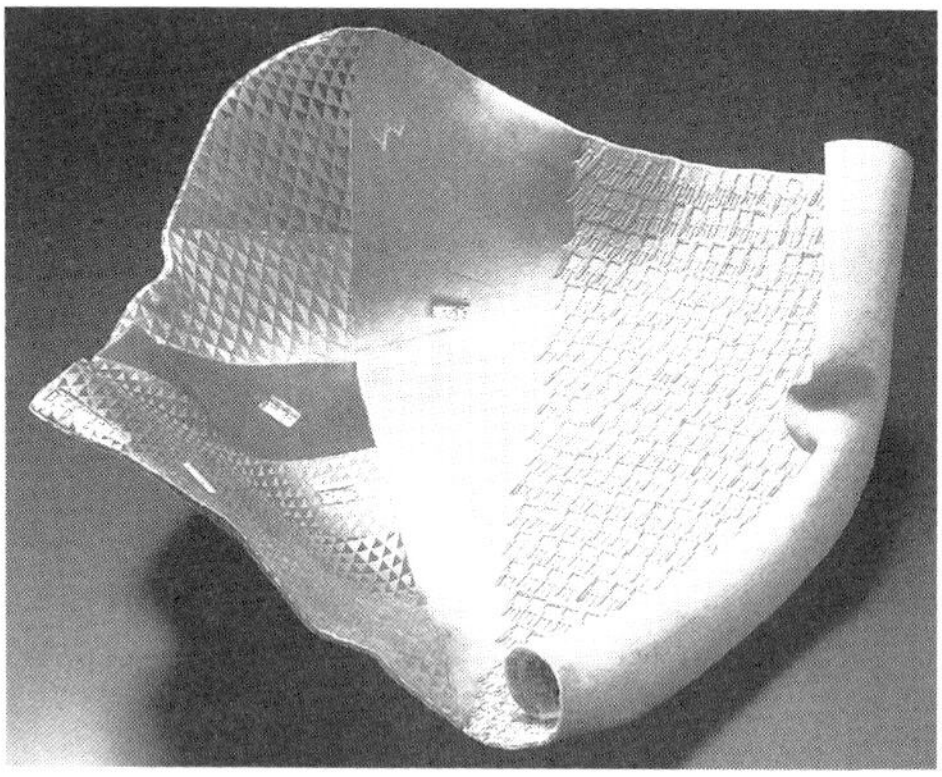

坪井明日香《京都地図》1956年
東京国立近代美術館蔵

都の前衛陶芸家の足跡をながめても、おそらく、このようにあからさまに京都を意識したオブジェは、これまでなかったのではないだろうか」と正直に思った。

ところで、この昭和五十年代を迎えての坪井陶芸の新たな作風の展開の背後にあったのは、「日本の前衛陶芸は歴史が浅いだけに、これからもおもしろく発展していくものと考えている。しかし前衛陶芸というと、外来の純粋美術の強い影響が感じられ、日本の風土から生まれた、日本独自のスタイルのものが少ない」という坪井の認識であった。確かに陶芸が国際化するためには、外国からの借り物でない発信能力のある作風が追求される必要がある。それだけに、坪井にとってその大きな武器となったのは、京都に住し、作陶を続け、ついにはその具現者となった〝京都の美感〟だったのである。そして、この「地図皿シリーズ」を制作して以後、坪井は日本の文化と美の原点を探るシリーズを手がけ、「春秋冬物語シリーズ」(一九七九～八〇年)、「平家物語シリーズ」(一九八二～八四年)、「パリにのこしたローブからシリーズ」(一九八七～八九年)、「唐織シリーズ」(一九八一～二〇〇〇年代)などを発表しているが、ここでもその基本姿勢は守られてきた。

そして、その後の作陶で特徴的なのは、「自然、歴史、風物」への思いを作品に託しながら、同時にそこに人生の光と影を織りだしていく、沈静した理性的な作陶へと深化をとげていることである。その足どりを跡づける時、そこには坪井明日香自身の女の一生が刻み込まれていくような、気品ある華麗な年輪の積み重ねが感じられる。

＊初出は「華麗なオブジェの協奏曲——坪井明日香の陶芸」(『陶芸　坪井明日香』NHK工房探訪・つくる第12巻、日本放送出版協会、一九九一年に所収)。本書の掲載にあたり一部を加筆した。図版も本書より転載した。

宮下善爾——マチエールの美と造形

陶芸への道

宮下善爾《みやしたぜんじ》（一九三九〜二〇一二）は、京の名刹泉涌寺《せんにゅうじ》にほど近い東山区泉涌寺東林町に陶房を構えていた。この地域は現在では清水五条坂、清水焼団地、今熊野とならぶ京都の四大やきもの生産地の一つである。このうち今熊野、泉涌寺地区は大正時代に開窯した窯業地であるが、それだけに清水五条坂にはない、進取の気風と開拓精神に燃える陶芸家たちを輩出してきた。善爾の父宮下善壽《ぜんじゅ》（一九〇一〜八八）もそうした陶芸家の一人であり、轆轤《ろくろ》を駆使した端正な器形と紫紅釉《しこうゆう》など独創的な釉薬の発見によって日展系作家の重鎮として活躍した。

宮下善爾の陶芸への関わりの原点は、こうした父善壽の作陶のかたわらで続けた幼少年期の経験に育成されている。中学生時代にはすでに父の作品の運搬の手伝いをし、近隣に散在していた登り窯で作品の窯詰の手助けをしていたと語っているが、いかにも陶家の子弟らしい思い出である。その中で、さほど意識することもなく宮下はやきもの制作に対する知識を体得していったという。当時、京都市内では唯一の美術コースのあった京都市立日吉ヶ丘高校の彫刻科に通った宮下は、卒業制作にトルソーを作っているが、それは石膏型を使用しない塊状の土から作ったやきものであったという。いかにも宮下と土との結びつきの深さを物語っている。そして、昭和三十五年（一九六〇）、宮下が京都市立美術大学の陶磁器科へ進学するのも、父からのアドバイスであり陶芸家としての本格的な出発を目指してのことであった。宮下が入学した昭和三十年代後半の陶磁器科では富本憲吉《とみもとけんきち》、近藤悠三《こんどうゆうぞう》、藤本能道《ふじもとよしみち》らの教官が後進の指導にあたっていたが、学科そのものは自由独立の気風に満ちており、その中で宮下はやきものに対する技術的な訓練を積み、幅広い視野で陶芸を考える絶好の日々を過ごしていた。

そうした中で、宮下善爾の陶芸の将来に少なからぬ影響をもたらしたのは、昭和三十七年に東京芸術大学へ転出した藤本能道に代わって、同三十八年に陶磁器科の助教授に就任した清水洋《きよみずひろし》（後に七代清水六兵衛を襲名、同時に彫刻家活動も並存し清水九兵衛を名乗る）の指導を受けたことである。当時、四回生に在学していた宮下は、やきものの世界とは異なる鋳金、金属彫刻の分野を歩んできた清水洋の新鮮な作風に衝撃を受け、その論理的な造形思考に大きな感化を受けている。宮下は清水洋との出会いについて、「私の知らない世界からやきものに入ってこられた清水先生の指導を受け、そのクールさと、言葉の切れ味などを肌で感じたものです。あるいは、私が土の持つある種の味にどっぷりとのめり込むことの怖さを本当に知ったのは、先生の影響があるのかも知れません」と語っていたが、おそらくはこの時期が少年時代から慣れ親しんできた土を客観視し、陶芸と自己の関連を宮下が実感的に把握する最初であったのかもしれない。

形体の探求

昭和三十九年に京都市立美術大学の陶磁器科を卒業した宮下は、さらに専攻科へ進み、昭和四十一年に専攻科修了後は非常勤講師として陶磁器科の後進の指導にあたることになる。そして一方で、楠部彌弌《くすべやいち》の主宰する陶芸研究団体「青陶会」へ参加した宮下は、日展、日本現代工芸美術展に出品し、昭和四十六年の第十回日本現代工芸美術展で現代工芸賞・読売新聞社賞。同五十年の第十四回日本現代工芸美術展で現代工芸会員賞・外務大臣賞を受賞し、若手陶芸家として次第に頭角を現していった。

宮下がこの頃から心に掛けていたのは、やきもの作りは単に素材としての土味や土の調子を作品に取り込んでいくことではないという大学時代に学んだ清水洋の造形思想であり、日頃からの仕事にあきたらず、自己の造形思考を厳しく反映する陶芸の追求を開始するのも、こうした時期のことである。土による立方体や球状など幾何学的な形体の探求を自らの課題として設定し、このテーマのもとで作陶の訓練を積み重ねるという、地道な努力を繰り返す日々が続いた。

宮下善爾　彩泥陶板《遙か》 1992年

宮下の昭和四十年代後半の作品が、立方体の様々なバリエーションによって構成されているのは、こうした造形の基本となる形体の探求の結果でもあった。また、当時の宮下は伊羅保釉を作品に多く用いていたが、これも釉厚が薄く、色調も饒舌ではない伊羅保釉を使用することによって、宮下の意図する造形（フォルム）をそのままに表現することを目指してのことであろう。

以来、土と火による偶然性を排除し、自己の造形思考を作品に厳格に貫く宮下の姿勢は、より明確なものとなって、作品の中に反映されていく。昭和五十年代前半の宮下は緑のマット（艶消し）釉を基調としており、昭和五十年作の《コンポジション》、同五十一年の《化石の森》、同五十四年の《幻影の塔》などのこの時期を代表する作品では、壊れゆく立方体と伸びやかに立ち上がる立方体という、幾何学的形体の内包する二つの相異なる様相がテーマにすえられ、それを一つの造形の中で統一的に構成するという、困難で複雑な作陶が意欲的に展開されていた。

心象風景の表現へ

昭和五十七年の《育成について》や、翌年の東京での個展に発表された《黙》、《上からと下からと》、《遠い潮騒》、《森をかける風》などは、そうした新たな幾何学的な原理に基づくフォルムを心象的に把握し、抒情的な作品として追求した仕事であった。土の塊のみせる幾何学的形体の変化を空間的に配列し生あるものの成育を象徴的に表現する《育成について》、まるで立方体に土塊が絡み付くような《黙》や《上からと下からと》、これとは逆に土塊が方形の枠に取り籠められているような作品《遠い潮騒》、《森をかける風》など。これらの作品では立方体の無機物的な形と、柔らかな曲線に支えられた有機物的な土塊との組み合わせがもたらすフォルムの諸相がテーマとして取り上げられている。そしてここでは、これまでにも増して堅固な立方体の形体と、土の可塑性を生かした手捻りによる形体とが密接な関連性をもって隔合されている。このようなやきものの持つ堅固さと脆弱性という二つの性質を的確に一つの造形として視覚化する仕事の中に、宮下の造形思考の独自性をみることができた。

彩泥の世界

こうした造形の探究の中で宮下の作陶には、次第にフォルムに自己の心象風景を大胆かつ、おおらかに表現する方向が明らかになってきた。こうした注目すべき展開が明確な姿を表わしてきたのは、宮下が伝統的な練り込みの手法を表現技法に取り入れ、自在なフォルムに応用するようになってからのことである。昭和五十一年に発表された《一人歩きの風》、翌年の第十一回日展で特選を受賞した《藍彩陶筥》、同五十四年の《アフガンの風》などはその好例といえる。薄く延ばされた練り込みの陶土で成形されたフォルムが、あたかも風に吹かれる布地を連想させる《一人歩きの風》や、練り込みを単なる器物装飾に止めることなく形体の一部として組み入れた《藍彩陶筥》では、風という本来的には不可視な対象が造形化されている。また、《アフガンの風》ではアフガニスタンに旅した印象——肌に実感として感じたカラカラに乾燥した大地と空気とが造形のモチーフとなっている。

そして、こうした宮下の心象風景を積極的に表現する方向とモチーフはその後、一層の深まりをみせ、昭和六十年には多様な色土を貼り重ねる彩泥《さいでい》の技法が完成した。陶土に顔料を混ぜた色土の技法である彩泥は、それぞれの顔料により青、緑、黄、灰色、ピンクなど様々な色彩が、明度の暗いものから明るいものへと段階的に並べられている。これらの多くの色彩は作品の表面に塗り重ねられ、色土の重なりは山々の連なりを連想させるような表情を持っていた。当時、「静寂な風景の中に、色彩と控えめな土のハーモニーで、ときめくような快い音楽を奏でることができればというのが今の作品に対する希いであり、想いである」と語っていた宮下に対し、彩泥ほど変化に富んだ日本の四季の自然美を見事に表せる作風はないとの確信を抱いた私は、「富嶽三十六景ではないが、京都ならさしずめ東山三十六峰の連作を作ってほしい」という無茶な希望を口にしたほどであった。今でも実に可能性を多く持った魅力的な作風であると感じている。

＊初出は「宮下善爾」（『明日の造形をもとめて』現代日本の陶芸・第十五巻、講談社、一九八五年に所収）。本書の掲載にあたり一部を加筆した。

第六章❖「走泥社」の三人

八木一夫、山田光、鈴木治の作品を巡る私的評論

はじめに

私にとって平成十年（一九九八）の後半期に起こった最も衝撃的な工芸界での出来事は、京都を中心に展開してきた陶芸グループ「走泥社《そうでいしゃ》」の解散のニュースであった。昭和二十三年（一九四八）に八木一夫《やぎかずお》（一九一八〜七九）、山田光《やまだひかる》（一九二四〜二〇〇一）、鈴木治《すずきおさむ》（一九二六〜二〇〇一）の三人を含む、五人の青年陶芸家によって結成されたこのグループは、用途を目的としない純粋な陶の造形作品を発表し、戦後の日本陶芸に新たな領域を開拓、確立してきたのであったが、五十周年という節目を迎えたのを機会に解散することになったのである。このニュースは九月一日付の『京都新聞』、翌二日付けの『毎日新聞』、三日付けの『朝日新聞』で速報記事とし

て報道された。「京の陶芸集団・走泥社解散へ」、「前衛陶芸家集団・走泥社解散へ」、「解散する・走泥社、戦後の陶芸界に新風」などの見出しがそこには掲げられていた。そしてその後も、新聞各紙、美術雑誌には走泥社解散に関する記事が登場し、九月十九日付毎日新聞には「独創目指し、前衛陶芸家集団、五〇年の歩み」という創立同人、鈴木治へのインタビューに基づくより詳細な記事が書かれている。

実はこの走泥社の解散の事実が最初に外部に知らされた時、その現場に立ち会った一人が他ならぬ私自身であったので、このニュースの衝撃度が一層強かったのかもしれない。走泥社は五十周年を迎えるにあたり、その歩みを記録集として編纂する事業を一年前から企画し、その事業を推進するため外部からも人を招請し、その座長を私が務めていたからである。解散の決意は八月の編纂会議で山田光、鈴木治の両人より伝えられた。私は晴天霹靂の思いでこの話を聞いていた。説明によれば七月に同人たちによる総会での解散、存続の意思表示を経て、最終的に創立同人である両人の話し合いの結果、五十年という節目が、走泥社が解散する最良のタイミングという結論に至ったということであった。

五十年の歩み

昭和二十三年（一九四八）七月、八木一夫は山田光、鈴木治らと陶芸家集団「走泥社」を結成する。いわゆる戦後前衛陶芸の出発である。しかし、戦時下の種々の抑圧からの解放感の中で自由を主張していた八木たちも、作風上からみれば伝統的な陶芸様式や日常的な用途を持つ器物からの離脱はたやすいものではなかった。走泥社の創立同人たちが、その結成宣言の中で「虚構の森を蹴翔つ早晨の鳥は、もはや、真実の泉にしか自己の相貌を見いださぬであろう。我々の結合体は夢みる温床ではなく、まさに白日の下の生活それ自体なのだ」と共通の目標を持った同志的結束はうたったものの、観念的に創造の姿勢を強調する以上に、自らの陶芸の実際を述べることが不可能だったことにも、それは表れている。八木一夫は走泥社を結成した同じ年の春、富本憲吉《とみもとけんきち》を訪ね自作の作品を見せているが、その時の両者の会話を八木自身は、

富本「絵はいいとして、この形はなんでこんなにしたのですか」
八木「こんな絵を描きたかったもんで。中国からの仕入れの形ですねん。絵は立体派の方法で」
富本「仕入れの形とはね……」

と、富本が妙な顔をしたことに触れつつ書いている。ここには形も絵付も外部的な刺激を受けつつ、自己の内面的なものの表現を志向した当時の八木一夫の姿が表れている（『富本さんのこと』）。

その中で、激流となって戦後日本に流入してきた抽象芸術は新しい時代を象徴する表現として八木の前に登場した。「戦後間もないころのことだ、あのときあの生命の羽ばたきのようなピカソの絵はどれぐらい私たちの不安な歩みへ力づけをしてくれたことだろう」（『ピカソと私』）、「雑誌によって紹介されたパウル・クレーへは一層私の傾斜が強かった。朝鮮の彫三島にみる、純真で自律的なあの線の走りへ、しきりに感動するその裏側には、実はクレーの呼吸にと重ね合わせているもう一人の私がいた」（『私の陶磁誌』）と、昭和二十五年前後の時代の自分自身を八木は語っている。

そうした最中の昭和二十五年三月に、八木一夫の作品がニューヨークの近代美術館に陳列されるというニュースが飛び込んできた。アメリカ軍の占領状態にあった当時、近代美術館が八木の作品を戦後日本の陶芸として紹介するという「京の前衛陶器、米国美術館へ」という新聞記事は大きな反響をよんだという。この時の作品について八木は、「新しいものと古典との結婚、これが私のねらい、ピカソやクレーの近代絵画と、しぶい日

本の轆轤《ろくろ》の味を、作品の上でどう調和させるかが私の仕事」と答えているが、このニュースが戦後生まれの「前衛陶芸」の存在を社会に認識させる大きな役割を果たしたことは確かである。

私は走泥社の五十年を大きく三時期に区分して把握している。まず第一期は、昭和二十三年から二十九年(一九四八〜五四)を草創期として、同志的な結合の時代、器物制作を行いつつ新しい陶芸を模索していた時期ととらえている。次の第二期は昭和三十年から五十一年(一九五五〜七六)で、同人が非器物の陶造形を発表し、戦後美術の先端運動と規を一にした前衛陶芸集団としての性格を強く打ち出した時期。第三期は昭和五十二年から平成十年(一九七七〜九八)で、創立同人である八木一夫の急逝以後、前衛運動体としてより、それぞれの同人の個人としての陶芸家の資質が表面に出る陶芸家集団となった時期ととらえている。この間、最初はほとんど無視されていた陶による抽象的な立体造形も、オブジェというやきもの分野として定着し、今では日本のみならず、世界の多くの陶芸家がこれに取り組むようになっている。

八木一夫

昭和二十九年(一九五四)十二月に、東京銀座のフォルム画廊で第一回個展を開催し、陶芸界に衝撃をもたらした《ザムザ氏の散歩》などの本格的なオブジェを発表して以来、八木一夫は常に刺激的な作陶活動を展開してきた。その仕事は欧米流の抽象的、理性的な造形言語を持ちつつも、一方で作品の醸し出す雰囲気は具体的、心情的な日本人の感受性の世界を熟知した着地点を示すという、日本文化の特質をも心得たものであった。一九七〇年代半ば東山区清水坂の自宅を最初に訪問した時、最先端の前衛陶芸の旗手という常識的な知識しか持ち合わせていなかった新米学芸員の私は八木に「わてがやきもの屋の八木です」と玄関先で応対されて、その言葉に戸惑い度肝を抜かれた記憶がある。

八木の、一筋縄ではいかない京都人らしい表の直言とも裏の皮肉とも測り兼ねる心情は、独特の個性を持ったオブジェ作品としても表現された。一九六〇年代半ばから八木陶芸の中核となる黒陶時代には、数々の名作が誕生している。それらの作品の一つに昭和五十三年の作になる黒陶の《瓜のかたちで満ちてくる潮》（国立国際美術館所蔵）がある。

八木の作陶史では最晩年の仕事の一つであるこの《瓜のかたちで満ちてくる潮》を構成している造形の基本は、あくまで抽象形体である。黒陶による面とエッジをきかせた立方体を横にした幾何学的な形体と、これと構造的に密接に関連した半円棒状の形体によって構成されている。だが、八木は黒陶による幾何学的な形体の上に金属の鉛板を貼り付けることによって、一体化した造形に新たな視覚的意味、内容的意味を付加している。

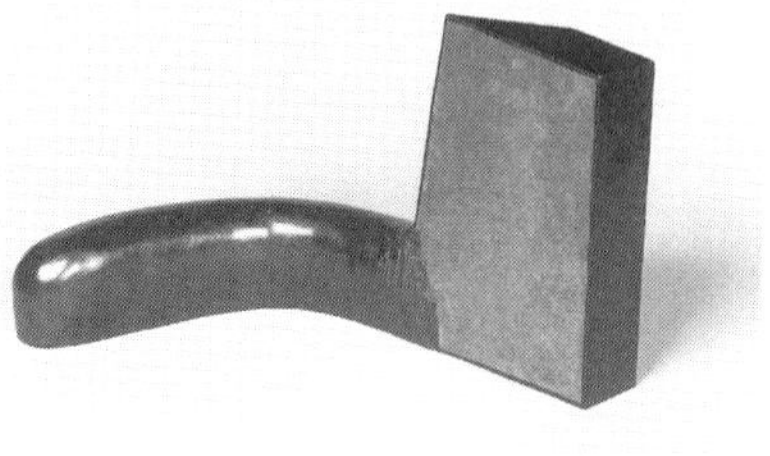

八木一夫《瓜のかたちで満ちてくる潮》1978年
国立国際美術館蔵

この作品の場合は鉛板を貼られた形体の無機的な印象と、その先に延びる半円棒状の形体のいかにも手捻りによって成形されたという有機的な印象の差異である。本来は一つの造形物がここでは二つの要素に分解され視覚の中に飛び込んでくる。その結果、作品には無機物的なものから溶け出した物質が生命感を持って流れ出るという視覚的な意味内容が派生してくる。八木はこれを、海での潮の満ち引きの様子になぞらえ、《瓜のかたちで満ちてくる潮》と題したが、形体からの印象からは別の解釈も可能になる。例えば、不気味さをたたえた半円棒状の生き物めいた物体が無機物的なもの（我々の住む場所や環境とかを）をじわじわと侵食している様を表現しているというような、作者の指示とは別の主観的な意味内容を盛り込むことも可能なのである。

このような造形から得られる印象を絶対的、均質的なものとせず、幾つもの具体的、心情的な読み取りをも可能にする手法に八木は長けていた。それは、単に作者がユーモアのセンスに長けていたとか、「おや？」と思わせるトリックの才能に恵まれていたというような事柄ではなく、文学的背景を帯びた陶芸とも呼びうる、詩歌や俳句に象徴される日本的情趣主義と通ずる主題、形体の象徴化と自己の仕事がしっかりと結びついていることを認識していた結果である。

黒陶はこうした八木の造形精神を最もよく表現しうる素材であり、自己に最も相応しい媒体を求め続けた八木がたどり着いた作陶領域であった。八木自身の言葉によれば、身近に親しんできた炭火の炬燵《こたつ》から着想を得て考案したという黒陶は、作品の完成する最終工程の焼成時に、松葉など炭素を出す燃料を窯に投入することにより、窯の内部を燻べ焼の状態にし、作品の表面に煤（炭素）が付着，吸収されて黒土化したものである。

八木にとって黒陶が魅力的な対象であったのは、黒という色（それも被膜的な釉薬では表現できない、土に浸潤した黒）、それ自身への共感が強かったが、同時に黒陶の制作プロセス自身が生乾きのフォルムを、じっくりと丸石を用いて研磨・成型するという彫刻的な作業を必要とし、自己の思考を貫くことができたことにもあったに違いない。事実、黒陶の導入によって土と手の直接的な接触に基づく八木の造形思考が明瞭なかたちをとって表現されるようになる。八木がこうした独自の焼成法に基づく黒陶を発表するのは昭和三十二年以降のことであり、昭和三十九年以後は八木の最も重要な表現手法として、最晩年に至るまで一貫して取り組んでいる。

山田光

山田光の陶芸は、ごく初期に、形体を分割した立体派的な表現を志向した時期をのぞくと、板状または帯状をした長方形の陶板（タタラ）を基本にした作品や、陶板を二枚貼り合わせて薄い空間を内部に持った「陶面」

によるオブジェを一貫して追求してきた。その原因は、戦後、やきものに付随してきた「実用性」を否定した山田が、自己の観念の具体化として、平面性を重視した抽象形体を目指したことを示している。しかも、その形体は横への広がりを意識したものではなく、直立する縦への伸びを基本としていた。

平面的でしかも直立するオブジェ。この山田が志向した造形は、金属や石による彫刻ではしばしば散見する。だが陶芸の分野で作品化するには多くの制約が伴うことになる。やきものの一般的な成形は粘土を捏ね、これを板状にして、手捻りで輪積にしながら形を作り上げていく手法である。この手捻りの輪積をより効率よくするために発明されたのが轆轤《ろくろ》であった。だが山田は、オブジェを制作するにあたっては、こうした輪積や、轆轤による成形を用いていない。窯での焼成によってはじめて硬度を得る軟質な粘土を素材としながら、板状で直立する作品を制作することはたやすいことではない。

山田光《陶面の中の数字》
1978年　国立国際美術館蔵

山田はこの間の事情について、次のように書いている。「そんなある時期に、何か薄いものを造ってみたくなり、ひねる手に、少ない泥を握ってみたりした。やがては、たたらによる仕事を始めるきっかけともなった。ただ、たたらの仕事には、私の場合、どうしても平面的になる欠点がある。彫刻的な立体感への思いもあったが、私の手にかかる代物ではないと断念せざるを得なかった」（「少ないボキャブラリー」『土と火の奇想』現代日本の陶芸・第十四巻、講談社、一九八四年に所収）。彫刻的な立体感に興味を抱きながらも、あえて制約の多い、だが可塑性のある土でなければ表現できない仕事に自らの将来を託した山田の心情が、誠実な言葉で語られている。

一九六〇年代に発表された「塔」シリーズ、「窓」シリーズ、「陶壁」シリーズなどは、こうした土の素材としての制約、欠点、すなわち脆弱性を克服する空間構成をみせる作品であった。酸化焰で焼成された形体の素地は、あたかも乾燥菓子のクラッカーのような調子をみせ、一見したところいかにも弱く壊れそうな表情をみせている。しかし、形体そのものは極めて強靭な存在感をみせていた。これらの作品には明らかに金属や石の彫刻にはない、陶芸としての形体探求の努力の成果がみられ、しかも走泥社の仲間として作陶活動を行っていた八木一夫の深層心理に衝撃を与えるオブジェとも、鈴木治の古代の土偶を思わせるプリミティブなオブジェとも異なる、独自の世界が形成されていた。

山田の作品の中で国立国際美術館が所蔵する《陶面の中の数字》はこうした一九六〇年代の作品群に続く仕事として発表されたものである。前代のシリーズ作品に比して、この「陶面」シリーズでは素地の色彩にあらたに白の化粧が加わり、白による陶枠の中には従来、山田のモチーフの具体化の手段としてはほとんどみられなかった白化粧や練り上げによる数字の嵌め込みが登場する。そして、これらの数字は一定の枠内でそれぞれ記号として独立した意味を持たされつつ定置され、全体として有機的な関連を保つ知的でより構成的な作品へと展開しているのである。直立する立体を制作する中で、次第に明確となってきた正面性への意識がより顕在化したこの作品には、連想による知的な遊びの世界さえ取り込んだ、山田の一九七〇年代の作風の特色がよく表れている。

鈴木治

私はかつて、鈴木治がよく出かけた祇園の酒房で様々な逸話を聞いた。とりわけ今でも印象に残るのは、青年時代、京都で開かれた鎌倉在住の高名な陶芸家北大路《きたおおじ》魯山人《ろさんじん》の講演を八木一夫ともども聞きに行ったが、陶芸家のあまりに高飛車な舌鋒に憤慨して、講演会場で反論を展開し、その場を立ち去ったという逸話である。日頃から物腰は優しく、後進の者には親切に接していた鈴木の、いかなる権威にもおもねることのない芯の強さを感じたものである。

私が座長をつとめた『走泥社五〇年のあゆみ』編纂のための委員会が設置され、外部の人間である私に座長となるようにと要請したのも鈴木であった。しかも、その時の話として、記録集には走泥社に好意的な記事、評論ばかりを載せるのではなく、批判的な記事も収録してほしい。客観的な記録として後進の若い作家、研究者に残したいと注文を付けられた。理性的な判断を大切にされ、かつ視野が広く、包容力が大きいという鈴木の人柄を改めて痛感したのはこの時であった。さらに、この編纂のために鈴木、山田をはじめとする走泥社の同人二十八名は、酒盃を一堂に集めた寄せ盃を制作、これを編纂資金に充当したが、これが走泥社の最後の事業の一つになるとは、その時の私には予想もできなかった。

鈴木治《馬》1982年
東京国立近代美術館蔵

鈴木の転換期の作品として、私が衝撃を受けた作品は幾つかあるが昭和二十九年（一九五四）に発表された正六面体が三本の足で支えられた《作品》もその一つである。八木一夫の《ザムザ氏の散歩》と同様の歴史的記念碑的意味を持ったこの作品には、長い間、やきものが担うべき常識とされてきた器としての実用性、用途性は否定されていた。走泥社の戦後陶芸史における最大の功績は、このような用途を目的としない純粋な陶の立体造形作品を発表し、日本陶芸に新たな表現領域を開拓し、さらにその後の鈴木たち同人の制作活動によってこの分野を確立したことにあるだろう。

また、作り手としての気持ちを率直に表現できる立体造形を、走泥社の同人が制作する過程の中で、成形のための轆轤に対する認識を新たにしたことも画期的な出来事であった。日本の陶磁史を例にとっても古代の須《す》恵器《えき》以来、やきものというものの形体を根本的なところで規定してきたのが轆轤である。轆轤の名手といえば一級の焼物師の代名詞になるほど、轆轤は陶芸家の身体の一部と考えられ、陶芸の象徴と考えられてきた。走泥社の同人たちはこの轆轤の担ってきた精神性、象徴性をはぎとり、轆轤は単なる成形のための機械として扱ったのである。その認識が一般化された今日からみれば、この間の認識の変化はさほどのコペルニクス的な発想の転回と感じられなくなっているようだが、それが「存在」しなかった当時の陶芸界では、海図のない大海原への航海に出る船長のように大変な不安と、大胆な決断を要したことだろうと思われる。

その意味で、陶土の持つ独特の素材感を簡明な形体に凝縮し、土偶《どぐう》や埴輪《はにわ》にも通じるプリミティブで、しかも対象の本質を把握した鋭い感性と詩情あふれる鈴木の一九六〇年代以降の一連の《泥像《でいぞう》》、《土偶》、《馬》、《泥《でい》象《しょう》》、《磁器泥象》シリーズは、かつて荒海に乗り出し、新たに航路を開拓していった冒険家にも似た、先覚的役割を戦後の日本陶芸界の中で具体的に果たしてきた作品群といえる。

＊初出は『国立国際美術館月報』45号（一九九六年六月号）館蔵品紹介「八木一夫《爪のかたちで満ちてくる潮》」、および同57号（一九九七年六月号）館蔵品紹介「山田光《陶面の中の数字》」を本書の掲載にあたり加筆した。図版も本書より転載した。鈴木治の《馬》の図版は『鈴木治陶磁展』図録（日本経済新聞社、一九八五年）より転載。

あとがき

建都千二百余年を経た京都には、伝統はあらゆる分野に存在している。京の美を表現する工芸分野でも西陣織、京友禅、京刺繍、京七宝、京蒔絵、京指物《さしもの》、京唐紙《からかみ》、京扇子、京仏壇、京焼、京人形など、どれも四百年以上の歴史を誇る。伝統という言葉に慣れ親しむ者にとって、それは誇るべき事柄である。しかし、ひとたびこの言葉を、歴史のいとなみの中で蓄積された澱の蓄積、制約の累積と認識する人があれば、伝統への反発は激しいものがある。〈山が低ければ、人挑まず〉のように、山高きゆえに革新へのエネルギーのマグマも相対比例するものなのだ。京都は世界的にみてもその典型である。

伝統に挑むといえば、そもそも千利休の指導により京都での茶碗制作の発端に登場する長次郎《ちょうじろう》の今焼《いまやき》（樂茶碗）も時代の常識から外れている。中世人の茶碗の理想は端の反った鉢形の天目茶碗だったのであり，半筒形、碗形の楽茶碗はアラキ（新）異端の茶碗であった。さらに「黒キニ茶タテ候事、上様御キライ」と権力者秀吉の意向に反した黒楽茶碗の色の好みも尋常ではない。また、光琳《こうりん》模様にその名前を残す江戸期の京都の最大のスター尾形光琳にしても、ご夫人たちの衣装競いで、白無垢に黒羽二重の打ち掛けという、意表を突くニューファッション衣装を考案演出し、「案の外にぞありける」と京の町衆たちを感嘆させた、伝統に挑むデザイナー感覚の持ち主であった。

そして、伝統から脱却しようとする意識は近代を迎えても地下水脈として京都の工芸界に継承され、時代の節目に湧き出てきた。

明治後期、日本のやきものは西欧でのアール・ヌーヴォー様式の登場によって器形、意匠は陳腐にして改良の跡なしと断じられたが、その反省をもとに結成した日本最初の陶芸意匠団体「遊陶園《ゆうとうえん》」は旧来の京焼の意匠、デザインを一新する近代運動の先駆となった。また大正期の個性尊重とロマン主義を背景に結成した青年陶芸集団「赤土《せきど》」は「忘我の眠りより覚めず、因習的なる様式に拘泥せる陶工を謳歌し、賛美するは、われらの生涯としてあまりに悲惨なり」と宣言している。

さらに戦後の陶芸革新の中でオブジェに到達した陶芸家集団「走泥社《そうでいしゃ》」は「虚構の森を蹴翔つ早晨の鳥は、もはや、真実の泉にしか自己の相貌を見いださぬであろう。我々の結合体は夢みる温床ではなく、まさに白日の下の生活それ自体なのだ」と宣言し、五十年の作陶活動を続けた。そして十人たらずのメンバーで京都で発足した「女流陶芸」も結成当初は好奇の眼でみられた異端児であった。因習が支配していた陶芸界に、彼女たちは果敢にも挑んだ。「太古、やきものは女の手にあった」という発足時の文章はどことなく、女性の解放を宣言した『青鞜《せいとう》』の「原始女性は太陽であった」を彷彿とさせる。以来、京都の陶芸界では彼女らに続く女性作家の進出が続いている。

本書の『京焼　伝統と革新』はこうした京都で起こっている永久革命を意識して書名とした。最後に、掲載文には当初の執筆から年月も過ぎ鬼籍に入った陶芸家もおられる。当時のそれぞれの機会に取材を許可された方々、今回の刊行にあたり掲載の許可を得た関係者の方々、さらに美術館、大学在勤五十年を目前にしてこの間に親交を得た方々に改めて御礼を申し上げる。加えて家族の温かい支援にも感謝する。本書の刊行にあたっては、淡交社の編集局の協力を得た。特に当初から出版への助言を得た小川美代子氏（元編集局長）、出版を推進された編集局長滝井真智子氏、編集の実務を担当された安井善徳氏に心からの感謝を申し上げる。

二〇一八年八月

中ノ堂一信

著者略歴

中ノ堂一信（なかのどう・かずのぶ）

京都造形芸術大学・大学院客員教授。

一九四六年、京都市生まれ。立命館大学文学部卒業。林屋辰三郎に師事し、文化史を専攻。初期の研究は『中世勧進の研究』（法藏館）として刊行。卒業後、京都府立総合資料館学芸員、東京国立近代美術館主任研究官・陶磁係長、国立国際美術館学芸課長、京都造形芸術大学教授を歴任。この間、倉敷芸術科学大学、京都市立芸術大学、京都嵯峨芸術大学、同志社女子大学、京都女子大学講師などを兼務。米国国立フリアー美術館客員研究員、オーストラリア政府招請キュレーターなどを務め、京焼、近代陶芸に関係する展覧会を国内外で担当。

主な著書に『京都窯芸史』（淡交社）、『人間国宝の茶道具』（編、淡交社）、『やきもの名鑑3・楽と京焼』（講談社）、『近代日本の陶芸家』（日本図書館協会選定図書、河原書店）、『色とかたちが奏でる美・富本憲吉のやきもの』（小学館）、『アジア陶芸史』（共編、昭和堂）がある。

写真提供
北村美術館（1・2頁）
京都府京都文化博物館（239・245・249・269頁）

デザイン
上野 かおる（鷺草デザイン事務所）＋東 浩美

京焼　伝統と革新

平成三十年八月二十七日　初版発行

著　者　中ノ堂一信
発行者　納屋嘉人
発行所　株式会社 淡交社
本　社　〒六〇三―八五八八　京都市北区堀川通鞍馬口上ル
営業（〇七五）四三二―五一五一
編集（〇七五）四三二―五一六一
支　社　〒一六二―〇〇六一　東京都新宿区市谷柳町三九―一
営業（〇三）五二六九―七九四一
編集（〇三）五二六九―一六九一
www.tankosha.co.jp
印刷・製本　株式会社 渋谷文泉閣

ISBN978-4-473-04257-6